CARTA CONTRA CARTA

AFFONSO ÁVILA   HAROLDO DE CAMPOS

CARTA CONTRA CARTA 1953/1996

Organização
Júlio Castañon Guimarães

ILUMI**//**URAS

Copyright © 2023
Carlos Ávila, Ivan de Campos, Júlio Castañon Guimarães

Copyright © desta edição
Editora Iluminuras Ltda.

Capa
Eder Cardoso / Iluminuras

Revisão
Monika Vibeskaia
Iluminuras

CIP-BRASIL. CATALOGAÇÃO NA PUBLICAÇÃO
SINDICATO NACIONAL DOS EDITORES DE LIVROS, RJ
A972c

Ávila, Affonso, 1928-2012
    Carta contra carta : 1953/1996 / Affonso Ávila, Haroldo de Campos ; organização Júlio Castañon Guimarães. - 1. ed. - São Paulo : Iluminuras, 2023.
    272 p. ; 23 cm.

    ISBN 978-6-555-19201-8

    1. Campos, Haroldo de, 1929-2003 - Correspondência. 2. Ávila, Affonso, 1928-2012 - Correspondência. 2. Cartas brasileiras. I. Campos, Haroldo de, 1929-2003. II. Guimarães, Júlio Castañon. III. Título.

23-85464   CDD: 869.6
                         CDU: 82-6(81)

Meri Gleice Rodrigues de Souza - Bibliotecária - CRB-7/6439

2023
ILUMI**/**URAS
desde 1987

EDITORA ILUMINURAS LTDA.
Rua Salvador Corrêa, 119 — 04109-070, Aclimação — São Paulo/SP — Brasil
Tel./ Fax: 55 11 3031-6161
iluminuras@iluminuras.com.br
www.iluminuras.com.br

Sumário

Prefácio, 13
    Myriam Ávila

Nota sobre a edição, 17
    Júlio Castañon Guimarães

1953

1. Haroldo e Augusto de Campos, 25
   [São Paulo, 1953]

1961

2. Affonso Ávila, 26
   Belo Horizonte, 13 de março de 1961
3. Affonso Ávila, 27
   Belo Horizonte, 13 de agosto de 1961
4. Affonso Ávila, 29
   Belo Horizonte, 21 de agosto de 1961
5. Haroldo de Campos, 30
   São Paulo, 10 de setembro de 1961
6. Affonso Ávila, 41
   Belo Horizonte, 10 de setembro de 1961
7. Haroldo de Campos, 42
   São Paulo, 1 de outubro de 1961
8. Affonso Ávila, 45
   Belo Horizonte, 3 de outubro de 1961
9. Haroldo de Campos, 49
   São Paulo, 9 de outubro de 1961
10. Affonso Ávila, 51
    Belo Horizonte, 19 de outubro de 1961
11. Haroldo de Campos, 52
    São Paulo, 24 de outubro de 1961
12. Affonso Ávila, 56
    Belo Horizonte, 31 de outubro de 1961
13. Affonso Ávila, 59
    Belo Horizonte, 15 de novembro de 1961
14. Haroldo de Campos, 60
    São Paulo, 22 de novembro de 1961
15. Haroldo de Campos, 63
    São Paulo, 28 de novembro de 1961
16. Affonso Ávila, 64
    Belo Horizonte, 23 de dezembro de 1961
17. Haroldo de Campos, 66
    São Paulo, 28 de dezembro de 1961

1962

18. Haroldo de Campos e Décio Pignatari, 68
    São Paulo, [fevereiro de 1962]
19. Affonso Ávila, 69
    Belo Horizonte, 7 de março de 1962
20. Haroldo de Campos, 70
    São Paulo, [março de 1962]
21. Affonso Ávila, 75
    Belo Horizonte, 25 de março de 1962
22. Haroldo de Campos, 77
    São Paulo, 15 de abril de 1962

23. Affonso Ávila, 79
Belo Horizonte, 12 de maio de 1962

24. Haroldo de Campos, 83
São Paulo, 5 de junho de 1962

25. Affonso Ávila, 84
Belo Horizonte, 11 de junho de 1962

26. Haroldo de Campos, 87
São Paulo, 20 de junho de 1962

27. Affonso Ávila, 91
Belo Horizonte, 21 de junho de 1962

28. Affonso Ávila, 92
Belo Horizonte, 24 de julho de 1962

29. Affonso Ávila, 94
Belo Horizonte, 22 de setembro de 1962

30. Haroldo de Campos, 96
São Paulo, 1 de outubro de 1962

31. Affonso Ávila, 98
Belo Horizonte, 4 de novembro de 1962

32. Haroldo de Campos, 100
São Paulo, 11 de novembro de 1962

33. Affonso Ávila, 101
Belo Horizonte, 22 de novembro de 1962

34. Haroldo de Campos, 103
São Paulo, 14 de novembro de 1962

1963

35. Affonso Ávila, 104
Belo Horizonte, 14 de fevereiro de 1963

36. Haroldo de Campos, 105
São Paulo, 26 de fevereiro de 1963

37. Affonso Ávila, 107
Belo Horizonte, 2 de abril de 1963

38. Haroldo de Campos, 109
São Paulo, 5 de abril de 1963

39. Haroldo de Campos, 111
São Paulo, 5 de maio de 1963

40. Affonso Ávila, 113
Belo Horizonte, 30 de maio de 1963

41. Affonso Ávila, 115
Belo Horizonte, 14 de junho de 1963

42. Affonso Ávila, 117
Belo Horizonte, [? junho de 1963]

43. Haroldo de Campos, 118
São Paulo, 19 de junho de 1963

44. Haroldo de Campos, 120
São Paulo, 22 de junho de 1963

45. Affonso Ávila, 121
Belo Horizonte, 9 de julho de 1963

46. Affonso Ávila, 124
Belo Horizonte, 5 de setembro de 1963

47. Haroldo de Campos, 127
São Paulo, 7 de outubro de 1963

48. Affonso Ávila, 129
Belo Horizonte, 13/18 de outubro de 1963

49. Haroldo de Campos, 136
São Paulo, 28 de outubro de 1963

50. Haroldo de Campos, 138
São Paulo 4 de novembro de 1963

51. Affonso Ávila, 139
Belo Horizonte, 15 de novembro de 1963

52. Haroldo de Campos, 141
São Paulo, 6 de dezembro de 1963

53. Haroldo de Campos, 142
São Paulo, 12 de dezembro de 1963

1965

54. Haroldo de Campos, 144
São Paulo, 8 de janeiro de 1965

55. Haroldo de Campos, 146
São Paulo, 11 de fevereiro de 1965

56. Affonso Ávila, 147
Belo Horizonte, 18 de fevereiro de 1965

57. Haroldo de Campos, 153
São Paulo, [?, 1965]

58. Affonso Ávila, 158
Belo Horizonte, 6 de maio de 1965

59. Haroldo de Campos, 160
São Paulo, 15 de maio de 1965

60. Affonso Ávila, 163
Belo Horizonte, 6 de dezembro de 1965

61. Haroldo de Campos , 166
São Paulo, [?]

1966

62. Affonso Ávila, 168
Belo Horizonte, 19 de janeiro de 1966

63. Affonso Ávila, 169
Belo Horizonte, [?]

64. Haroldo de Campos, 171
São Paulo, 23.de novembro de 1966

65. Affonso Ávila, 174
Belo Horizonte, 15 de dezembro de 1966

66. Haroldo de Campos, 177
São Paulo, 20 de dezembro de 1966

1967

67. Haroldo de Campos, 180
São Paulo, 7 de fevereiro de 1967

68. Haroldo de Campos, 182
São Paulo, 12 de abril de 1967

69. Affonso Ávila, 183
Belo Horizonte, 20 de abril de 1967

70. Haroldo de Campos, 185
São Paulo, [8 de maio de 1967]

71. Affonso Ávila, 187
Belo Horizonte, 16 de maio de 1967

72. Haroldo de Campos, 189
São Paulo, [? maio de 1967]

73. Affonso Ávila, 192
Belo Horizonte, 2 de junho de 1967

74. Haroldo de Campos, 194
São Paulo, 15 de junho de 1967

75. Haroldo de Campos, 195
São Paulo, 14 de agosto de 1967

76. Affonso Ávila, 197
Belo Horizonte, 28 de agosto de 1967

77. Haroldo de Campos, 199
São Paulo, 29 de setembro de 1967

1968

78. Affonso Ávila, 202
Belo Horizonte, 19 de janeiro de 1968

79. Haroldo de Campos, 204
São Paulo, 29 de janeiro de 1968

80. Affonso Ávila, 206
Belo Horizonte, 4 de março de 1968

81. Haroldo de Campos, 208
São Paulo, 7 de março de 1968

82. Affonso Ávila, 210
Belo Horizonte, 31 de julho de 1968

83. Haroldo de Campos, 213
São Paulo, 19 de agosto de 1968

84. Haroldo de Campos, 215
São Paulo, 22 de novembro de 1968

1969

85. Haroldo de Campos, 218
Paris, 8 de abril de 1969

86. Haroldo de Campos, 219
São Paulo, 3 de agosto 69

87. Haroldo de Campos, 220
São Paulo, 19 de dezembro de 1969

1970

88. Haroldo de Campos, 221
Londres, 4 de fevereiro de 1970

1971

89. Affonso Ávila, 222
Belo Horizonte, 3 de fevereiro de 1971

90. Haroldo de Campos, 224
Austin, Texas, 13 de fevereiro de 1971

91. Haroldo de Campos, 226
   Austin, 19 de abril de 1971
92. Affonso Ávila, 227
   Belo Horizonte, 6 de outubro de 1971
93. Affonso Ávila, 229
   Belo Horizonte, 15 de novembro de 1971
94. Haroldo de Campos, 231
   São Paulo, 29 novembro de 1971

1972

95. Affonso Ávila, 233
   Belo Horizonte, 6 de fevereiro de 1972
96. Haroldo de Campos, 234
   São Paulo, 14 de fevereiro de 1972
97. Affonso Ávila, 235
   Belo Horizonte, 16 de agosto de 1972
98. Haroldo de Campos, 236
   São Paulo, 31 de agosto de 1972

1973

99. Affonso Ávila, 238
   Belo Horizonte, 15 de julho de 1973
100. Haroldo de Campos, 239
   São Paulo, 29 de julho de 1973

1976

101. Affonso Ávila, 240
   Belo Horizonte, 1º. de novembro de 1976
102. Haroldo de Campos, 241
   São Paulo, 7 de dezembro de 1976

1984

103. Haroldo de Campos, 242
   São Paulo, 3 de agosto de 1984

1988

104. Haroldo de Campos, 244
   São Paulo, janeiro de 1988
105. Haroldo de Campos, 245
   São Paulo, 2 [?] de abril de 1988

1990

106. Haroldo de Campos, 246
   São Paulo, [? de dezembro] de 1990

1993

107. Haroldo de Campos, 247
   São Paulo, [? de 1993]
108. Haroldo de Campos, 248
   São Paulo, 18 de novembro de 1993

1994

109. Haroldo de Campos, 249
   São Paulo, 15 de março de 1994

1996

110. Haroldo de Campos, 250
   São Paulo, 5 de julho de 1996

ANEXOS

Carta do solo — poesia referencial, 253
   Affonso Ávila

A poesia concreta e a realidade nacional, 261
   Haroldo de Campos

A Carmen de P. Arruda Campos
e Ivan de Campos (in memoriam)

Capas de dois números da revista *Invenção* (n. 2, 1962, e n. 3, 1963) e página Invenção do jornal Correio Paulistano (17-4-1960)

PREFÁCIO

Myriam Ávila

O Acervo de Escritores Mineiros da UFMG recebeu os arquivos de Affonso Ávila, além de sua biblioteca de literatura em 2014, através de doação da família e pode contá-los entre as mais relevantes coleções sob sua guarda, levando em conta o extenso período que os documentos cobrem e as variadas interações com grandes nomes da vida intelectual e literária brasileira da segunda metade do século XX e início do XXI. Os arquivos dão testemunho também de contatos com escritores e críticos estrangeiros e, assim, de um debate extenso com diversas linhas de pensamento estético e literário.

Esses diálogos, embora possam ser recuperados até certo ponto por trocas de livros e publicações mútuas, são representados basicamente pelas correspondências mantidas por Ávila com escritores e outros intelectuais. O poeta, que era ainda historiador festejado por suas pesquisas sobre o Barroco, teve sempre uma clara noção da importância das correspondências como documentos da memória, o que se percebe pelo seu hábito de guardar rascunhos e cópias de suas próprias cartas, além das cartas recebidas, inclusive bilhetes e cartões. Entre os diversos intercâmbios que manteve, Affonso Ávila escolheu, um ano antes de sua morte, a troca de cartas com Haroldo de Campos como o primeiro conjunto a receber tratamento editorial e ser publicado. Organizou em pasta a correspondência intercalada, que mandou copiar em xerox pessoalmente, por temer extravios, danos e outros problemas durante o processo. Em seguida, convidou para se encarregar da preparação do material Júlio Castañon Guimarães, amigo poeta e reconhecido especialista na publicação de correspondências, o que inclui a transcrição criteriosa, a inclusão de notas explicativas, a checagem de datas, nomes e referências de todo tipo. Amigo e intelectual, portanto, capaz de permitir que esse material fosse entregue ao público segundo os mais atualizados protocolos de edição epistolar.

A importância do material, avalizada de imediato pelo dois grandes nomes que aí dialogam, reside tanto no debate de ideias, nem sempre convergentes, sobre os rumos da poesia em um momento de afirmação combativa dos movimentos de vanguarda como pelo testemunho sobre a vida literária, os processos de divulgação da produção poética e crítica, os desentendimentos entre grupos (destaca-se aqui o esforço mineiro de Ávila como mediador entre concretistas e neoconcretistas) e os entraves políticos colocados pela imposição do governo militar a partir de 1964. Destaque-se ainda o significado do famoso Congresso de Assis, organizado por Jorge de Sena em 1961, onde Haroldo, Augusto de Campos e Décio Pignatari encontraram Affonso Ávila pessoalmente pela primeira vez.

Embora seja ocioso apresentar dois poetas já tão estabelecidos no panorama da literatura brasileira, é oportuno aqui desembaraçá-los de uma recepção datada, que identificava nas vanguardas poéticas uma camisa de força imposta às novas gerações, recepção que ensejou poemas e artigos reativos e, depois de algum tempo, um relativo silêncio em torno da poesia concreta paulista e da inclassificada poesia — sempre de inovação — de Ávila que, sendo referência para muitos jovens, não chegou a constituir um grupo, após a extinção da revista *Tendência*. Haroldo de Campos deixou uma produção de caráter muito variado, indo desde o investimento no potencial inseminativo do vocábulo à exploração da simetria gráfica, da dispersão mallarmaica das palavras e consequente inserção do branco da página no complexo significante até, ao contrário, à construção em blocos concretados da pletora multideglutidora e aglutinante das *Galáxias*. Seu trabalho de tradução é reconhecido pela qualidade e relevância excepcionais. Affonso Ávila tem trajetória igualmente inquieta, que se inicia com sonetos, exercita uma dicção mais sintética a partir de *Carta do Solo*, adota as enumerações e variações sobre um mote, explora confluências entre o sujeito e o político e atinge uma expressão cifrada e intrincada em seus últimos poemas. Seus recursos incluem o uso de documentos como poemas *trouvés*, a convivência da palavra com a imagem, a citação e a blague. Além de poetas que não se dão a conhecer facilmente, Campos e Ávila foram críticos de grande acuidade e grandes ensaístas; ambos tomaram o barroco como objeto de estudo e reflexão, deixando teses polêmicas e originais sobre a questão.

A correspondência dos dois criadores-críticos profundamente identificados com sua época, como preconiza João Cabral em Poesia e composição, será, por meio desta publicação, um documento capaz de dar uma imagem viva do período pelo qual se estende. Possibilitada pelo empenho de Júlio Castañon Guimarães e pela sensibilidade do editor Samuel Leon, esta edição pretende inspirar todo um esforço de pesquisa sobre os anos 60 e 70 da nossa literatura e esperamos que a ela venham a se juntar outras capazes de criar um mosaico iluminador sobre essas décadas.

Capas de dois números da revista-livro *Noigandres* (n. 1, 1952, e n. 5, 1962) e do n. 3 da revista *Tendência* (1960)

Nota sobre a edição

Júlio Castañon Guimarães

Tendo tido início em 1953 e se estendido até 1996, a correspondência entre Haroldo de Campos e Affonso Ávila é mais frequente e intensa entre 1961 e 1968. Talvez se possa considerar esse período como sua parcela mais substancial, mas o fato é que toda ela está relacionada com a atividade intelectual de seus dois autores. Para melhor situá-la vale a pena lembrar alguns dados que ajudam a contextualizá-la.

O primeiro número da revista-antologia *Noigandres* é de 1952, enquanto seu último número, o 5, é de 1962. Em 1956 ocorre a Exposição Nacional de Arte Concreta em São Paulo e no ano seguinte no Rio de Janeiro. A revista *Tendência* é criada em 1957 e dura até 1962. De 1960 é a página *Invenção* no *Correio Paulistano*. E o primeiro número da revista *Invenção* é de 1962, sendo seu último número, o 5, de 1967. Em 1962 realiza-se o Segundo Congresso Brasileiro de Crítica e História Literária, em Assis. Em 1963 acontece em Belo Horizonte a Semana Nacional de Poesia de Vanguarda. São essas publicações e eventos verdadeiros marcos que se inter-relacionam — assim, por exemplo, no primeiro número da revista *Invenção* foram publicados apenas dois textos, de Cassiano Ricardo e de Décio Pignatari, que eram os que eles haviam apresentado em Assis. Nesse período de efervescência cultural, de surgimento de movimentos e suas publicações, a correspondência dele participa ativamente, a ele se integra.

Nas cartas há uma dimensão prática, de articulação, tendo em vista a ligação de ambos com grupos literários — Haroldo foi um dos criadores do concretismo e Affonso era ligado à revista mineira *Tendência*. Embora tivessem os dois grupos pontos em comum, havia também alguns pontos de distinção e mesmo de divergência. A articulação envolve a organização de publicações, de encontros, de contatos com escritores e críticos, bem como a elaboração de artigos e a participação nos diferentes periódicos. Quanto a essa participação, lembre-se ainda que os dois correspondentes foram colaboradores frequentes de alguns importantes periódicos, como Suplemento Literário de *O Estado de S. Paulo,* Suplemento Dominical do *Jornal do Brasil, Correio da Manhã, Estado de Minas* e Suplemento Literário do *Minas Gerais*.

A outra dimensão da correspondência é de natureza mais teórica e crítica. Envolve uma discussão em torno dos trabalhos literários dos dois correspondentes — trabalhos de criação, de crítica, de pesquisa. Em boa medida as cartas giram também em torno das posições assumidas em função dos projetos relacionados com as revistas por eles publicadas. Essa discussão não se restringe à atividade de Haroldo e Affonso, mas abrange também a atividade de outros escritores. Uma peculiaridade importante a se destacar é que a discussão que se dá ao longo da correspondência tem aspecto bastante sistemático, que implica uma organização das cartas e seu desenvolvimento. Isso fica ressaltado por meio de uma série de marcações encontradas em diferentes momentos da correspondência.

Vejam-se alguns exemplos. Na carta de 28 de novembro de 1961, Haroldo informa: "Aqui vai finalmente o meu trabalho para *Tendência*", ou seja, a carta acompanhava artigo seu que sairia na revista. Adiante diz: "Como você verá, em alguns pontos [do artigo], antecipo a carta-resposta que escreverei ao Mourão". Aqui então se interligam a carta a Affonso, o artigo para a revista *Tendência* e um artigo anterior de Rui Mourão (da equipe de *Tendência*), a que Haroldo responderá.

Um mês depois, Haroldo escreve: "Recebi sua carta de 23 quando estava concluindo minha carta-resposta ao Rui Mourão, agora em fase de datilografia e que seguirá muito breve. Fico satisfeito com suas observações sobre o meu trabalho para *Tendência*". Vez ou outra, surgem essas marcações temporais que não consistem apenas na datação das cartas, mas que podem referir-se ao próprio tempo de elaboração de uma carta, contribuindo sobretudo para a organização da discussão. Além disso, há, nesse exemplo, menção ao próprio processo de elaboração da carta — "estava concluindo", o que permite supor um período de elaboração, e "fase de datilografia", o que permite supor "fases", a escrita manuscrita, seguida provavelmente de releitura e ajustes, e a datilografia. Em carta de 12 de maio de 1962, Affonso diz: "Só hoje, 12-5-62, pude terminar esta carta, iniciada há vários dias", o que é mais um exemplo do tempo de elaboração de cartas por vezes razoavelmente longas. Já Haroldo em carta de 5 de junho de 62 diz: "Por enquanto, peço-lhe o endereço do Rui em Brasília, pois estou em dívida mais antiga com ele: já tenho em preparo a resposta à carta de 2.4, que ele me dirigiu, e não sei para onde enviá-la". Em carta de Haroldo datada de 20 de junho de 1962, lê-se: "Adio ainda, para uma próxima carta, a discussão de problemas levantados por Fábio Lucas (também da equipe de Tendência) em alguns dos seus últimos artigos. É coisa que exigiria mais vagar". Aqui, além da questão temporal das cartas, fica ressaltada a estreita ligação entre estas e a produção crítica, o que também explica o cuidado na elaboração das cartas que frequentemente têm o aspecto de texto crítico.

Em 13 de agosto de 1961, Affonso escreve: "Dando sequência ao nosso diálogo iniciado em Assis e, de maneira mais objetiva, aí em São Paulo, envio-lhe hoje, a título de subsídio, algum material documentário de nosso interesse — da equipe de *Tendência* — por problemas colocados numa área comum de pesquisas que é tanto nossa, quanto do concretismo". Para além da indicação sobre as bases da correspondência, seus objetos e sua amplitude, envolvendo a atuação crítica, aí se indica o início do que ficou conhecido como diálogo concretismo-Tendência, em grande parte travado nessa correspondência.

Em março de 1962, escreve Haroldo: "apresso-me a lhe escrever, segundo o combinado, para lhe enviar a montagem dos textos aproveitáveis de minhas cartas". Seguem-se excertos de carta anterior enviada ao próprio Affonso e de carta a Rui Mourão. Adiante, nessa mesma carta, lê-se: "eis aí o material que julgo aproveitável. Fiz ligeiras alterações de redação, para torná-lo apto à publicação". Haroldo ainda diz: "o mais que consta das duas cartas, ou são anotações mais pessoais, não pensadas para a letra de forma, ou são observações mais circunstanciais e menos trabalhadas, que não interessam ao principal do debate". Há aí não só uma distinção dos materiais componentes das cartas — o que é pessoal e o que é pensado para letra de forma —, mas também a reafirmação de que a correspondência está ligada ao debate.

Se as cartas têm organização relacionada com o contexto de atuação dos missivistas, elas, além disso, se sucedem de modo consequente, encadeado, por assim dizer, o que se percebe não apenas por seu conteúdo, mas por marcas explícitas de uma intenção. Assim, Haroldo em 9 de outubro de 1961 informa logo de início que a carta em questão é apenas um parêntese para tratar brevemente de um assunto diferente daquele que ele vinha desenvolvendo na carta anterior e que continuará a ser abordado em carta futura.

Esses aspectos são relevantes não apenas como elementos de uma descrição do conjunto da correspondência, embora isso não seja de menor interesse, pois esse tipo de conhecimento é indispensável para o preparo de sua edição; todavia, são referidos sobretudo como elementos que ajudam a compreender a natureza mesma dessa correspondência, sua constituição e sua função. De resto, essa compreensão terá a ver com a possibilidade de se perceber que se trata de uma intervenção relacionada estreitamente com o conjunto da obra e com a atividade intelectual dos autores da correspondência. Assim, com sua dimensão ensaística, essa correspondência tem também a dimensão de um projeto intelectual.

O trabalho de edição desta correspondência foi-me proposto por Affonso Ávila, que reuniu o conjunto das cartas, com o auxílio de Carmen de Arruda Campos, esposa de Haroldo de Campos. Foi também Affonso que deu ao conjunto o título com que é publicado.

Há indícios de que houve cartas de ambos os correspondentes, não conservadas, ou pelo menos não localizadas, mas certamente seu número seria muito pequeno. O conjunto inclui cartas bem longas, assim como bilhetes, cartões, telegramas. Foram integradas na correspondência algumas poucas peças que talvez sejam mais propriamente dedicatórias pois escritas em livros enviados por Haroldo a Affonso. No entanto, pelo seu teor, julgou-se oportuno incluí-las.

O material conservado tem algumas especificidades que devem ser referidas. Affonso, de modo especial, também preservou boa parte dos rascunhos das cartas que enviou, assim como guardou muitas cópias das cartas enviadas. Haroldo também guardou algumas cópias de suas cartas. Assim, várias das cartas estavam nos dois arquivos, no de Haroldo e no de Affonso, em alguns casos em mais de uma versão. Ocorrem situações como a seguinte: de determinada carta, há um rascunho manuscrito, a versão passada a limpo, datilografada, que foi enviada ao destinatário, e uma cópia carbono dessa versão; nem sempre, porém, a cópia carbono corresponde à versão enviada, pois nesta o autor pode ter de última hora feito acréscimos marginais manuscritos que deixou de fazer na cópia carbono. Em certos casos, há cartas com duas versões; em outros, com três. É verdade que as diferenças não são enormes, mas mostram o cuidado da elaboração. Há ainda o caso das cartas que vieram a ser publicadas, como é o caso dos trechos de cartas que Haroldo envia para publicação em *Tendência*. Para a presente edição, foi sempre transcrita a versão efetivamente enviada, ainda que outras versões possam ter auxiliado na solução de dúvidas de leitura. Embora haja cartas enviadas manuscritas, a maioria é datilografada.

No caso das cartas de Haroldo, algumas são datilografadas com espaço entre linhas muito pequeno, sendo feito uso apenas de letras minúsculas, inclusive nos nomes próprios, título de obras e inícios de frases. Além disso, há sempre muitas abreviaturas para os mais variados tipos de palavras, abreviações em geral não convencionais. Por fim, há uma ocupação de praticamente todo o espaço disponível da folha, num bloco muitas vezes sem divisão em parágrafos, e ainda às vezes com acréscimos manuscritos nas estreitas margens. Tudo isso cria um problema para a edição — seria o caso de respeitar esses aspectos como características da escrita de Haroldo (ou se trataria meramente de uma questão prática, de rapidez e economia?), o que significaria apresentar para o leitor uma transcrição de difícil leitura, com passagens que poderiam ficar incompreensíveis? Optou-se, por fim, pela forma por extenso das palavras abreviadas e pela adoção das maiúsculas segundo as convenções, de modo a apresentar para o leitor um texto de leitura com menos dificuldades. Em atenção à possível significação da maneira como as cartas foram escritas, inclui-se na edição o fac-símile de algumas páginas, de modo a permitir ao leitor tomar conhecimento desses aspectos.

Algumas poucas cartas não são datadas; em algumas, a data foi anotada posteriormente por Affonso Ávila; em outros casos, no corpo das cartas há alguma referência que pelo menos permitiu situá-las na ordem cronológica, vindo a data suposta entre colchetes, havendo às vezes um ponto de interrogação para a parte que não se pôde precisar.

Reticências entre colchetes indicam trechos ilegíveis — em geral poucos e limitados a uma ou outra palavra, a não ser na carta de Haroldo de 31 de agosto de 1972, onde há várias passagens de maior extensão completamente ilegíveis (embora datilografada, trechos ficaram apagados).

Nas cartas, as datas, os locais e as assinaturas apresentam-se das mais variadas maneiras; esses elementos foram padronizados, de modo a tornar mais simples sua identificação no correr da leitura.

Procurou-se evitar que a edição ficasse sobrecarregada de notas. Assim, estas procuram dar esclarecimentos e informações complementares exclusivamente no âmbito do que está referido na correspondência.

Em anexo a este volume, incluíram-se um texto de Haroldo de Campos publicado em Tendência e um de Affonso Ávila publicado em *Invenção* — bons exemplos tanto dos contatos travados pelos dois autores e pelas duas revistas, quanto da atividade crítica de ambos à época.

Agradeço aos amigos Ivette Savelli, Ronald Polito e Carlos Ávila a atenta ajuda no preparo desta edição.

CARTA CONTRA CARTA 1953/1996

Augusto de Campos, Affonso Ávila, Laís Corrêa de Araújo, Décio Pignatari e Haroldo de Campos
(Belo Horizonte, 1993, por ocasião de comemoração dos 30 anos da Semana
Nacional de Poesia de Vanguarda — foto de Patrícia Azevedo)

1953

1. Haroldo e Augusto de Campos
[São Paulo, 1953]

Com os nossos agradecimentos pelo interesse e compreensão com que recebeu *Noigandres,*[1] e agradecendo, da mesma forma, o seu *O açude* e os *Sonetos da descoberta*[2].

Haroldo de Campos
Augusto de Campos

---

[1] *Noigandres* é o título da revista-livro publicada pelo Grupo Noigandres, grupo concretista formado por Augusto de Campos (1931), Haroldo de Campos, Décio Pignatari (1927-2012), Ronaldo Azeredo (1937-2006) e José Lino Grünewald (1931-2000). Os cinco números da revista saíram em 1952, 1955, 1956, 1958 e 1962. A carta refere-se, portanto, ao primeiro número, já que o segundo é de 1955.
[2] Trata-se do volume que reúne dois livros de poemas de Affonso Ávila, *O açude* e *Sonetos da descoberta* (Belo Horizonte: Santelmo, 1953).

1961

2. Affonso Ávila
Belo Horizonte, 13 de março de 1961

Haroldo,

Acabo de receber a incumbência de organizar um suplemento dominical para o *Estado de Minas*. Por necessidade de dinheiro, que é grande no momento, aceitei a coisa, mediante algumas imposições. Dentre estas, a de manter uma página de novos para a turma daqui que está começando e a de poder trazer à página de literatura que o jornal vem mantendo há mais tempo (onde Laís[3] escreve) a colaboração dos escritores de vanguarda. O jornal é, como quase toda a imprensa brasileira, reacionaríssimo, mas procurarei com habilidade torná-lo mais maleável.

Conto, portanto, com os artigos de toda a turma de *Invenção*.[4] O pagamento é quase simbólico: dois mil cruzeiros por colaboração. Entretanto, aceito artigos a serem publicados simultaneamente em outros jornais, desde que venham com título diverso.

O primeiro número está programado para 31 de março. Aguardo, portanto, com urgência a chegada das colaborações.

Recado e abraço do

Affonso

Mande para Cristina, 1300[5]. É mais seguro.

[3] Laís Corrêa de Araújo (1929-2006), poetisa, crítica, tradutora, jornalista, era esposa de Affonso Ávila.
[4] "Turma de *Invenção*" é referência ao grupo que publicou de janeiro de 1960 a fevereiro de 1961, semanalmente, aos domingos, no jornal *Correio Paulistano*, uma página literária intitulada *Invenção*, a que se seguiu a publicação da revista *Invenção*. Participaram do grupo Augusto de Campos, Cassiano Ricardo (1894-1974), Décio Pignatari, Edgard Braga (1897-1985), Haroldo de Campos, José Lino Grünewald, Mário Chamie (1933-2011) e Pedro Xisto (1901-1987) — Cassiano Ricardo e Mario Chamie se afastariam do grupo. O primeiro número da revista *Invenção* foi publicado no primeiro trimestre de 1962 — o número 2 saiu no segundo trimestre de 1962; o 3, em junho de 1963; o 4, em dezembro de 1964; e o último número, o 5, em dezembro de 1966-janeiro de 1967. Affonso Ávila foi um dos colaboradores da revista.
[5] Rua Cristina 1300, endereço da residência por longos anos de Affonso Ávila e Laís Corrêa de Araújo em Belo Horizonte.

3. Affonso Ávila
Belo Horizonte, 13 de agosto de 1961

Meu caro Haroldo,

Dando sequência ao nosso diálogo, iniciado em Assis[6] e, de maneira mais objetiva, aí em São Paulo, envio-lhe hoje, a título de subsídio, algum material documentário de nosso interesse — da equipe de *Tendência*[7] — por problemas colocados numa área comum de pesquisas que é tanto nossa, quanto do concretismo. Através dele, V. verá certamente uma resposta preliminar a determinadas questões levantadas em sua entrevista,[8] a respeito da tese de *Tendência*, embora se trate de *manifestações anteriores* — fato, aliás, que as torna mais válidas como argumento.

V. fala em:

Complexo colonial residual — Ora, a tese de *Tendência* surgiu exatamente como *crítica* e *construção* contrárias a esse complexo colonial de incapacidade inventiva, responsável pelo teor imitativo de determinada linha da ficção brasileira (na poesia o fenômeno não tem o mesmo índice iterativo). Com isso, não nos fechamos à ação de elementos estéticos de importação, auxiliares e enriquecedores de nossa própria experiência. Veja artigo de Fábio Lucas (maio de 61): "Em busca de uma nova estética"[9].

Regionalismo ingênuo — Caímos em evidente equívoco semântico ao conceituar como regionalismo *O cão sem plumas* ou *Grande sertão: veredas*. E *Tendência* — *ab ovo*[10] — é João Cabral de Melo Neto, é Guimarães Rosa. Veja artigo de Rui Mourão (maio de 61): "Guerra ao obscurantismo"[11].

---

[6] Entre 24 e 30 de julho de 1961, realizou-se em Assis, São Paulo, o II Congresso Brasileiro de Crítica e História Literária (o primeiro havia ocorrido no ano anterior em Recife). Foi nesse congresso que Affonso Ávila conheceu Haroldo de Campos, bem como Augusto de Campos e Décio Pignatari, tendo início então o chamado "diálogo Tendência-Concretismo".

[7] *Tendência*, revista criada em Belo Horizonte por Affonso Ávila, Rui Mourão (1929) e Fábio Lucas (1931), teve quatro números, publicados em 1957, 1958, 1960 e 1962.

[8] Trata-se provavelmente da entrevista concedida por Haroldo de Campos a Laís Corrêa de Araújo e estampada no *Estado de Minas* de 13/14 de agosto de 1961.

[9] Com esse título Fábio Lucas publicou um artigo no *Correio da Manhã* em 30 de julho de 1960. Foi incluído, com alterações, em seu livro *Compromisso literário* (Rio de Janeiro: Livraria São José, 1964). Saiu também em 7 de maio de 1961 no *Estado de Minas*.

[10] *Ab ovo*, expressão latina, significa "desde o início, a origem".

[11] Com esse título Rui Mourão publicou um artigo no jornal carioca *Diário de Notícias* de 28 de maio de 1961.

Isolamento — Não nos isolamos na nossa posição, estamos sempre atentos ao debate e disso temos dado mostras numa constante atividade em jornais de Minas, Rio e São Paulo. No que respeita ao concretismo, acompanhamos com atenção e interesse a sua evolução. Eu — que conhecia *Auto do possesso, O carrossel, O rei menos o reino* e *Noigandres 1*[12] — fui dos primeiros a comentar *Noigandres 2*, a arrancada concreta ("Quem justiçará o cantor solitário", *Diário de Minas*, 1955[13]). Veja minha "Entrevista a *Binômio*"[14] (anterior ao nosso encontro de Assis) e o artigo de Fábio Lucas (julho de 61): "Tema e assunto em poesia". Também duas entrevistas de Rui Mourão.

Concluindo, creio que nós ambos laboramos em equívoco: eu, ao falar de "erro de perspectiva" (Considerações sobre o relatório de Décio Pignatari), e V., ao encarar *Tendência* como um produto de um estreito xenofobismo. Felizmente, o diálogo está iniciado e acredito será útil para todos nós.

Sua entrevista — de que mandamos recorte também ao Augusto — obteve boa repercussão e veio agitar problemas momentosos. *Binômio* dedicará sua página de literatura da próxima semana[15] ao diálogo *Tendência*-concretismo, com depoimentos nossos sobre a tese do Décio, sua entrevista e *Noigandres 4*.

Estamos trabalhando junto à Imprensa da Universidade para ver se conseguimos a impressão de mais um número de *Tendência*. Teremos todo interesse em acolher a colaboração de Vs., de preferência abordando temas de comum importância para ambos os movimentos: "concretismo e realidade nacional", por exemplo. Quanto a *Invenção*, reitero a minha aquiescência ao convite que V. me formulou e nos colocamos no propósito de colaborar.

Com o meu abraço e de Laís a todos Vs. e as nossas recomendações à Carmen[16].

Affonso

---

[12] *Auto do possesso* (São Paulo: Clube de Poesia, 1950), *O carrossel* (São Paulo: Clube de Poesia, 1950) e *O rei menos o reino* (São Paulo: Maldoror, 1951) são os primeiros livros, respectivamente, de Haroldo de Campos, Décio Pignatari e Augusto de Campos.
[13] O artigo de Affonso Ávila "Quem justiçará o cantor solitário" foi publicado no *Diário de Minas* em 10 de julho de 1955.
[14] O jornal *Binômio*, de Belo Horizonte, circulou entre 1952 e 1964
[15] No número de 21 de agosto de 1961, *Binômio* publica depoimentos de Rui Mourão e Fábio Lucas, bem como o texto "Concretistas paulistas anunciam pulo-participantes", em que se fazem citações de autores ligados tanto a Tendência quando ao concretismo.
[16] Trata-se de Carmen de Arruda Campos, esposa de Haroldo de Campos.

4. Affonso Ávila
Belo Horizonte, 21 de agosto de 1961

Prezado Haroldo,

Está aí a página de *Binômio,* dedicada ao concretismo e à tese do Décio.

Os depoimentos do Rui e do Fábio, em sua linguagem aberta e sincera, dão continuidade ao debate franco, honesto iniciado com a sua entrevista. Acredito que, à medida que nos formos aprofundando num exame mais sereno, desapaixonado das respectivas posições, lograremos estabelecer aquele entendimento já implícito na identidade de pontos de vista ideológicos.

Aguardo suas noticias e mando o meu abraço amigo a todos vocês.

Recado do

Affonso

5. Haroldo de Campos
São Paulo, 10 de setembro de 1961

Caro Affonso,

Recebi todo o material que v. me enviou e muito lhe agradeço. Folgo em verificar, especialmente pelos recortes mais recentes ("Guerra ao obscurantismo", Rui Mourão; "Em busca de uma nova estética", Fábio Lucas, 7.5.61), que a posição de *Tendência* tenha evoluído para uma compreensão mais abrangente e aberta do fenômeno estético, quer no que tange ao problema da pesquisa formal, quer no que pertine ao par dialético regional/universal. Ou porque houve realmente evolução ou porque esta evolução já estivesse no "projeto" original, digamos assim, de *Tendência*. Quando respondi ao quesito 2 do questionário de Laís,[17] tive o cuidado de não ser dogmático (cautela que nem sempre os teóricos de *Tendência* tiveram — sejamos francos até o fim, "no hard feelings"[18] — quando subscreveram muitas das deformações e prejuízos que envolveram o movimento concreto, de parte dos interessados em desmoralizá-lo ou estancar-lhe o curso; lembro, por exemplo, que o Fábio Lucas chegou a chamar de "querela de falsos grã-finos",[19] num contexto extremamente pejorativo, a polêmica travada pelo Augusto x Oliveira Bastos,[20] na qual simplesmente nosso grupo exercia o direito de defesa da autenticidade de nossas ideias contra as distorções que se começavam a insinuar e que levariam à cisão neo, e não apenas de um ângulo de prioridade, mas do prisma que nos era extremamente importante àquela altura de preservação dos princípios inspiradores do movimento; polêmica tanto mais decisiva que produziu o efeito, a longo prazo, de dividir as águas, provocando, inclusive, uma contramarcha no Bastos, que, de certo modo,

---

[17] Trata-se da entrevista referida na carta de Affonso Ávila de 13-8-1961.
[18] "Sem sentimentos negativos".
[19] Referência a trecho do artigo de Fábio Lucas "Nota sobre o concretismo", publicado no *Boletim Bibliográfico Brasileiro*, de agosto de 1958.
[20] Oliveira Bastos (1933-2006), jornalista e crítico literário que atuou no *Suplemento Dominical do Jornal do Brasil*, publicou uma série de artigos sob o título "Por uma poesia concreta", saídos no SDJB em 17-2-1957, 24-2-1957, 3-3-1957 e 24-3-1957; motivaram o artigo de Augusto de Campos "Poesia concreta e palavras cruzadas", publicado também no SDJB em 14-4-1957.

se retratou, desligando-se do *Jornal do Brasil* após reconhecer, em outros artigos, que a teoria concreta paulista era a única coerente com o ideário estético do movimento). Assim, falei em algo "residual", em "não ter ficado isenta", o que não significa *ter ficado completamente impregnada*. Para emitir essa ponderação, louvei-me em um texto específico: a conclusão do artigo "Caminhos da consciência nacional", de Fábio Lucas, no *Tendência* 3, que, a meu ver, não está mesmo isenta daqueles resíduos: primeiro, quando entende por mimetismo e servilismo o que é proposto, muito clara e abertamente (pelo menos de parte do movimento concreto), como *superação*, no plano das ideias estéticas (sem que com isso se queira estabelecer qualquer ideia de hierarquia de valor: que os poetas concretos sejam superiores a Mallarmé ou a Pound, por exemplo, o que seria de um simplismo absurdo; mas, sim, um critério de evolução de formas, por meio do qual se pode estabelecer que os poetas concretos, em condições brasileiras e carreando uma experiência intransferível e inconfundivelmente de civilização brasileira, abordam problemas e propõem soluções que esses autores não abordaram nem propuseram daquela maneira radical e específica; daí os termos da *redução estética;* daí a possibilidade de uma poesia nova não só para o consumo interno como para a exportação, sob o signo de emancipação cultural que nos oferece, por exemplo, a arquitetura brasileira). Segundo, porque procede como se Pound e Eliot, por exemplo, não tivessem importado influências estrangeiras para, sobre elas, agir redutivamente, superando-as, cada qual no seu sentido próprio (e seria longo enumerar as conhecidas influências francesas, italianas, provençais, etc., de ambos). Mallarmé procede de Poe e o supera. Mário de Andrade (tão citado naquele artigo) teve influências conhecidas e rastreáveis do futurismo italiano, além das menos conhecidas (e por ele próprio indicadas no *A escrava que não era Isaura*, de poetas de vanguarda de língua alemã, como August Stramm, cuja coleção de líricas estenogrâmicas se denominava — talvez não por mera coincidência — "tropfblut" — "gota de sangue"). Considerando universal/ regional como um par dialético, ninguém irá imaginar que um artista, alistado visceralmente com a sua língua, e laborando sobre dados dela numa peripécia humana e social bastante definida, vá excogitar uma literatura para consumo estrangeiro exclusivo, como certas laranjas próprias unicamente para exportação... Trata-se de admitir que o escritor brasileiro, o poeta brasileiro, o arquiteto brasileiro, está hoje em condições de abordar problemas de sua arte em termos novos e com uma consciência crítica que, na produção de ideias, não mais sucede em defasagem de anos ou décadas os chamados países desenvolvidos, mas pode perfeitamente antecedê-los como teoria e criação. Não nos deve assustar o confinamento da língua portuguesa. O acelerado processo de desenvolvimento do país nos permite mirar, a termo não muito longo, a meta desejada. E ademais, na poesia que praticamos, há a vantagem da comunicação direta, imediata: não é à toa que, na primeira antologia internacional de poesia concreta, publicada na Suíça, reunindo poetas alemães, austríacos, italianos, islandeses e japoneses, a maioria esmagadora, na proporção de 6 sobre 14, seja de brasileiros, e que se repitam as mostras e discussões internacionais das teses da poesia concreta brasileira. Ainda há pouco, Max Bense,[21] no vol. 4º. de sua estética, *Programmierung des Schoenen*, de 1960, dedica um capítulo especial, "Visuelle Texte", à discussão da poesia concreta brasileira, lado a lado com a de Gomringer[22], Heissenbuettel[23] (um suíço, outro alemão) e a de Francis Ponge[24]. Convenhamos que é a primeira vez que isto acontece com um movimento literário brasileiro, debatido assim quase que "no ato" pela mais responsável crítica internacional. E isto ao mesmo tempo em que a poesia

---

[21] Max Bense (1910-1990), filósofo e escritor alemão. Quando de uma viagem à Europa em 1959 Haroldo entrou em contato, na Alemanha, com Max Bense, que no ano seguinte promoveria a exposição "Textos concretos" em Stuttgart, com a apresentação, entre outros, do grupo Noigandres. Haroldo organizou o volume de Max Bense *Pequena estética* (trad. Jacó Guinsburg e Ingrid Dormien. São Paulo: Perspectiva, 1971), em que foi incluída a tradução de "Visuelle Texte" ("Textos visuais"), de que houve uma tradução parcial, feita por Haroldo, no Suplemento dominical do *Jornal do Brasil* de 25-11-61. Alguns textos de Bense e sobre ele foram publicados tanto na página *Invenção* quanto na revista *Invenção*.

[22] Eugen Gomringer (1924), poeta concreto suíço, nascido na Bolívia, planejou com o grupo brasileiro, no início do movimento concretista, uma "Antologia internacional de poesia concreta". Em carta de 30-8-56 a Décio Pignatari, expressa sua concordância com o emprego do termo "poesia concreta" (carta referida em *Teoria da poesia concreta*, 3ª. ed. São Paulo: Brasiliense, 1987, p. 194). Numa nota de *Invenção* n. 3, em que foram publicados quatro poemas seus, Gomringer é referido como "colançador europeu do movimento de poesia concreta".

[23] Helmut Heissenbuettel (1931), poeta alemão, teve poemas publicados no n. 4 de *Invenção*.

[24] Francis Ponge (1899-1988), poeta francês, sobre quem Haroldo escreveu "Francis Ponge: a aranha e sua teia", no Suplemento Literário de *O Estado de S. Paulo* de 7-7-1962; Haroldo também traduziu de Ponge o poema "A aranha", tradução acompanhada de um texto de apresentação, "A retórica da aranha", no Suplemento Literário de *O Estado de S. Paulo* de 12-7-1969, tendo sido esses trabalhos posteriormente incluídos em *O arco-íris branco* (Rio de Janeiro: Imago, 1997).

concreta no plano nacional altera profundamente o contexto de nossa literatura poética, não apenas rompendo a inércia dos cultivadores do "bom tom formal" e da "obra acabada", mas introduzindo rapidamente determinadas conquistas e reivindicações que passam a constituir verdadeiras premissas para uma linguagem comum do tempo. Não vai aqui nenhuma utopia "idealista", nesta postulação, em condições brasileiras e de uma visada brasileira, de uma estética e de uma produção artística inovadoras (sem deixarem de ser entranhadamente nacionais) no plano inclusive internacional ou universal; já Marx (e o retorno à fonte, ao verdadeiro Marx escamoteado muitas vezes pelos fetichistas do marxismo dogmático é recomendado insistentemente por Lefebvre) advertia quanto à filosofia — o que portanto é válido para a estética — o seguinte: "mas, enquanto domínio determinado da divisão do trabalho, a filosofia de cada época supõe uma documentação intelectual determinada que lhe foi transmitida por seus predecessores e da qual ela se serve como ponto de partida. Eis porque ocorre que países economicamente retardatários possam, no entanto, assumir o primeiro violino em filosofia". De outro lado, uma visão realmente dialética do par regional/universal exclui forçosamente a ideia mecanicista de que a simples importação de técnicas estrangeiras (de um Pound, de um Mallarmé, de um Maiakóvski, digamos) para a redução estética em condições nacionais deva redundar numa literatura de segunda mão, de diluição nostálgica. Isto significa admitir precisamente que o país subdesenvolvido está fadado a uma literatura "exótica", ao que Oswald chamava de "macumba para turistas", por não ter condições de operar com processos criativos mais gerais, em pé de igualdade com os escritores dos países desenvolvidos. E, neste passo, Marx novamente: "em lugar das antigas necessidades, satisfeitas pelos produtos nacionais, nascem novas necessidades, que reclamam para sua satisfação os produtos das regiões mais longínquas e dos climas mais diversos. Em lugar do antigo isolamento de regiões e nações que se bastavam a si próprias, desenvolvem-se um intercâmbio universal, uma universal interdependência das nações. E isto se refere tanto à produção material como à produção intelectual. As criações intelectuais de uma nação tornam-se propriedade comum de todas. A estreiteza e o exclusivismo nacionais tornam-se cada vez mais impossíveis; das inúmeras literaturas nacionais e locais, nasce uma literatura universal". Se esta era a cosmovisão que Marx podia estabelecer ao seu tempo, que se dirá então de nossa época, marcada pelas técnicas aceleradíssimas de intercomunicação? em que as distâncias encurtam cada vez mais e o isolamento geográfico cada vez menos pesa? Se falei em "regionalismo ingênuo, de tipo temático, fechado", não foi por nenhum "complexo de superioridade" metropolitano, mas tão somente porque admito a existência de um outro regionalismo, que eu chamaria de "crítico", que toma consciência dialética da correlação regional/universal, para entender que nacional ou "regional" não é apenas uma literatura "autóctone" de temática rural, que se fecha perante a assimilação de técnicas estrangeiras por temor do servilismo e desconfiança de sua capacidade de operação e superação das mesmas; mas sim, mais profundamente, aquela literatura que reelabora, criticamente, numa situação nacional, o dado técnico e a informação universal, para, através de um salto qualitativo, afirmar-se como produto acabado de vigência inclusive para esse universal, cuja universalidade não mais poderá ser definida com a necessária abrangência sem tomar conhecimento dessa contribuição nacional inovadora. Regionalismo "crítico" (ou mais exatamente "nacionalismo crítico") será a denominação que proponho para uma concepção de literatura que tanto pode se voltar para o rural (e veja-se Guimarães Rosa, assimilando técnicas joycianas e superando-as no seu mundo criativo pessoal, no *Grande sertão*, conforme o demonstrou Augusto de Campos no seu "Um lance de 'dês' do Grande sertão", *Revista do Livro*[25]; e veja-se Cabral, partindo de Mallarmé, Valéry, Guillén, caldeados com uma linhagem Drummond, para obter seus resultados personalíssimos) como para o urbano (e veja-se a poesia concreta, tomando consciência em termos nacionais e não por acaso no quadro industrial de São Paulo da situação homem/máquina e replicando a ela em

[25] O estudo de Augusto de Campos "Um lance de 'dês' do Grande Sertão" foi publicado inicialmente na *Revista do Livro*, n. 16, Ano IV, Rio de Janeiro, 1959, tendo sido republicado no volume *Guimarães Rosa em três dimensões*, de Augusto de Campos, Haroldo de Campos e Pedro Xisto (São Paulo: Conselho Estadual de Literatura, 1970) e no livro de Augusto de Campos *Poesia antipoesia antropofagia* (São Paulo: Cortez, 1978), reeditado com o título *Poesia antipoesia antropofagia & cia* (São Paulo: Companhia das Letras, 2015).

termos criativos; e veja-se antes o próprio Cabral da linha "engenheiro", meditada sob o impacto da nova arquitetura brasileira). Finalmente, ajunto que aquele "resíduo" que pensei ter vislumbrado na concepção de *Tendência* não impressionou apenas à minha observação; vejo, por exemplo, um crítico como Wilson Martins (do qual discordo tão fundamentalmente na consideração do fenômeno estético) reproduzir, praticamente, o meu argumento, com outras palavras é óbvio, na resposta que dá a quesito análogo no *Estado de Minas* de 20.8.61 ("Roda gigante"[26]).

Se me alonguei sobre este ponto é porque o considero fundamental. Direi agora, rapidamente, algumas palavras sobre os depoimentos de Rui e Fábio Lucas em *Binômio*, sem — é claro — a preocupação de responder ponto por ponto às observações que fazem, pois, num diálogo, tão importante como argumentar é saber ouvir. No depoimento de Rui — que nos pareceu a todos ter entrado no debate com muita inteligência — quero discutir apenas os conceitos de técnica e expressão. Talvez essa sua conceituação envolva um preconceito contra o poema não discursivo de tipo concreto, no qual não se fomentam os "enxames de sentimentos inarticulados" ou o "expressionismo" emocional, pois ele parece não admitir a possibilidade de um poema concreto, em sua enxutez, ser um produto acabado, e, daí, o fato de considerar uma poesia desse tipo apenas (ou predominantemente) um exercício de técnica. Lembro que, na poesia concreta, o que ele chama pelo nome equívoco de expressão, e que, em outros termos, corresponderia ao nível semântico ou ao conteúdo do poema, faz parte integrante e qualificante da estrutura poemática, com a diferença de que, nessa poesia, esse material é reduzido ao essencial e submetido a um tratamento objetivo, na medida exata em que o requer o problema que o poema propõe à sensibilidade e à inteligência. Faço remissão neste ponto ao artigo do Décio — "Fluxograma: a coragem de construir"[27] (de que lhe dei cópia) — no qual se defende a

---

[26] "Roda gigante" é o título da seção de crítica literária mantida durante anos por Laís Corrêa de Araújo, a partir de 1961, no jornal *O Estado de Minas* e a seguir no *Suplemento Literário de Minas Gerais*.
[27] Trata-se do artigo "A coragem de construir", prefácio ao livro de Jorge Medauar *Fluxograma* (São Paulo: Clube de Poesia, 1959), republicado na página *Invenção* do *Correio Paulistano* de 11 de setembro de 1960. Um trecho, com o título "Construir e expressar", foi incluído em *Teoria da poesia concreta*, de Augusto de Campos, Décio Pignatari e Haroldo de Campos.

tese de uma poesia de construção, racional e objetiva, versus uma poesia de expressão, subjetiva e catártica, irracional. Fábio Lucas, em seu "Tema e assunto em poesia", no qual revisa suas ideias sobre poesia concreta, parece-me ter entrado com uma importante achega ao posicionamento do problema, quando transpõe para a sua abordagem o par assunto/tema, nas acepções marioandradinas. Na medida em que a poesia concreta amplia o horizonte semântico, sem abdicar de seu rigor, até onde seja possível, vai-se tornando menos poesia-poesia e mais poesia-prosa (dialética sartriana de fracasso e êxito), ou o tema vai, paulatinamente, admitindo o desdobramento em assunto, ou a "natureza não discursiva da poesia" (Susanne Langer), para a qual a poesia concreta convoca recursos linguísticos não discursivos, passa a admitir, sob certos critérios de controle, a interferência gradual (embora sempre reduzida) do discurso. Talvez um conceito mais "expressionista" de expressão tenha impedido o Rui de ver o poema concreto como realização dentro de uma categoria da criação que lhe é específica, como já o levou a negar a arte concreta (muito mais próxima de uma estética materialista e realista, com a sua criação de "objetos para a utilidade do espírito" — o manifesto do construtivismo russo, dos irmãos Gabo e Pevsner, de 1920, se denominava mesmo "manifesto realista"), ao passo que admitia uma arte abstrata (esta, justamente, onde se têm aninhado historicamente os resíduos do hedonismo subjetivo e onírico), no artigo[28] que publicou em *Tendência* n. 2, e que parece, no fundo, irremediavelmente tributário de uma concepção ultrapassada da arte como imitação da natureza, que se opõe àquela que reivindica para a arte um modo próprio, o da "correalidade". Esta última observação não quer dizer que eu considere o problema da poesia como perfeitamente reversível ao das artes plásticas: o elemento palavra, com seu nível semântico (sempre respeitado aliás na poesia concreta) é diferente do elemento som e do elemento cor, como já advertia Sartre, lastreado na *Fenomenologia da percepção* de Merleau-Ponty.

Quanto ao depoimento de Fábio Lucas — onde também há muita coisa estimulante — anoto: não interessa saber as intenções recônditas

---

[28] O título desse artigo é "A fundação do mundo imaginário".

(subjetivo-biográficas) em relação ao poema "Isto é aquilo" de Drummond; o poema vale como objeto, e o certo é que, escrevendo-o, sátira ou não, o poeta situou-se; criticando, autocriticou-se; assumindo a *persona* da poesia nova (se é válida a interpretação) fez um poema solícito às constantes dessa poesia. Aliás, outros poemas de Drummond há, da safra recente, que acusam a intervenção da sintaxe espacial e da montagem de palavras, pelo menos no detalhe, o que demonstra que o seu mallarmaico "Isto é aquilo", posto sob o signo de ptyx, não é uma experiência sem premissas, nem traduz uma preocupação isolada.[29] Sartre, no Brasil, falou primacialmente de problemas ideológicos, abordando apenas lateralmente problemas artísticos. Não me consta tenha se detido especificamente em poesia e alterado sua posição (escrita) anterior. De resto, perguntado sobre Francis Ponge (em conferência no Rio de Janeiro, como me referiu Silviano Santiago[30]) — que é o caso típico, na literatura francesa atual de uma poesia-objeto de ascendência mallarmaica, e que parece feito sob medida para exemplificar na prática a tese sartriana — ele confirmou que Ponge continuava sendo o poeta de sua preferência. Sartre soube ver, ainda, na arquitetura de vanguarda de Brasília um traço (pouco regionalista, no sentido "ingênuo" a que me reporto, mas muito nacionalista, no sentido *crítico* que proponho) do barroquismo bem brasileiro do Aleijadinho, traço representado pela procura de "movimento" na arquitetura de Niemeyer. A tese de Sartre — que é dialética e se põe na conjuntura histórica da poesia contemporânea — não pode ser dada como válida apenas para os países desenvolvidos, e negada para os subdesenvolvidos; isto seria relegar estes últimos à condição de produtores forçados de literatura "exótica", e perder de vista, inclusive, as teses marxistas do regional/universal e da possibilidade do avanço, no terreno das ideias (filosóficas e, por compreensão, estéticas) dos países menos desenvolvidos em relação aos desenvolvidos.

---

[29] O poema de Drummond "Isso é aquilo" faz parte de seu livro *Lição de coisas* (1962), sobre o qual Haroldo escreveu "Drummond, mestre de coisas", publicado inicialmente em 27 de outubro de 1962 no *Suplemento Literário* de *O Estado de S. Paulo*, e a seguir incluído em seu livro *Metalinguagem* (Petrópolis: Vozes, 1967). Em *Invenção* n. 2, saiu uma nota sobre o livro na seção "Mobile".

[30] Silviano Santiago (1936), professor universitário, poeta, ficcionista e crítico, participou do n. 5 de *Invenção* (dez. 1966 — jan. 1967) com os poemas "voltas a mote alheio" e "palavra-puxa-palavra a mote alheio".

A imagem de cordas e violino parece tributária da ideia de que a forma é simples penduricalho (cordas) num conteúdo preexistente quase como categoria apriorística (violino). Parece-me imagem pouco dialética, pois exclui a ideia de isomorfismo, de uma *formaconteúdo* em correlação permanente: novos conteúdos exigem novas formas e novas formas desencadeiam novos conteúdos, num processo reversível, no qual, sem uma visão totalizante, é impossível isolar momentos-mônadas, pois esse monismo analítico destruiria o próprio ser do processo.

Mallarmé: é preciso não superestimar obras de discutível empostação, como a de Charles Mauron, que é um caçador de obscuridades. O *Un coup de dés* tem dado margem a ensaios de muito maior valia crítica — como o exemplar *L'oeuvre de Mallarmé — Un coup de dés,* de Robert Greer Cohn; como o *Le livre à venir*, de Maurice Blanchot; para não se falar em *Le livre*, de Jacques Scherer (onde se estudam as notas do poeta para um poema que superaria o *Un coup de dés*), ou o trabalho de Jean Hyppolite — "O lance de dados de Stéphane Mallarmé e a mensagem" (que traduzi e lhe mandarei à parte — *Invenção* de 14.8.60[31]). Há um verdadeiro Mallarmé, por trás dos véus simbolistas e das exegeses de certos hermeneutas teleguiados pelo misticismo e pelo mistério. Um Mallarmé que fez, em seu último poema, a sua "crítica da razão dialética", respondendo ao absoluto (UN COUP DE DÉS JAMAIS N'ABOLIRA LE HASARD) com a afirmação do humano, com uma postulação existencial do relativo (EXCEPTÉ PEUT-ÊTRE UNE CONSTELLATION). Nem se pretende que Mallarmé seja "modelo exclusivo", mas ponto de referência, entre outros, para a definição da periferia. Lembrar que Sartre, em sua *Critique*, defendeu Joyce e Valéry das interpretações simplificadoras de Lukács.

Uma observação final: apenas me parece deslocado no contexto de Fábio Lucas um comentário, lançado entre parênteses, sobre "correção no escrever", que só por um irreprimido cacoete de gramatiquice poderia aflorar num

---

[31] Posteriormente à publicação referida pela carta na página *Invenção,* a tradução de Haroldo de Campos do texto de Jean Hyppolite foi republicada no volume organizado por Isaac Epstein *Cibernética e comunicação* (São Paulo: Cultrix, 1973); aí o texto vinha acompanhado de uma nota prévia e de um post-scriptum do tradutor, e uma nota informava que a tradução havia sido "revista para esta publicação pelo mesmo tradutor e José Paulo Paes".

debate do nível que se pretende travar. Creio, porém, que, exceto este ligeiro senão, o diálogo se desenvolveu no elevado tom necessário à sua própria justificação.

Meu caro Affonso:

até agora detive-me no exame das posições teóricas de *Tendência*, a partir dos depoimentos do Rui e do Fábio. No que toca à sua carta de 13.8.61, quero dizer que conhecia o seu interesse pelos nossos trabalhos e até já lhe tinha referido como nos foi preciosa, em 1955, a sua compreensão em "Quem justiçará o cantor solitário?" No mais, parece-me que as respostas já estão envolvidas no que até aqui acabo de escrever. Não seria necessária nenhuma outra evidência de sua penetração na problemática da poesia concreta (e com aquela acuidade do poeta que conhece, mais do que o crítico, os mecanismos interiores e as urgências criativas de sua arte) do que a própria evolução de sua poesia, a culminar em "Os híbridos"[32].

Espero que v. me indique a data provável em que deverei enviar o trabalho sobre "Concretismo e a realidade nacional" para *Tendência*,[33] no caso de estar mesmo assegurada a publicação de novo número. Isto para que me possa organizar no sentido de escrevê-lo a tempo. Para *Invenção* n. 2 (falo assim, mas ainda estamos às voltas com a impressão do primeiro número, já preparado), gostaria que v. me (nos) enviasse algo de sua produção poética posterior a "Os híbridos",[34] bem como um texto teórico sobre a sua experiência na primeira parte de *Carta do solo*.[35]

Após o aprofundamento inicial, em favor de melhor conhecimento mútuo, dos pontos de desencontro, talvez seja o caso agora da meditação mais detida dos pontos de encontro. Não acha?

---

[32] Poema de Affonso Ávila incluído em seu livro *Carta do solo* (1961).
[33] O texto de Haroldo de Campos, com o título "A poesia concreta e a realidade nacional", foi publicado no n. 4 de *Tendência*.
[34] Poema de *Carta do solo*.
[35] No n. 2 de *Invenção* (2º. Trimestre 1962), saíram de Affonso Ávila o poema "Onzenário", de *Carta sobre a usura*, e o artigo "Carta do solo — poesia referencial".

Sobretudo é preciso ter presente, no que tange à colocação do movimento concreto, que a tese de Pignatari conclui dialeticamente, ou seja, não elimina o problema com o seu simples enunciado. Enquanto for vigente a circunstância "poesia contemporânea", para a qual é válida a proposição sartriana, não se poderá vislumbrar uma contradição antagônica entre a poesia-poesia, que se autocritica e que reflete sobre a sua própria condição, e a poesia-prosa, que transita dessa autorreflexão crítica — e alimentada pela acuidade que esta e só esta lhe permite — para a participação a um nível semântico mais aberto. A contradição será não antagônica, dialeticamente resolúvel portanto. A permutação de posições, nessa bipolaridade processual, será constante e sutil, por fluxos e refluxos, como é da própria essência da dialética: nas duas águas, nenhuma das águas elimina a outra, e em ambas a "onça" pode beber; isto enquanto durar a conjuntura social em que vivemos e até que uma nova sociedade dê à poesia condições novas de atuação, para além do dilema verificado por Sartre; uma nova sociedade, com uma nova sensibilidade, da qual nós — os artistas de hoje empenhados na conquista de uma nova linguagem — seremos talvez, como já se disse algures, os primitivos...

Caro Affonso: demorei em lhe responder, porque estava com meu espírito inteiramente voltado a acompanhar, — como v. também, decerto — com comoção cívica, a luta do povo brasileiro, nesta hora dramática, contra a minoria golpista que pretendeu desabar sobre nossas frágeis instituições todo o obscurantismo direitista de uma nova caçada às feiticeiras, à moda das "virgens de Salém", sob o aparato de uma tutela pretoriana que o país altivamente repeliu.[36]

Só hoje, portanto, me foi dado voltar ao nosso diálogo, que espero prossiga com uma breve resposta sua.

Um abraço amigo, extensivo a toda a equipe de *Tendência*.

Haroldo de Campos

---

[36] Referência à crise que se seguiu à renúncia de Jânio Quadros à presidência da República e se estendeu até a posse de João Goulart.

6. Affonso Ávila
Belo Horizonte, 10 de setembro de 1961

Prezado Haroldo,

Mando-lhe a página literária do *Estado de Minas*, com um artigo do português Alfredo Margarido, no qual há uma referência ao concretismo que julgo interessante (o caráter *nacional* do movimento).[37] Não sei se V. conhece o Margarido, mas é ele um dos mais lúcidos escritores novos de Portugal e tem uma boa posição política. Segundo acabo de ler em noticiário da France-Presse, pediu há dias asilo na Embaixada do Brasil em Lisboa, pois fora expulso de Angola pelo governador da colônia.

Com o abraço do

Affonso

P.S. O artigo foi transcrito do *Diário de Lisboa*.

---

[37] De Alfredo Margarido (1928-2010), crítico literário português, foi publicado "Poesia e articulação sociológica" no n. 4 de *Tendência*, com a indicação de se tratar de transcrição de artigo saído no *Diário de Lisboa*, de 20 de julho de 1961; na publicação portuguesa, o artigo, sob a rubrica "Poetas brasileiros", tinha como título "Affonso Avila". O mesmo artigo saiu no *Estado de Minas* de 3 de setembro de 1961.

7. Haroldo de Campos
São Paulo, 1 de outubro de 1961

Caro Affonso:

Recebi sua carta com o cheque relativo à compra de números de *Invenção* 2. Realmente, a separata mostrou-se impraticável, não por nossa vontade, mas pelo fato de que tivemos graves problemas com o editor (GRD), que se recusou a publicar os poemas cubanos,[38] donde termos afinal rompido com ele, passando o trabalho (já em composição) à editora Massao Ohno. Isto significa que a equipe diretora terá que pagar as despesas da edição, pois o Massao não financia edições dessa natureza. Surgiram também problemas na impressora, que, talvez prevenida contra nós pelo GRD, fez um preço exorbitante, obrigando-nos a uma série de providências, inclusive interferência pessoal do Cassiano. Como v. vê, os problemas que tivemos (só agora foi dada ordem de impressão) não nos permitiam enfrentar casos novos, como o da separata, para a qual, desde logo, a impressora (Revista dos Tribunais) não mostrou boa vontade. Enfim, logo que estiver impresso o n. 2, lhe enviaremos os exemplares pedidos.

Muito interessante a carta do Margarido, que oportunamente responderei.

Ángel Crespo, que conheci em 59 em Madri, escreveu-me e prepara um trabalho sobre o movimento concreto. Também pretende publicar poemas seus no n. 2 (ou 3) de *Estudos Brasileños* (ou melhor: *Revista de Cultura Brasileña*[39]). Mandei uma carta para o endereço do Rui em Belo Horizonte, há tempos, não sei se chegou às mãos dele. Há alguns dias mandei-lhe meu livro para Brasília. Recebemos convite oficial para o congresso da Paraíba[40]

---

[38] No n. 2 de *Invenção* (2º. Trimestre 1962) saíram os poemas "Cubagrama" de Augusto de Campos (poema que permanece inédito em livro) e "Stèle pour vivre n. 3 — estela cubana" de Décio Pignatari.

[39] A *Revista de Cultura Brasileña* foi publicada, a partir de 1962, pelo Serviço de Propaganda e Expansão Comercial da Embaixada do Brasil em Madri. Saíram 52 números, o último deles em 1981. João Cabral de Melo Neto foi incentivador da criação da revista, dirigida durante muitos anos por Angel Crespo. Tanto Haroldo de Campos quanto Affonso Ávila colaboraram na revista. O n. 11,de dezembro de 1964, foi dedicado à poesia de vanguarda brasileira, tendo sido publicados nele "Un concepto brasileño de vanguardia" de Affonso Ávila e "Literatura brasileña de vanguardia: Uma declaración" de Haroldo de Campos.

[40] O III Congresso Brasileiro de Crítica e História Literária realizou-se entre 4 e 8 de dezembro de 1962 em João Pessoa, Paraíba. Nele Haroldo apresentou a "tese" "Da tradução como criação e como crítica", texto posteriormente

e compareceremos (eu e Décio pelo menos). Apresentarei uma tese sobre tradução como crítica. Você e os demais companheiros irão? Será ótimo reunirmo-nos todos na Paraíba. Abraços do

Haroldo

publicado na revista *Tempo Brasileiro* (n. 4-5, jun.-set. 1963) e a seguir incluído em seu livro *Metalinguagem* (Petrópolis: Vozes, 1967).

a idéia da ida a brasília é boa! combinaremos o passeio conjunto oportunamente.

caro affonso:

recebi sua carta com o cheque relativo à compra de nºs de invenção 2. realmente, a separata mostrou-se impraticável, não por nossa vontade, mas pelo fato de que tivemos graves problemas c/ o editor (grd), que se recusou a publicar os poemas cubanos, donde termos afinal rompido c/ êle, passando o trabalho (já em composição) à editôra massao ohno. isto significa que a equipe diretora terá q. pagar as despesas da edição, pois o massao não financia edições dessa natureza. surgiram tb problemas na impressora, q., tv prevenida contra nós pelo grd, fêz um preço exorbitante, obrigando-nos a uma série de providências, inclusive interferência pessoal do cassiano. como v. vê, os problemas que tivemos (só agora foi dada ordem de impressão) não nos permitiam enfrentar casos novos, como o da separata, para a qual, desde logo, a impressora (rev. dos tribunais) não mostrou boa vontade.--enfim, logo que estiver impresso o nº 2, lhe enviaremos os exemplares pedidos.
muito interessante a carta do margarido, q. oportunamente responderei.
angel crespo, q. conheci em 59 em madri, escreveu-me e prepara um trabalho sôbre o mov. concreto. tb. pretende publicar poemas seus no nº 2(ou3) de "estudos brasileños" x (ou melhor: "rev. de cultura brasileña"). mandei uma carta para o enderêço do rui em b.horizonte, há tempos, não sei se chegou às mãos dêle. há alguns dias mandei-lhe meu livro p/ brasília. --recebemos convite oficial para o congr. da paraíba e compareceremos (eu e décio pelo menos). apresentarei uma tese sôbre tradução como crítica). você e os demais companheiros irão? será ótimo reunirmo-nos todos na paraíba. abraços do

haroldo sp. 1.10.62

desculpe o passo na napal; a máquina eu pifou qdo em plincera e casa...

Carta de Haroldo de Campos datada de 1 de outubro de 1961

8. Affonso Ávila
Belo Horizonte, 3 de outubro de 1961

Caro Haroldo,

Em sua carta-resposta aos depoimentos de Rui e Fábio (que se inteiraram de seu contexto, estando o Rui interessado em dar sequência ao diálogo em carta que escreverá a v.), surpreendo o enunciado da possível equação dialética em que se encontrariam, integrariam os postulados de *Tendência* e do concretismo. Quando V. fala em nacionalismo crítico, vejo sem dúvida a apreensão inteligente da ideia-núcleo de *Tendência,* desenvolvida ao longo de um processo evolutivo de mais de cinco anos em sucessivas etapas de amadurecimento teórico e criativo. Partindo de dados sociológicos imediatos, capazes aparentemente de conduzir à estratificação regionalista ou ao nativismo de teor temático, procuramos arguir ontologicamente a coisa nacional, determinar a essência e o comportamento do ser situado numa realidade conjuntural brasileira (valho-me do João Cabral, na carta de que lhe falei em São Paulo: "a realidade objetiva existe para nós, pesa", diz com relação ao homem brasileiro, ao poeta brasileiro). A par da evolução do pensamento crítico-ideológico (às vezes interpretado equivocamente como simples projeção de uma posição política radical), vimos trabalhando no campo experimental da linguagem, na demanda da expressão culturalmente válida para uma literatura de específica autenticidade brasileira, dentro porém de categorias valorativas universais (recorro outra vez a João Cabral, na mesma carta: "Pesquisar, mas pesquisar não a forma gratuita e sim a forma funcional, as formas de que a realidade que é dada a um poeta brasileiro precisa para expressar-se"). *Carta do solo* evidencia o andamento programático desse projeto de *Tendência,* que se estende ao campo ficcional com o romance em elaboração do Rui. Entretanto, preconceitos de dois tipos atuam, a meu ver, contra a inteligência e receptividade de *Carta do solo*: o 1º., de sentido explicitamente reacionário, parte da área modernista tradicional, que acusa o livro (*Carta do solo* é só a I parte, a II é outra poesia, está fora de foco) de hermético, precioso, mistificado; o 2º., refletindo prevenção absurda face à chancela de *Tendência,* resulta na tácita omissão (tese do Décio, por exemplo) diante do que se supõe seja mais um produto primário de nacionalismo estreito, xenófobo. O que a poesia de *Tendência* traduz de esforço consciente, de construção pesquisada e planejada não consegue quebrar essa crosta de incompreensão. *Noigandres* também experimentou o impacto da reação e muitos de seus efeitos nos alcançam mutuamente, principalmente agora que nossos projetos se identificam no mesmo corolário ideológico. O nacionalismo crítico de *Tendência* e a redução estética do concretismo podem, devem completar-se como imposição natural da evolução dialética de ambas as posições. Daí eu acreditar com v. na oportunidade de meditarmos nos pontos de encontro. Não foi por acaso que Alfredo Margarido (artigo de que lhe mandei recorte) divisou no concretismo o seu "cariz nacionalista". E não é sintomático o fato de um escritor neutro ter associado, numa mesma ordem de ideias, considerações sobre *Carta do solo,* concretismo e João Cabral?

O aparecimento de mais um número de *Tendência* já está assentado. Apenas não podemos precisar ainda a data em que isso ocorrerá, em virtude do surgimento de dois fatos novos. O Fábio não poderá concluir imediatamente o estudo sobre Sartre, porquanto recebeu da Faculdade de Ciências Econômicas, em que leciona, incumbência de outro trabalho com prazo determinado. Também o Rui se viu forçado a interromper "A implantação do ficcionismo",[41] de que já publicou alguns trechos no suplemento do *Estado de S. Paulo,* para preparar-se para uma viagem a Washington, onde, a convite do governo americano, dará um curso sobre Minas para técnicos da Aliança para o Progresso que virão servir aqui. Daí não termos fixado data para entrega das colaborações. O trabalho que v. escreverá para *Tendência* é para nós muito valioso, por isso achamos que será de importância estar ele pronto dentro da brevidade que lhe for possível. Já temos em mãos um depoimento do José Lino sobre o nosso diálogo, a ser também inserido na revista.

Tenho lido todo o material que v. enviou. Interessaram-me muito os estudos sobre Mallarmé de Jean Hyppolite e Agustín Larrauri, ao lado dos

---

[41] "A implantação do ficcionismo" foi publicado no n. 4 de *Tendência.*

quais coloco o seu pelo aprofundamento do contexto. Quanto à análise de *Noigandres* 3 realizada por Pedro Xisto,[42] mostra ela o imperativo de uma crítica regular para a poesia de vanguarda, não só como instrumento judicativo, mas ainda como veículo de informação e acesso à criação. A propósito, gostaria que v. me indicasse o endereço do Pedro Xisto e de outras pessoas às quais julgasse oportuno enviar *Carta do solo*.

Todos nós lamentamos a infelicidade da intervenção de Mário Chamie, em artigo que v. deve ter lido no *Estado de S. Paulo*.[43] A arremetida intempestiva, agressiva, revela nele não apenas falta de integração problemática, mas atitude deliberada de típica alienação. No momento em que o concretismo alcança nova etapa de seu decurso dialético, preparando o salto participante, ele refoge à antiga linha simpatizante. Escudando-se no ataque a *Tendência*, Chamie não esconde o propósito de atingir igualmente a posição concreta demarcada pela tese do Décio. O Rui respondeu e esperamos que o jornal acolha o artigo.[44]

Aguardo *Invenção* 1 e, correspondendo ao seu chamado para representá-la, coloco-me à sua disposição para distribuir a revista aqui, assegurando a melhor cobertura dentro de nossa área de influência. Mando-lhe o poema solicitado — "Herbário"[45], primeiro fragmento da *Carta sobre a usura* que é parte integrante do meu projeto do *Código de Minas*. Quanto ao texto teórico sobre a experiência de *Carta do solo,* procurarei compô-lo, embora me confesse inibido em falar de minha poesia.

Com o abraço do

Affonso

---

[42] Pedro Xisto (1901-1987), poeta visual, fez parte da equipe da revista *Invenção*.
[43] Trata-se do artigo "Em busca de oportunidade", estampado em *O Estado de S. Paulo* de 29-9-1961. Mário Chamie (1933-2011), poeta, ligou-se ao movimento concretista, de que se afastou, tendo criado o movimento da poesia-práxis.
[44] O artigo de Rui Mourão, "A oportunidade chegou", saiu em *O Estado de S. Paulo* de 14-10-1961. Foi republicado no n. 4 de *Tendência*. Rui Mourão (1929), ficcionista, foi um dos fundadores da revista *Tenência*.
[45] O poema inicial de *Carta sobre a usura*, "Onzenário", publicado em *Invenção* n. 2 com este título, teve inicialmente o título mencionado nesta carta; adiante, em carta de 11-6-1962, há referência à mudança do título. O texto teórico a seguir referido saiu no mesmo n. da revista, com o título "Carta do solo — poesia referencial".

Rascunho da carta de Affonso Ávila datada de 3 de outubro de 1961

9. Haroldo de Campos
São Paulo, 9 de outubro de 1961

Caro Affonso:

Este breve bilhete não é uma resposta à sua carta de 3.10, mas só um parêntese em nosso diálogo para uma comunicação que certamente lhe interessará: o professor Max Bense, que é catedrático de filosofia da universidade técnica de Stuttgart, virá ao Brasil, agora em outubro, como convidado especial do Itamarati. Seu acompanhante, no programa estabelecido, e que inclui uma estada em Minas, é o Pedro Xisto de Carvalho, crítico e poeta (concreto), que, em São Paulo, exerce as funções de chefe do serviço de ligação do governo do Estado com o Itamarati e as legações estrangeiras. Pois bem: o Xisto está interessado em entrar em contato com vv. (v., o Rui, o Fábio, o Romano[46]) e promover um encontro de Bense com os poetas e escritores de Minas (e artistas plásticos, músicos também) que se preocupem com os problemas de uma arte de vanguarda. Segundo o programa já elaborado, e que o Xisto me pediu lhes transmitisse, ele e o professor Bense estarão em Belo Horizonte (hotel Normandy) nos dias 31 de outubro e 2 de novembro, dias nos quais estarão livres para o contato no período da noite (chegada, dia 2.10, 19,30 hs. aeroporto Belo Horizonte; depois o roteiro compreende visitas às cidades do barroco). Pede-me ainda o Xisto que vv., se possível, entrem em contato com a reitoria da universidade de Minas, para o caso de ser viável programar, por exemplo, uma conferência ou mesa-redonda do Bense, num desses períodos livres. (O endereço do Xisto em São Paulo é: Rua Bela Cintra, 772, mas, de qualquer forma, creio que ele em breve estará aí em Minas, quando poderão trocar livros e materiais).

Obrigado pelo envio do poema que sairá em *Invenção* 2 e por ter aceito a representação da revista em Minas. Lamentável realmente a intervenção do Chamie, cheia de animadversão e segundas intenções e com uma ridícula

---

[46] Rui Mourão, Fábio Lucas e Affonso Romano de Sant'Anna. Fábio Lucas (1931), crítico literário, foi um dos fundadores da revista *Tendência*. Affonso Romano de Sant'Anna (1937), poeta e crítico literário, colaborou em *Tendência*.

autossuficiência. Sobre isto falaremos numa próxima carta (que será então a resposta à sua).

Abraços do

Haroldo

10. Affonso Ávila
Belo Horizonte, 19 de outubro de 1961

Prezado Haroldo,

Entramos em contato com o reitor Orlando Carvalho e acertamos os pontos relativos à visita do Max Bense. Será ele hóspede oficial da Universidade e um elemento de *Tendência* o acompanhará em nome da Reitoria. Apenas ainda não ficou assentada a data da conferência (provavelmente na Faculdade de Filosofia). Talvez haja também uma recepção na residência de Lúcia Machado de Almeida, à qual deverão comparecer intelectuais e artistas novos e velhos.

Segundo telegramas agora trocados entre o Itamarati e a Reitoria, a data da chegada não seria a mencionada em sua carta e sim dia 1º. de novembro, às sete horas da manhã. Peço esclarecer isso devidamente com o Pedro Xisto.

Aproveitando o recado, informo que o lançamento de *Tendência* 4 não será mais adiado. Assim, v. pode preparar o seu trabalho.

Com o abraço do

Affonso

11. Haroldo de Campos
São Paulo, 24 de outubro de 1961

Caro Affonso:

Muito obrigado pela cooperação de *Tendência* no assunto Max Bense e pelas providências que vv. tomaram. O Pedro Xisto partiu, dia 18, para a Bahia, a fim de preparar o roteiro do Bense no nordeste. Dia 20, eu e o Décio, mais o José Lino, estivemos no Rio, onde nos entrevistamos longamente com Bense, discutindo problemas de sua teoria do texto. O professor Bense (que veio acompanhado de sua assistente, dra. Elisabeth Walther, autora de uma importante tese universitária sobre Francis Ponge[47]) não estava muito certo quanto a seu itinerário no Brasil, já que ele não poderia permanecer entre nós além de 31 de outubro. Parece que o programa-roteiro elaborado pelo Xisto, e aprovado pelo Itamarati, foi alterado à última hora, devido a esse fato. Assim, infelizmente, temo que o professor Bense circunscreva sua visita em nosso país a Rio, São Paulo e Brasília apenas. Informações definitivas poderão ser obtidas junto ao conselheiro Wladimir Murtinho, chefe da Divisão Cultural do Itamarati, e que está encarregado da programação da estada do professor Bense entre nós. Espero também que o Xisto retorne a qualquer momento, caso o itinerário nordestino fique cancelado, e, neste caso, lhes enviarei uma notícia mais positiva.

Achei, realmente, bastante interessante o trabalho do Alfredo Margarido, que soube ver a face nacionalista do concretismo, embora ele aparentemente não distinga nossa posição da assumida pela dissidência neo (o que de resto é natural, dada a distância geográfica do observador, que, não obstante, já foi capaz daquela aguda premonição). Na resposta que estou preparando à carta muito lúcida e significativa do Rui Mourão abordarei outros aspectos do diálogo concretismo/tendência. Aproveitarei o fim de semana para escrever

---

[47] Elisabeth Walther, *Francis Ponge. Eine* Ästhetische *Analyse*. Köln, Berlin: Kiepenheur und Witsch, 1965. Em *Invenção* 4 saiu entrevista com Elisabeth Walther.

minha contribuição ao n. 4 de *Tendência*.[48] A colaboração de *Tendência*, através de seu poema e texto[49] (que aguardo) em *Invenção* 2, é algo que muito nos honra e constitui mesmo, para nós concretos, questão fechada, sob pena de não haver *Invenção* 2... (ou, se se precipitarem as coisas, sequer 1...). Consideramos do maior interesse o prosseguimento do diálogo com *Tendência*. Muito bom o artigo-resposta do Rui ao oportunista Chamie, que afinal, depois de muito ter comido em nossa mão, revelou ao que verdadeiramente vinha... Como temos maioria na equipe eclética *Invenção*, forçaremos a contenção do Chamie dentro de limites os mais estritos possíveis na revista (até que o incomodado se retire "sponte sua"...), ou, em última hipótese, abriremos mão da ideia da revista, que morrerá conosco, pois *Invenção* — sem demérito para os outros membros da "equipe", mas isto ficou provado na "página *Invenção*"[50], durante um ano de trabalho e ação — somos nós...

Soubemos, via José Lino Grünewald, que o Jardim e o Gullar[51] estariam encarando com grande interesse a ideia de uma vanguarda participante, o que, de certa maneira, nos surpreendeu, não tanto pelo Jardim, que tem um passado de militância ideológica, embora mal empostada esteticamente, através da revista *Marco*[52]; mas sobretudo pelo Gullar, que tudo indicava mergulhado de vez nas profundezas solipsistas da demissão neo. O Jardim estaria mesmo inclinado a contribuir para a ampliação do debate do assunto, publicando no Suplemento Literário do *Jornal do Brasil* a tese do Décio, e, como vv. decerto acompanharam, na secção "Tabela" do Suplemento Literário do *Jornal do Brasil* já acolheu simpaticamente, fazendo um comentário receptivo, um trabalho do José Lino Grünewald, publicado no *Metropolitano*

---

[48] No n. 4 de *Tendência*, foram publicados, de Haroldo de Campos, "A poesia concreta e a realidade nacional", além de excertos de cartas suas dirigidas a Affonso Ávila e Rui Mourão e da transcrição de uma entrevista concedida a Laís Corrêa de Araújo (saída anteriormente em *Estado de Minas*, de 13-8-61) e do artigo " A crítica em situação" (saído anteriormente em *Estado de S. Paulo*, de 25-11-61, e no *Correio da Manhã*, de 2-12-61).
[49] Trata-se do poema "O onzenário", de *Carta sobre a usura*, e do texto crítico "Carta do solo — poesia referencial".
[50] Referência à página publicada no jornal *Correio Paulistano*.
[51] Reynaldo Jardim e Ferreira Gullar. Reynaldo Jardim (1926-2011), jornalista e poeta, foi o criador em 1956 do Suplemento Literário do *Jornal do Brasil*. Ferreira Gullar (1930-2016), poeta e crítico, participou da Exposição Nacional de Arte Concreta em 1956, vindo em seguida a redigir, em 1959, o manifesto do neoconcretismo.
[52] Trata-se da revista *Marco* (Rio de Janeiro, n.1-5, nov. 1953-1955), dirigida por Reynaldo Jardim, contando na equipe com o nome de João Cabral de Melo Neto. No n. 4 da revista, de 1954, foi publicado "Da função moderna da poesia", de João Cabral de Melo Neto, "Tese apresentada ao Congresso de Poesia de São Paulo, 1954".

sobre Maiakóvski[53], vanguarda e participação. Aproveitando nossa estada no Rio, tivemos um contato pessoal com o Gullar e o Jardim, surgindo a ideia da revitalização do Suplemento do *Jornal do Brasil* (que anda dessorado e pífio) para uma nova forma de atuação, em bases ideológicas e estéticas revolucionárias, o que seria dar ressonância nacional ao problema. Colocamos desde logo como um dos itens fundamentais para uma forma de frente única, destinada a sacudir a literatura brasileira de seu marasmo e de sua alienação, a consulta a vv. de *Tendência*, cuja participação no esquema reivindicamos, desde que — inclusive — vv. opinassem favoravelmente a essa ideia de ação por frente única. Firmar-se-ia assim um eixo São Paulo-Minas-Rio, para uma atuação em termos nacionais, tendo a participação-e-a vanguarda como hipótese comum de trabalho, salvaguardando-se aos integrantes da frente seus pontos de vista pessoais e mesmo grupais. Este primeiro contato evoluiu em bons termos. Numa segunda entrevista, provocada pelo Gullar, pouco antes de nosso retorno a São Paulo, a coisa porém já não estava tão clara, dadas as restrições — de ordem antes histórico-pessoais, do que propriamente de ideias — que o Gullar opunha à tese do Décio (a qual teria lido só após o primeiro encontro), onde se dizia injustiçado. O Jardim voltou atrás quanto à publicação da tese, a pretexto de que ensejaria antes a abertura de uma nova polêmica intergrupal do que sua superação. Ficou assente, porém, que nada obstava prosseguíssemos nos entendimentos, ao longo das linhas acima referidas. Ficou tudo, portanto, em aberto e deverá ser melhor estudado em futuros contatos, se é que alguma coisa vai resultar desse projeto, mesmo porque, de nossa parte, não temos ainda bem certeza da posição (e da sinceridade de propósitos — digamos francamente) do Jardim e do Gullar, e estamos escarmentados com o Suplemento Literário do *Jornal do Brasil* desde a experiência anterior que tivemos ali, é verdade que em outras condições que não as presentes. Do ponto de vista ideológico, notamos que o nacionalismo-esquerdismo de um Jardim e de um Gullar, por exemplo, estão ligados com um esquema (para nós simplista e suspeito)

---

[53] "Flashs — Maiakóvski" (com a tradução do poema "O poeta é um operário"), Suplemento *Metropolitano* do *Diário de Notícias*, Rio de Janeiro, 23-9-61. Passagens do trabalho de Grünewald são transcritas na seção "Tabela" do *Suplemento Literário do Jornal do Brasil* de 30.9-1º.10 de 1961.

de retornismo Jânio (ambos serão os editores de um periódico político-
-cultural "comando" nessa base). Precisamos ouvir com urgência a opinião
e as sugestões de vv. de *Tendência* e saber como vv. encarariam uma frente
única no Suplemento Literário do *Jornal do Brasil*, se é que haverá mesmo
condições de possibilidade para uma ação dessa ordem. Escrevam-nos breve.
Aliás, conforme a evolução dos acontecimentos, estamos mesmo (Décio e eu)
decididos a ir a Belo Horizonte num próximo fim de semana para termos com
Tendência um contato pessoal que nos permita entrar em todos os detalhes
do projeto, além de outros tópicos de comum interesse.

O Décio pede que v. diga ao Romano que ele está terminando a carta
resposta que lhe mandará. Recebi também o livro e materiais do Romano,
que muito agradeço, bem como uma pequena carta que está na pauta para
a resposta. O Décio vai também (se ainda estiver em tempo...) responder o
questionário de Laís. Se não o fez até agora, é porque tem estado absorvido
por múltiplas formas de ação: desde a última crise[54], durante a qual partiu para
o Rio Grande do Sul, alistando-se como voluntário no batalhão Tiradentes,
até uma experiência de cinema documentário, que está levando adiante junto
com amigos de Osasco, abordando o nascimento de uma cidade industrial
e certos problemas de alienação de seus fundadores operários (filme cujo
roteiro entusiasmou o Paulo Emílio Sales Gomes[55]...).

Um grande abraço a vv. todos, e a v., meu caro Affonso, em particular, do
amigo e da equipe *noigandres*.

Haroldo

---

[54] Referência à renúncia de Jânio Quadros e à resistência à posse de João Goulart na presidência da República; o batalhão Tiradentes, no Rio Grande do Sul, fazia parte do movimento popular, incentivado por Leonel Brizola, para defender a posse de João Goulart.
[55] Paulo Emílio Sales Gomes (1916-1977), crítico de cinema, professor, escritor.

12. Affonso Ávila
Belo Horizonte, 31 de outubro de 1961

Prezado Haroldo,

A ideia da formação da frente única nacional para a vanguarda participante só poderia encontrar o apoio de *Tendência*. A ação conjugada através do eixo São Paulo-Minas-Rio viria sem dúvida fortalecer os pontos de encontro já evidenciados no diálogo *Tendência*-concretismo. Entretanto, como se trata de entendimento mais objetivo, que demandará o exame de implicações de vária ordem e o acerto de quaisquer arestas, consideramos imprescindível o contato pessoal que v. propõe, oportunidade em que travaríamos debate franco e aberto, capaz de levar-nos a estabelecer um programa comum de trabalho, a ser posto em execução no novo suplemento do *Jornal do Brasil*. Acreditamos que, de parte de mineiros e paulistas, a questão não oferecerá dificuldades, porquanto nosso diálogo, apesar de informal, possibilitou até agora a troca de depoimentos críticos em termos lúcidos e honestos. Somos em princípio de opinião que se deva abrir um crédito de confiança aos *neo*, desde que aceitem as condições que se estipularem no plano comum de ação. É certo que a festa alienatória que tomou conta do *Jornal do Brasil* teria de encerrar-se, aproveitados os elementos úteis que se dispusessem a formar na linha nova do jornal. E é por isso importante que mineiros e paulistas fixemos desde já nossa posição, de cuja coerência dependerá em grande parte o êxito do movimento. Aguardamos a vinda de vs. a Belo Horizonte, quando trataremos em detalhe dos diversos aspectos do problema, de modo especial o fenômeno *neo*.

Retornando de Brasília, a caminho do Rio, onde embarcará para a Espanha, João Cabral esteve aqui sábado último, tendo mantido conosco demorado encontro. Abordamos particularmente o diálogo *Tendência*-concretismo, ficando ele a par de nossos atuais entendimentos, inclusive do teor de sua carta de 25. Discutimos a tese do Décio e as perspectivas abertas para um movimento de vanguarda participante. Segundo ele, constituímos os dois únicos núcleos de pesquisa séria existentes no Brasil e podemos emprestar sentido construtivo ao trabalho comum, através da experiência acumulada de crítica (concretismo) e de criação (Tendência). A conversa observou um tom de absoluta franqueza, não fugindo o Cabral a criticar, com sinceridade e inteligência, pontos que considera vulneráveis na colocação atual da problemática poética entre nós.

Espero que já esteja afastada a hipótese de divergências que possam dificultar o aparecimento de *Invenção*. Quanto a meu texto sobre *Carta do solo*, está concluído e, logo termine a revisão, vou enviá-lo a v.

Peço que nos avise a data de sua viagem, hora de chegada, etc., a fim de que possamos recebê-los.

Com o abraço amigo do

Affonso

O Cabral disse que, se houver jeito, irá a São Paulo para "brigar um pouco" com vs.

Affonso

SERVIÇO PÚBLICO DO ESTADO DE MINAS GERAIS

Prezado Haroldo,

A idéia da formação da ~~——~~ frente única para um movimento de amplitude nacional, que congregasse tôda a vanguarda participante, só poderia encontrar o apôio de Tendência. A ação conjugada, através do eixo São Paulo-Minas-Rio, viria sem dúvida fortalecer os pontos de encôntro já evidenciados no ~~————————————~~ diálogo Tendência-concretismo. Entretanto, como se trata de entendimento mais objetivo, que demandará o exame de implicações de vária ordem e o acêrto imediato de determinados pontos de vista, consideramos-nós de Tendência- imprescindível o contacto pessoal que v. propôs, oportunidade em que entrarmos num debate franco e aberto, capaz de levar-nos a estabelecer um programa comum de trabalho, que seria pôsto em execução no novo suplemento do Jornal do Brasil. Acreditamos que, no que tange a mineiros e paulistas, a prestar não oferecerá dificuldades, porquanto nosso diálogo, apesar de informal, já possibilitou a troca de depoimentos críticos em termos lúcidos e honestos ~~————~~ sou de opinião que se deve abrir um crédito de confiança aos ule, desde que aceitem as condições a se estipularem no plano comum de ação. É certo que

Rascunho da carta de Affonso Ávila datada de 31 de outubro de 1961

13. Affonso Ávila
Belo Horizonte, 15 de novembro de 1961

Prezado Haroldo,

este recado acompanha o texto sobre *Carta do solo,* que espero não ultrapasse o espaço que *Invenção* me possa reservar.

A esta altura, v. certamente já recebeu a minha carta-resposta sobre a possibilidade de formação da frente de vanguarda participante. Continuamos aguardando a sua prometida vinda a Belo Horizonte, a fim de discutirmos mais objetivamente a ideia, que *Tendência* vê com o maior interesse, como lhe escrevi.

Diga ao Décio que Laís vai atualizar o questionário da entrevista, adaptando-o à evolução dos acontecimentos. Lemos a carta que ele mandou ao Romano, já agora mais integrado conosco.

Aguardo suas novas notícias e também a remessa do trabalho para *Tendência*.[56]

Com este recado, receba o abraço do seu amigo

Affonso

---

[56] Trata-se do texto já referido "A poesia concreta e a realidade nacional".

14. Haroldo de Campos
São Paulo, 22 de novembro de 1961

Caro Affonso:

recebi suas 2 últimas cartas, bem como o recorte sobre João Cabral e o seu texto — "Carta do solo — poesia referencial" — para *Invenção*. Ótimo. Muito obrigado.

As últimas semanas têm sido de muita luta para nós. Finalmente a crise de *Invenção* chegou a furo com o pérfido e cantinflesco artigo[57] de Chamie agredindo pelas costas ao Décio em especial e a nós de Noigandres em geral. Segundo apuramos, vinha o homem de longa data trabalhando no sentido de minar nossas relações — altivas e em base de respeito mútuo — com o Cassiano Ricardo, usando para isso das armas insidiosas do aulicismo e da bajulação. Resolvemos cortar o mal pela raiz e exigimos a exclusão do Chamie da equipe como condição *sine qua non* para continuarmos com a ideia da revista (não que nos façam mossa os aranzéis do dito, mas não podemos permitir que se beneficie de nossas ideias e informações, que invista contra nós de dentro da equipe, como se autorizado por nosso endosso...). A nossa condição prevaleceu afinal, e agora podemos dizer que *Invenção* está desinfetada e será uma tribuna aberta para as reais ideias de vanguarda, onde acolheremos com o maior interesse a sua colaboração. Ficou decidido também que o Décio será o diretor-responsável da revista e que o primeiro número será dedicado à publicação das teses do Cassiano e do Décio[58], como plataforma inicial de *Invenção*. O 2º. será votado especialmente à obra de criação, e nele sairá um longo poema meu,[59] poemas dos demais representantes da equipe (Augusto, Décio, José Lino, Faustino, Braga,

---

[57] Referido na carta n. 8.
[58] Trata-se dos textos "22 e a poesia de hoje" de Cassiano Ricardo e "Situação atual da poesia no Brasil" de Décio Pignatari, trabalhos apresentados no II Congresso Brasileiro de Crítica e História Literária de Assis, em julho de 1961, Esse número inicial da revista foi constituído exclusivamente por esses textos.
[59] No n. 2 de *Invenção* saíram quatro fragmentos de "Servidão de passagem", poema de Haroldo de Campos.

Cassiano, Mário Brito[60]), além de — como já ficou dito — seu poema novo e o texto sobre *Carta do solo*. A parte de subvenção já está garantida, através dos entendimentos do Cassiano com órgãos oficiais e tudo indica que a coisa agora sai, e, o que é principal, nos nossos termos, sem desvirtuações nem desfigurações. O Cassiano verá inclusive, por seu artigo honesto e inteligente, o quanto eram falaciosas e de má fé as intrigas do Chamie visando a incompatibilizar-nos no grupo, por ele (Chamie) não suportar a perspectiva do diálogo concretismo/Tendência... Verá ainda, pela teoria e pela prática, como a sua poesia está voltada para uma problemática de vanguarda.

O contato com o *Jornal do Brasil* está em ponto morto. Gullar parece que retraiu-se e o jornal continua a divulgar textos confusos sobre neoconcretismo e horrorosos exemplares de "não objetos"[61]. Nem ele nem o Jardim vieram a São Paulo para prosseguir nas conversações, pelo que tememos que a coisa tenha involuído ao invés de evoluir. Esperaremos agora pelo Congresso de Crítica de Arte (na 1ª. quinzena de dezembro)[62], oportunidade em que ambos talvez venham a São Paulo. O que por enquanto conta é o prosseguimento do diálogo concretismo/Tendência, através de nossas respectivas revistas (estou concluindo minha colaboração para *Tend*ência). De qualquer forma, e mesmo que os contatos com o pessoal do Rio não deem em nada, iremos breve até Belo Horizonte (a data depende de alguns problemas de trabalho nossos) para estar com vv., pois já agora, até no plano mais pessoal e humano, nos interessa aprofundar as relações que vimos mantendo. Devo uma carta-resposta ao Mourão, mas quero escrevê-la com tranquilidade, assim que termine meu artigo para *Tendência*, a fim de focalizar com a necessária concentração os importantes problemas que a carta dele suscita (alguns dos quais serão abordados já no meu artigo).

---

[60] Mário Faustino (1930-1962), crítico e poeta, atuou no Suplemento Literário do Jornal do Brasil, sendo responsável pela página Poesia Experiência. Mário da Silva Brito (1916-?), poeta, autor de *História do modernismo brasileiro* (Rio de Janeiro: Civilização Brasileira, 1964), publicou o livro de poemas concretos *Universo de Mario da Silva Brito* (São Paulo: Edameris, 1961, com diagramação e capa de Hermelindo Fiaminghi e Décio Pignatari).

[61] Ferreira Gullar é autor da "Teoria do não-objeto", texto publicado no *Jornal do Brasil* de 19 de dezembro de 1959. Publicou a seguir outros textos sobre o assunto, como "Não-objeto prêmio da Bienal — Lygia Clark", em 16 de setembro de 1961.

[62] O II Congresso de Críticos de Arte foi realizado entre 12 e 15 de dezembro de 1961, por ocasião da 6ª. Bienal de São Paulo.

P.S. — 1. Escrevi uma resposta (cordial mas necessária) ao Casais Monteiro[63], que sairá no *Correio da Manhã* e no *Estadão;* — 2. O Cassiano vai enviar a vv. a separata da tese dele[64]; referi-lhe o texto seu sobre *Carta do solo* e vi que ele ficou muito interessado e receptivo ao diálogo concretismo/Tendência.

Haroldo

---

[63] Adolfo Casais Monteiro (1908-1972), crítico, romancista e poeta português que se radicou no Brasil na década de 1950. Haroldo refere-se ao artigo de Casais Monteiro " Situação da poesia" (*Correio da Manhã*, 21 out. 61, e *Estado de S. Paulo*, mesma data), e ao seu próprio artigo "A crítica em situação" (*Estado de S. Paulo*, 25 nov. 61, e *Correio da Manhã*, 2 dez. 61), ambos reproduzidos no n. 4 de *Tendência*.

[64] Trata-se provavelmente do trabalho apresentado por Cassiano Ricardo no II Congresso Brasileiro de Crítica e História Literária de Assis, em julho de 1961, intitulado "22 e a poesia de hoje" e publicado no n. 1 de *Invenção*.

15. Haroldo de Campos
São Paulo, 28 de novembro de 1961

Caro Affonso:

aqui vai finalmente o meu trabalho para *Tendência*.[65] Desculpe-me se ficou um pouco grande, mas procurei aproveitar a ocasião para deter-me em profundidade sobre certos aspectos do movimento concreto e suas perspectivas atuais. O artigo termina com um fragmento do meu *poemalivro* (inédito) *Servidão de passagem*, que valerá também como uma amostra da poesia-onça em pleno pulo dialético...

Como v. verá, em alguns pontos, antecipo a carta-resposta que escreverei ao Mourão, sobretudo na parte da prosa (acho sobremaneira importante neste campo a contribuição pouquíssimo conhecida — livros raros e esgotados — de Oswald de Andrade, no *João Miramar* e no *Serafim*; este último, o epitáfio herói-cômico da boêmia urbana vivendo sua alienação às expensas dos proventos do feudalismo cafeicultor... um romance que se vetoriza no prefácio...).

Já em fase final de impressão o n. 1 — *plataforma*, de *Invenção*, com as 2 teses de Cassiano/Décio. Anunciamos no artigo de introdução sua colaboração (texto teórico e poema)[66] para o n. 2, que se destinará sobretudo à obra de criação.

Fico por aqui. Avise-me quando *Tendência* estiver em vias de sair (e se eu não excedi o espaço que me destinaram...).

Abraço de muita estima do

Haroldo

---

[65] "A poesia concreta e a realidade nacional", *Tendência*, Belo Horizonte, n. 4, 1962.
[66] Trata-se da colaboração de Affonso Ávila no n. 2 de *Invenção*, 1962, já referida em nota anterior.

16. Affonso Ávila
Belo Horizonte, 23 de dezembro de 1961

Prezado Haroldo,

Uma pequena viagem de férias impediu-me de acusar há mais tempo o recebimento de seu trabalho para *Tendência*. Parece-nos que v. colocou de forma precisa, embora dentro dos limites de seu contexto, a posição exata que os concretos assumem com o salto participante. A integração da equipe de Noigandres num processo nacional, delimitado pelas coordenadas dialéticas do momento brasileiro, é fato que, estudado e compreendido com honestidade, não pode admitir contestação a não ser aquela fundada na perspectiva estreita da reação e do preconceito. Quanto aos pontos-contato do concretismo e *Tendência,* o trecho de poema que acompanha seu trabalho responde, tão bem como *Carta do solo* e melhor que qualquer de nossos mútuos depoimentos, à mais ardilosa interpretação dicotômica. Inserido numa revista que dispõe de boa área de penetração ideológica (*Tendência* sensibilizou sobremaneira Guerreiro Ramos, Nelson Werneck Sodré e representantes do grupo do ISEB[67]), "A poesia concreta e a realidade nacional" encontrará certamente repercussão que será ao mesmo tempo útil à compreensão do que acordamos chamar nacionalismo crítico e à inteligência já não desfigurada dos postulados concretistas.

O suplemento do *Estado* publica hoje, com considerável atraso, o artigo de Fábio Lucas "Em busca de uma expressão poética nacional", que complementa o primeiro depoimento que ele escreveu sobre o diálogo. Entretanto, esse pronunciamento crítico está atualizado em artigo mais recente, aparecido também hoje no *Correio da Manhã* — "Tentativa de compreensão". É mais uma contribuição valiosa para o nosso debate, embora escrita antes de

---

[67] O Instituto Superior de Estudos Brasileiros foi um órgão de ensino e pesquisa criado em 1955, ligado ao Ministério da Educação e Cultura; "um dos centros mais importantes da elaboração teórica de um projeto que ficou conhecido como 'nacional-desenvolvimentista'", conforme define sua apresentação pelo CPDPC da Fundação Getúlio Vargas, foi fechado quando do golpe de 1964. Além dos dois nomes referidos, teve entre seus membros Roland Corbisier, Álvaro Vieira Pinto, Cândido Mendes, Hélio Jaguaribe.

conhecido o seu trabalho para *Tendência*. O Rui tem novo artigo integrante do diálogo, já entregue ao Décio de Almeida Prado.

Estamos lendo atualmente *Consciência e realidade nacional*, de Álvaro Vieira Pinto (o mestre do Guerreiro Ramos). É a primeira tentativa de sistematização de um pensamento filosófico nacional. Não sei se v. já conhece o livro, estudo sério e de profundidade que vale a pena ser lido.

Aguardo *Invenção* e novas notícias suas.

Peço transmitir ao Augusto, ao Décio e ao Ronaldo as nossas saudações nesta passagem de ano. Eu e Laís mandamos a v. e Carmen um abraço amigo, com os votos de um feliz 1962.

Affonso

17. Haroldo de Campos
São Paulo, 28 de dezembro de 1961

Caro Affonso:

recebi sua carta de 23 quando estava concluindo minha carta-resposta ao Rui Mourão, agora em fase de datilografia e que seguirá muito breve. Fico satisfeito com suas observações sobre o meu trabalho para *Tendência* e vejo que o nosso diálogo evolui para uma colaboração das mais fecundas. Na 1ª. quinzena de janeiro deverá sair *Invenção* 1, com as teses do Cassiano e do Décio. As provas já estão impressas: o Décio cuida agora do boneco e da revisão final. A revista será uma edição *grd*, Rio de Janeiro, e desde já contamos com a sua ajuda para a divulgação e penetração desse primeiro número em Minas. O n. 2 será preparado, em seguida, para março, e nele publicaremos, com o destaque que merecem, seu depoimento sobre *Carta do solo* e seu novo poema.

Lemos o excelente artigo do Fábio Lucas, "Tentativa de compreensão", no *Correio da Manhã* do Rio, texto que completa e atualiza, honesta e lucidamente, o "Em busca de uma expressão poética nacional",[68] anterior, que o *Estado* publicou simultaneamente, e onde o Fábio já se mostrava aberto ao entendimento da posição do movimento concreto. No seu novo trabalho o Fábio Lucas entrou realmente a fundo no problema, para fazer considerações da maior pertinência e que servirão, sem dúvida, para desarmar os espíritos preconcebidos e menos avisados, além do valor intrínseco que têm como observações pessoais e inteligentes.

Em artigo-resposta ao Casais Monteiro, que vv. devem ter lido — "Crítica em situação"[69] — tangenciei alguns pontos que interessam ao nosso diálogo e que desenvolvi mais minudentemente no meu trabalho para *Tendência*. Aguardamos, com o maior interesse, o novo artigo do Rui a que v. faz menção.

---

[68] Referido em carta anterior, publicado em 23-12-61.
[69] O artigo de Haroldo refere dois artigos de Adolfo Casais Monteiro, "Situação da poesia" (já referido) e "Avanço ou recuo concretista?" publicado em 11-11-1961 em *O Estado de S. Paulo*.

Tenho em mãos os 2 volumes da obra de Álvaro Vieira Pinto, que me foram presenteados, com grandes elogios, por um amigo de muitos anos, Júlio César do Prado Leite, intelectual sergipano radicado no Rio, integrante de uma das primeiras turmas do Iseb e amigo particular de Guerreiro Ramos. Pretendo lê-los logo mais, pois às referências do Júlio vão-se somando agora as que v. me faz e as que li em trabalho do Fábio Lucas publicado no *Correio*.

Já enviei para o Alexandre Eulálio,[70] com destino à *Revista do Livro*, próximo número, meu estudo sobre Maiakóvski — "Roteiro de uma tradução", acompanhado da tradução brasileira do poema "A Sierguéi Iessiênin"[71]. Nesse trabalho, procuro situar a posição de Maiakóvski no panorama da poesia contemporânea e as perspectivas atuais para o ressurgimento de uma arte soviética na linha de vanguarda criativa preconizada pelo grande poeta e combatida pelos burocratas do dirigismo oficial stalinista, hoje, felizmente, abalados nos seus socos pedregosos pela desestalinização em marcha...

Augusto, Décio e Ronaldo agradecem e retribuem os votos de bom ano novo, estendendo-os aos demais amigos de *Tendência,* com o que me associo. A Laís e a você em especial, Carmen e eu retribuímos e auguramos um ótimo 1962.

Haroldo

---

[70] Alexandre Eulálio (1932-1988), crítico literário, dirigiu a *Revista do Livro,* do Instituto Nacional do Livro entre 1956 e 1965.
[71] "Maiakóvski em português: roteiro de uma tradução" (com a versão do poema "A Serguei Iessiênin"). *Revista do Livro,* INL, Rio de Janeiro, n. 23/24, julho/dez. 61.

1962

18. Haroldo de Campos e Décio Pignatari
São Paulo, [fevereiro de 1962][72]

Chegaremos sábado dezoito horas.
Abraços.

Haroldo, Décio

---

[72] Telegrama.

19. Affonso Ávila
Belo Horizonte, 7 de março de 1962

Haroldo,

Segue o material que não foi possível v. levar em mãos. A tese do Cabral está na revista *Marco* e será útil tirar uma cópia[73]. A entrevista, mais circunstancial porém igualmente valiosa como documentário de um processo em que estamos integrados, merece ser lida e meditada criticamente.

Quanto ao depoimento do Guimarães[74], trata-se de trabalho curioso, embora de teor jornalístico. Talvez auxilie a interpretação do homem e do contexto mineiros.

Espero que tenham feito boa viagem e a esta altura já estejam recuperados da estafante "gincana" barroca. Diga ao Décio para ler o depoimento do Guimarães, do qual concluirá forçosamente que o *zebu* é mesmo um dado referencial mineiro.

Com o abraço do

Affonso

---

[73] "Da função moderna da poesia" de João Cabral de Melo Neto, foi publicada na revista *Marco* n. 4, de 1954, com a indicação "Tese apresentada ao Congresso de Poesia de São Paulo, 1954".

[74] Trata-se de João Guimarães Rosa. Não é possível identificar o depoimento referido, mas talvez valha a pena lembrar que o Suplemento Literário do Minas Gerais republicou em 25-11-1967 o texto "Aí está Minas: a mineiridade", estampado em 24-8-1957 na revista *Manchete* e incluído com o título "Minas Gerais" no volume póstumo *Ave, palavra*.

20. Haroldo de Campos
São Paulo, [março de 1962]

Caro Affonso:

Ainda sob a impressão dos magníficos dias que passamos em Minas, tanto sob o ponto de vista da visão do barroco, como do prisma do debate de ideias e do contato humano, apresso-me a lhe escrever, segundo o combinado, para lhe enviar a montagem dos textos aproveitáveis de minhas cartas:

carta a Affonso Ávila
10.9.61
excerto[75]

carta a Rui Mourão
28.12.61
excerto[76]

Reparo que são numerosos os nossos pontos de encontro e que os pontos de desencontro existem, sim, mas na medida exata da própria problematicidade e complexidade dos temas em abordagem. Nesse meio tempo, já escrevi o meu artigo para *Tendência*, e nele creio que toquei em várias questões que entram na área da resposta a certos aspectos de sua carta, ou mais propriamente na área do diálogo geral *concretismo/tendência* de que é tributária a correspondência que vem sendo trocada entre elementos dos dois grupos. Assim o problema do *regional/universal,* que situo como um par dialético, a partir de certas colocações de Engels e Marx; a ideia de certas constantes formais de uma sensibilidade nacional — como o barroco no caso do Brasil — que me parece um sério argumento contra a esquematização

---

[75] Haroldo de Campos transcreve a seguir trecho da referida carta a Affonso Ávila, a partir da passagem "Direi agora, rapidamente, algumas palavras" até "interpretações simplificadoras de Lukács".
[76] Segue-se o trecho da carta a Rui Mourão. As duas cartas aqui transcritas, para Affonso Ávila e para Rui Mourão, foram reproduzidas no n.4 de *Tendência*, em que também se transcreve carta de Rui Mourão a Haroldo de Campos, datada de 2-4-62.

do regionalismo meramente temático ou folclórico, regionalismo ao qual, vejo, v. também endereça sua crítica, quando fala no problema da *aparência*. Parecem-me bem no alvo suas observações com respeito ao *idealismo* de Guimarães Rosa, que mitifica a nossa realidade rural, tendendo para a alegoria, embora se salve pela porta objetiva do engajamento com a linguagem, o que já é uma coisa excepcional, numa literatura onde a alienação começa por aí (ver o repertório inesgotável dos romancistas introspectivos que mitificam, ou automitificam-se, na fabulação e mistificam na linguagem, alienando-se duplamente portanto). Gostarei bastante de conhecer na íntegra, quando concluído, seu estudo em progresso sobre a prosa, e lhe faço uma sugestão, se é que já não está compreendida no seu projeto: o exame da contribuição tão importante e tão escamoteada de Oswald de Andrade (...).

Já temos escrito, por mais de uma vez, que a poesia concreta é uma poesia de *construção* contra a *poesia de expressão*. Cito, a propósito, passagens de um trabalho do Décio publicado na página *Invenção* (*Correio Paulistano*, 14.9.60)[77]:

Tudo isto não indica outra coisa senão que: a vontade de *construir* superou a vontade de *expressar,* ou de se expressar. O poema, impessoal, passa a ter deliberada função coletiva, *pois que o canto é que faz cantar,* como diz Fernando Pessoa, e não apenas a vontade catártica de cantar ou de se expressar através do canto, o que já é interpretação. Um operário que trabalha uma peça ao torno não escreve nela o seu nome ou a sua revolta. A lucidez racional da máquina o ensina a perceber a irracionalidade básica das relações de produção capitalistas: constrói edifícios com vidro ray-ban e sabe que nunca irá morar neles; constrói superluxuosos aviões e sabe que nunca poderá voar neles. E sabe também que só poderá acabar com as injustiças sociais através de ideias e ações claras e conjugadas. E se algum poeta lhe vier dizer: nós plantaremos a rosa do amanhã, com certeza ele estará inclinado a pensar que isso não passa de uma demagogia ou de uma vigarice da pior espécie. O operário quer um poema racional, que lhe ensine a agir e pensar como a máquina lhe

---

[77] Trata-se do artigo "A coragem de construir", já referido; Haroldo de Campos aqui se enganou ao referir a data, que é 11 de setembro de 1960.

ensina — e se gosta de rosas, há de preferi-las reais, que as alegóricas já estão felizmente mortas em sua sensibilidade positiva. Portanto, aos poetas, que calem suas lamúrias pessoais ou demagógicas e tratem de construir poemas à altura dos novos tempos, à altura dos objetos industriais racionalmente planejados e produzidos. Problemas pessoais, resolvam-nos na vida prática ou confiem-nos à literatura especializada — como quer Eugen Gomringer. O operário ama a máquina — enquanto intelectuais caridosos ficam a clamar contra a mecanização do homem, sem nunca ter sequer se abeirado do problema. Problemas há, e gravíssimos, mas os únicos que nos podem ensinar algo de útil sobre o assunto são os que tentaram solucioná-los a partir das premissas da revolução industrial. Um Walter Gropius, por exemplo. Os outros se contentam com choramingas cômodas e parasitárias, emitidas de dentro do apartamento duplex da casca de ovo de seu desnascimento.

Assim, damos razão a Ponge, quando ele escreve (*Proêmes*): "le poète ne doit jamais proposer une pensée mais un objet, c'est-à-dire que même à la pensée il doit faire prendre une pose d'objet"[78]. Esta é a condição essencial da poesia, ainda que, na tentativa de ampliar o seu índice informacional e participar mais fundamente em conteúdos, ela se empenhe na abertura de seu horizonte semântico. Não acredito, porém, que esse âmbito semântico, para ser autenticamente nacional, deva se restringir apenas a determinados aspectos — por importantes, prementes e mesmo dramáticos — da realidade brasileira, como a sua face agrária por exemplo. O subdesenvolvimento é um epifenômeno do fenômeno imperialismo/colonialismo, e quando se desnuda num poema a mecânica mais íntima desse fenômeno ferreteando-o no seu "slogan"/emblema de validade universal (*Coca-Cola* é algo que se encontrará num boteco de beira-estrada do interior brasileiro ou num longínquo rincão africano, atingidos ambos pelo comércio de falsas utilidades criadas pela economia capitalista) não creio que se esteja fazendo um poema sobre a aparência ou sobre o transitório, mas antes que se está desocultando a medula disso de que a nossa estrutura agrário-colonial é a consequência episódica.

[78] "O poeta jamais deve propor um pensamento, mas um objeto, isto quer dizer que mesmo ao pensamento ele deve fazer com que tenha pose de objeto".

A sua visão englobante para o futuro do romance, nem por extremamente sedutora, deixa de correr o perigo de ser utópica. A totalização, a meu ver, não se obterá necessariamente num romance só, ou numa obra só, dando testemunho de uma realidade ubíqua, o que exigiria uma multiplicidade vivencial verdadeiramente impressionante num país-continente, formado de manchas regionais insuladas pela distância, como o nosso, e onde, sob certos aspectos, São Paulo e Bahia têm menos em comum do que São Paulo e Milão, por exemplo. A totalização dialética poderá se fazer ideogramicamente, de romance a romance, de poema a poema, cada um dando testemunho, com consciência crítica, da realidade que conhece e na qual está mais íntima e autenticamente situado, presentificando-a portanto. O *projeto é coletivo*. Um poema do Cabral entranhado na problemática rural do Nordeste ou um poema do Pignatari, focando a vivência urbana (e não menos brasileira!) do complexo de relações criado pela máquina e pela indústria paulista, mais um poema do Affonso Ávila dando testemunho da realidade mineira se podem conjugar num ideograma crítico, numa superestrutura ideológica do nacional. Antes de acreditar na tarefa de um, acredito no encargo coletivo de uma geração, a espelhar o movimento dialético de sua peripécia histórica, mormente se este projeto está esteticamente empostado numa visada que, sem se descaracterizar do que é de cada um, assume contornos comuns.[79]

***

Caro Affonso: eis aí o material que julgo aproveitável. Fiz ligeiras alterações de redação, para torná-lo mais apto à publicação. Se vv. entenderem que o material é excessivo, poderão ainda fazer nele os cortes necessários, marcando as lacunas (...), e desde que fique mantido o fio do pensamento. O mais que consta das 2 cartas, ou são anotações mais pessoais, não pensadas para a letra de forma, ou são observações mais circunstanciais e menos trabalhadas, que não interessam ao principal do debate.

---

[79] Fim da transcrição da carta a Rui Mourão.

Ontem, dia 10, soubemos por informação de amigos que *Invenção* já foi lançada no Rio, embora ainda não tenhamos visto como ficou, pois os exemplares não chegaram a São Paulo (aqui será distribuída pelo Palácio do Livro). Logo que tivermos a revista em mãos remeteremos a vv. exemplares e pediremos ao nosso editor que entre em contato, por intermédio de vv., com a livraria Itatiaia de Belo Horizonte. Estamos já preparando o n. 2, que exigiremos ao GRD[80] seja impresso em São Paulo, sob nosso controle direto.

Aguardamos vv. para a semana santa. O José Lino deverá vir do Rio também. Aqui vv. terão oportunidade de contatar Xisto, Braga, Cassiano, Mário da Silva Brito, Volpi. Dei ao Cassiano o recado do Fábio Lucas, e ele ficou de enviar-lhe seus últimos livros.

Aqui vai o meu abraço de muita amizade a v., ao Rui, ao Fábio; recomendações às respectivas esposas. Nossas saudações amigas também ao Romano, ao Fritz[81], e aos demais amigos daí. Diga ao Romano para se animar e vir também com vv. pela semana santa, para um bate-papo geral.

Haroldo
Rua Monte Alegre 635, São Paulo

---

[80] Iniciais de Gumercindo Rocha Dórea, constituíam também o nome da editora de sua propriedade.
[81] Fritz Teixeira de Salles (1917-1981), foi historiador, crítico, poeta; no n. 1 de *Tendência* saiu texto de sua autoria sobre *Duas águas* de João Cabral de Melo Neto.

21. Affonso Ávila
Belo Horizonte, 25 de março de 1962

Prezado Haroldo,

Recebi sua carta com os depoimentos. A composição da revista começará esta semana e a gráfica vê possibilidade de concluir a impressão até à Semana Santa. Caso isso se confirme, será certa a nossa ida a São Paulo. Acreditamos na repercussão desse número de *Tendência*,[82] não só pelo teor da matéria inserida, mas principalmente por seu sentido documental. A parte criativa foi ampliada, com a inclusão integral da "Carta sobre a usura", que ocupará dez páginas, sendo que o "Poema da crise"[83] do Romano é também extenso. Segundo cálculos da Imprensa Universitária, a revista sairá com cerca de duzentas páginas. Isso nos trouxe outro problema, que teremos de superar. É que as nossas disponibilidades não atendem à elevação do custo.

Lemos o livro do Chamie e isso veio elucidar as razões por que ele temia o diálogo Tendência-concretismo. *Lavra lavra* tenta fundar a sua novidade através de uma síntese das técnicas e dos processos de integração temática patenteados antes por Noigandres e Tendência. O livro, inteligente em alguns aspectos, não consegue, porém, ultrapassar a faixa dessas influências. Se não resulta de todo frustrado, é pelo menos insubsistente como invenção. A visualização do espaço em preto, que se pretendeu réplica à estrutura física do poema concreto, levou a um figurativismo neoacadêmico (veja a ingênua estilização da árvore de natal da pág. 109). Quanto à teoria do poema-praxis, não passa ela de uma astuciosa ginástica verbal, pretensiosa mas incapaz de convencer em sua fatuidade estético-ideológica.

V. não disse em sua carta se recebeu o material que lhe enviei (depoimento do Guimarães e tese e entrevista do Cabral). E *Invenção* quando surgirá por aqui? Pretendo focalizar em artigo o aparecimento da revista. A propósito,

---

[82] Trata-se do número 4.
[83] Poema publicado com o título " A crise"

enviei ao *Estadão* "O eixo São Paulo-Minas",[84] em que me reporto ao diálogo e à visita de vs.

Peço dizer ao Braga que aguardo os livros prometidos.

Com um abraço extensivo ao Décio, Augusto e Ronaldo, aqui fica por hoje o seu amigo

Affonso

---

[84] "São Paulo-Minas" saiu No Suplemento Literário do *Estado de S. Paulo* em 7 de abril de 1962; foi publicado também na revista *Tendência* n. 4.

22. Haroldo de Campos
São Paulo, 15 de abril de 1962

Caro Affonso:

aqui lhe remeto *Invenção*, mando-lhe apenas um número porque o maldito editor, até o momento, só forneceu 6 exemplares para a equipe diretora, dos 100 que prometera inicialmente, e, assim, estou remetendo a v. o que me tocou. Estamos fazendo o possível para ver se conseguimos regularizar a distribuição da revista, mas o editor (que é uma enguia...) sumiu do mapa e não tem nos procurado nem ao Cassiano... Para o 2º número queremos ter tudo em perfeito funcionamento, mesmo porque exigiremos que a revista seja impressa em São Paulo sob nosso controle direto.

Recebi o material do Cabral e do Rosa (que estou copiando) e os recortes que v. me enviou. Muito obrigado. Se v. vier a São Paulo pela Semana Santa já estarei em condições de lhe devolver os textos do Cabral e do Rosa. Caso contrário, farei a devolução pelo correio. Junto vai também uma antologia de poesia concreta brasileira publicada em Portugal. Com a alemã do prof. Bense e a japonesa organizada recentemente por Vinholes e Kitasono Katsue, somam já três antologias,[85] só neste ano. E há quem duvide (como o Casais Monteiro) da existência da poesia concreta!...

Acuso também a carta cheia de instigação do Rui. Vou respondê-la, com mais vagar. Reparo apenas, em toda a amizade, com relação ao texto radiofonizado que o Rui me mandou: dizer que o concretismo "evoluiu para a posição de Tendência" não corresponde nem aos fatos nem ao espírito do diálogo. Seria o mesmo que afirmar, *mutatis mutandis*, que Tendência evoluiu para a posição do concretismo... Na verdade, houve desdobramento dialético dos dois movimentos, dentro de seu projeto: Tendência explicitando melhor sua

---

[85] Haroldo refere-se a *Noigandres / Konkrete Texte*, org. Max Bense e Elisabeth Walther, pref. de Helmut Heissenbuettel e posfácio de Haroldo de Campos, série Rot, n. 7, Stuttgart (janeiro); à antologia de poesia concreta brasileira publicada por Luis Carlos Vinholes na revista *Design*, Tóquio (n. 27, dezembro), com textos críticos de Fujitomi Yasuo e Kitasono Katsue; e a *Poesia concreta*, org. Da Costa e Silva, Lisboa: SEPRO, 1962. Luís Carlos Vinholes (1933), poeta e músico, residiu no Japão, onde trabalhou no serviço diplomático brasileiro.

posição estética, a poesia concreta deixando mais nítida sua visada ideológica. Daí a possibilidade do encontro, por convergência, de aspirações recíprocas, mantidas as diferenças e características próprias, que certamente existem e existirão, e que dão conteúdo e fascínio ao diálogo.

Abraços amigos do

Haroldo
e da equipe Noigandres

23. Affonso Ávila
Belo Horizonte, 12 de maio de 1962

Prezado Haroldo,

Excelente o primeiro número de *Invenção*. A plataforma é corajosa e definidora ao propugnar uma poesia nova, agressiva e participante sem deixar de ser invenção e criação. As duas teses, embora conhecidas em algumas áreas, ganharão certamente em interesse e significação divulgadas conjuntamente. Diga ao Décio que, se algum reparo tenho a fazer quanto ao contexto da apresentação, é à generosidade do adjetivo com que sou encampado... Veja v., meu irmão: um cidadão com as barbas do Fidel, casado, vacinado e com quinze anos de praça literária sob a pele de um "jovem intelectual" das Minas Gerais! Mas valha a intenção, se ela foi boa, e v. me perdoe a blague.

Fracassou a nossa ida a São Paulo na Semana Santa. A revista empacou nas provas finais, que estamos agora corrigindo. Por outro lado, o Rui recebeu uma boa proposta para lecionar literatura brasileira na universidade de Brasília e topou. Já se encontra lá há mais de uma semana. Não sei se v. está a par do projeto, mas é qualquer coisa de revolucionário em matéria de ensino universitário. A universidade terá padrão internacional, com bolsistas de vários países, inclusive da África. Por sua vez, os professores serão contratados e para renovação de contrato, após dois anos, se submeterão a concurso e a um estágio pago por ela em instituições especializadas do exterior. Como vê, estou praticamente sozinho com o trabalho da revista (o Fábio faz tempo integral na Faculdade).

Com a ausência do Rui, não pude dar a ele conhecimento de sua carta. Entretanto, posso afiançar a v. que não houve intenção "antropofágica" de parte dele. Deve ser relevada a pressa com que se escrevem os textos radiofônicos, ligeiros e efêmeros. Ademais, acredito que ele tenha procurado dizer que os concretistas, ao cometerem o "salto participante", evoluíram para vir cair na mesma área ideológica em que trabalhamos. Isso afirmei em minha intervenção em Assis e agora frisamos, como acontecimento relevante que é, na introdução de *Tendência*. Essa conjugação de engajamentos impôs uma identidade de concepção criativa (Décio fala em conteúdo-construção) e o seu trecho de poema representa sob esse ângulo (invenção+participação) uma pesquisa identificada com a que nos preocupa.

Nessa "possibilidade do encontro, por convergência, de aspirações recíprocas, mantidas as diferenças e características próprias", como quer v., reside também para nós o suporte do diálogo. Respondendo à pergunta — A poesia "está morrendo", como se suspeita? —, que me foi formulada em entrevista pelo grupo Vereda[86], eu começo por afirmar: "Concluído o ciclo de quarenta anos do modernismo, acredito que o problema da linguagem da poesia, saturada pelo exacerbamento discursivo e incapaz de renovar-se como ingenuamente se pretendeu com o simples retorno a estruturas superadas pelo próprio movimento de 1922, constitui o grande desafio lançado ao poeta brasileiro de nossos dias. Daí a prevalência da experimentação e do debate teórico na área da poesia de vanguarda. As pesquisas levadas a efeito simultaneamente, e *com suas visadas próprias sobre o fenômeno poético*, por equipes como Tendência e Invenção ou por alguns experimentadores isolados indicam não apenas a preocupação de renovar, mas de criar pela renovação". Instado, a seguir, a depor sobre o diálogo, assim concluo: "A repercussão do diálogo aí está e tenho a certeza de que *o somatório de experiências de nacionalistas e concretistas* há de ser útil à prospecção de uma expressão literária de autenticidade brasileira".

O projeto de uma vanguarda nacional participante, colocado em pauta pelo diálogo ou como sua consequência, continua a suscitar interesse. Fomos procurados pelo José Guilherme Merquior, que se mostrou voltado para o problema. Ele pensa em lançar uma revista no Rio. Não o conhecia a não ser através da colaboração no *Jornal do Brasil*, mas acho que está agora com uma posição muito boa. Essa a impressão que eu e o Romano recolhemos das conversas com ele mantidas e que foi confirmada pelo teor da entrevista

---

[86] O grupo Vereda, também de Belo Horizonte, publicou na década de 1960, entre 1964 e 1966, a revista *Vereda*; dele fizeram parte poetas como Libério Neves, Ubirassu Carneiro da Cunha, Henry [Roberto] Corrêa de Araújo, entre outros. O primeiro número da revista trazia apresentação de Affonso Ávila.

que concedeu à televisão a respeito da política externa (ele acaba de vencer o concurso para o Itamarati).*

Tão logo tenha os primeiros exemplares de *Tendência*, mandarei, em volume por via aérea, alguns para distribuição entre os nossos companheiros e outros para que entregue, se não for difícil para v., a uma livraria de sua preferência. — O Alberto[87] já me havia enviado a antologia, sobre a qual Laís escreveu o comentário[88] que junto. — Depois falarei sobre a "estela cubana"[89] do Décio.

Com o abraço amigo do

Affonso

Só hoje, 12-5-62, pude terminar esta carta, iniciada há vários dias.

* Tem mais. Soubemos, pelo Carlos Estêvão[90], diretor do Centro Popular de Cultura, que o Gullar e o Pontual[91] engajaram no movimento do CPC.

---

[87] Alberto da Costa e Silva (1931), diplomata, historiador e poeta, autor de uma antologia da poesia concreta acima referida.
[88] O texto de Laís Corrêa de Araújo "Poesia concreta", estampado em 22-4-62 no *Estado de Minas*, comenta a antologia de poesia concreta saída em Portugal.
[89] Trata-se do poema de Décio Pignatari "Stèle pour vivre n. 3. Estela cubana" publicado no n. 2 da revista *Invenção* (1962) e no n. 5 de *Noigandres* (1962).
[90] Carlos Estevam Martins (1934-2009), cientista social.
[91] Roberto Pontual (1939-1994), crítico de arte. Quando da publicação em 1969 pela editora Civilização Brasileira do livro de Affonso Ávila *Código de Minas e poesia anterior*, Roberto Pontual foi o responsável por sua diagramação e supervisão gráfica. Na coleção Poetas Modernos do Brasil, dirigida por Affonso na editora Vozes, foi anunciado um volume *Jorge de Lima* de autoria de Roberto Pontual, que não chegou a ser publicado. Foi um dos signatários do "Comunicado" que se divulgou após a Semana Nacional de Poesia de Vanguarda, em Belo Horizonte, em 1963

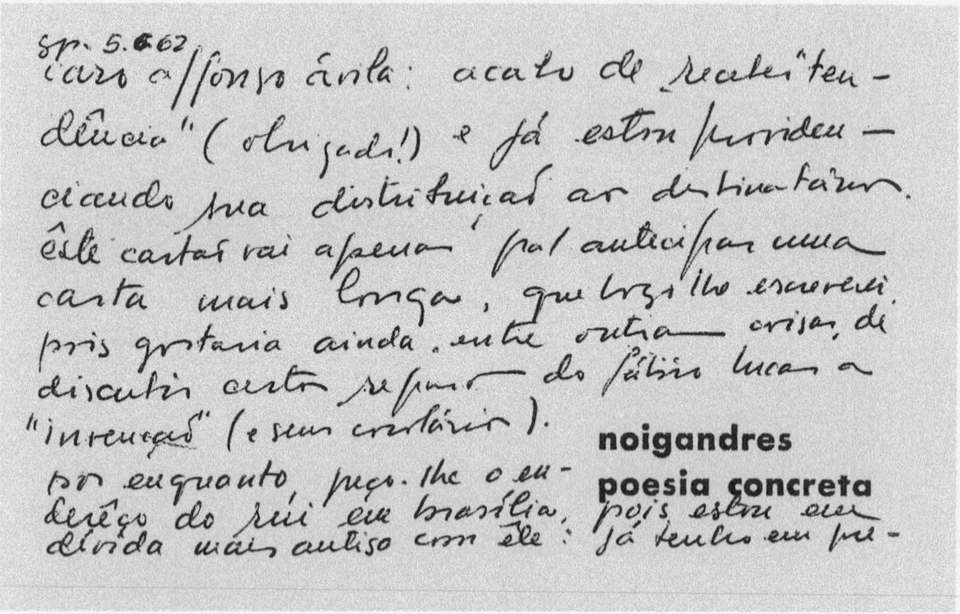
sp. 5.6.62
caro affonso ávila: acato de receber "tendência" (obrigado!) e já estou providenciando sua distribuição aos destinatários.
êste cartão vai apenas para antecipar uma
carta mais longa, que logo lhe escreverei,
pois gostaria ainda, entre outras coisas, de
discutir certos reparos do fábio lucas à
"invenção" (e seus corolários).
por enquanto, peço-lhe o enderêço do rui em brasília, pois estou em
dívida mais antiga com êle: já tenho em pre-

noigandres
poesia concreta

Cartão de Haroldo de Campos datado de 5 de junho de 1962

24. Haroldo de Campos
São Paulo, 5 de junho de 1962

Caro Affonso Ávila:

acabo de receber *Tendência* (obrigado!) e já estou providenciando sua distribuição aos destinatários. Este cartão vai apenas para antecipar uma carta mais longa, que logo escreverei, pois gostaria ainda, entre outras coisas, de discutir certos reparos do Fábio Lucas a *Invenção* (e seus corolários).

Por enquanto, peço-lhe o endereço do Rui em Brasília, pois estou em dívida mais antiga com ele: já tenho em preparo a resposta à carta de 2 de abril que ele me dirigiu, e não sei para onde enviá-la...

Estamos já cogitando (e reunindo material para) do 2º número de *Invenção*, que deverá sair até fins de julho. Como *Tendência* já publicou trecho de sua "Carta sobre a usura", deixo a seu critério mantê-lo para acompanhar seu texto teórico em *Invenção* 2, ou substituí-lo, se v. assim o entender melhor, por outro trecho ou poema inédito. — Peço-lhe, ainda, que solicite, do Romano poema inédito para o mesmo fim. Fico a sua disposição para a colocação de *Tendência* em livraria(s) de São Paulo. *Invenção* teria chegado a alguma livraria de Belo Horizonte? (nosso evasivo e fluido editor não nos tem informado a respeito). Abraços gerais do

Haroldo.

25. Affonso Ávila
Belo Horizonte, 11 de junho de 1962

Caro Haroldo,

Estava para lhe escrever, quando chegou seu cartão acusando o recebimento de *Tendência* e enviando o trabalho sobre Sousândrade e o material devolvido. É que tinha a relatar-lhe mais alguns fatos que se vêm somar ao interesse já agora tão ampliado para o projeto de uma vanguarda participante.

Recebi carta do pernambucano Costa Lima[92] (que nos foi recomendado pelo Cabral e de quem falei sábado no artigo "Literatura situada" publicado no *Estadão*[93]), na qual se mostra entusiasmado com o *diálogo*. Trata-se de elemento novo e me parece de muito valor (além do trabalho *Dinâmica da literatura brasileira: situação do seu escritor*,[94] que comentei, tem um estudo inédito sobre Sousândrade), atuante também na cátedra como professor de literatura (portuguesa e brasileira) em duas Faculdades de Filosofia de Recife. Como v. verá no trecho de carta de que lhe mando cópia, está ele incumbido pela Universidade de Pernambuco de dirigir a revista *Estudos Universitários*, a ser lançada[95]. Deseja Costa Lima que ela se integre no movimento de renovação que é hoje preocupação tanto nossa, quanto de vs., e espera para isso um apoio comum, que, da parte de Tendência, já foi assegurado. Sugeri a ele que dedique o primeiro número ao problema, com a colaboração da vanguarda de São Paulo, Rio e Minas (por exemplo, lembrei o José Lino para falar sobre o "cinema novo" e v. sobre "Invenção e o projeto de uma vanguarda participante"). A esta altura, já deve o nosso amigo de Recife ter lido *Tendência* 4 e a tese do Pignatari de que forneci meu

---

[92] Luiz Costa Lima (1937), crítico literário, cujo trabalho sobre Sousândrade adiante referido pouco depois integrou o volume *Re visão de Sousândrade* de Augusto e Haroldo de Campos (São Paulo: Invenção, 1964)
[93] O artigo de Affonso Ávila "Literatura situada" foi publicado em 9 de junho de 1962 no Suplemento Literário de *O Estado de S. Paulo*.
[94] Recife: Edição do autor, 1961.
[95] A revista começou a circular em 1962, tendo passado por várias fases. Na fase inicial, de aproximadamente um ano, teve como secretário-executivo Luiz Costa Lima. Nessa fase, teve a colaboração, entre outros, de Affonso Ávila, Haroldo de Campos, Augusto de Campos e Décio Pignatari, bem como de Affonso Romano de Sant'Anna, Erthos Albino de Souza, Sebastião Uchoa Leite, João Alexandre Barbosa.

exemplar mimeografado, mas não conhece ainda *Invenção*. Acredito que, se a sugestão for aceita e exequível, estaremos dando um passo importante para a afirmação dos postulados renovadores que, em suas diversas vertentes, visa quebrar a crosta de uma ordem inapelavelmente perempta. Com três revistas de lastro e a nossa simultânea ação nas áreas de que individualmente dispomos, teremos conquistado estrategicamente uma posição mais sólida (a propósito, José Lino, em carta anterior à saída de *Tendência* 4, dá ênfase à significação dos engajamentos que se sucedem).

Outro fato considerável é o de que grupos de jovens de vinte e poucos anos vão surgindo com uma consciência já bem definida da realidade nacional e seus problemas políticos e literários. Os rapazes de *Vereda* estão nessa linha, produzindo alguma coisa merecedora de atenção, como indica o poema "Custo de vida", de Henry Roberto, de que lhe envio cópia. Por outro lado estiveram aqui e nos procuraram uns moços de São Paulo que, demonstrando idêntica vontade de trabalhar, dizem estar preparando um movimento que se chamaria "completista". Eles se explicam, ainda um pouco nebulosamente, como defensores de uma criação em que se *completam* "essência vital e essência poética". Vs. terão alguma referência a respeito? Um deles se chama Guido Ângelo e se diz "católico participante". Pretendem fazer o lançamento oficial numa "semana completista", para a qual esperam vaias e incompreensão...

Invenção está à venda na Itatiaia e o Édison, a meu pedido, fez uma vitrine da revista. Também em Brasília ela é encontrada nas livrarias, segundo o Rui. Quanto à minha colaboração para o n. 2, acho que não haverá inconveniente em se publicar também o trecho inicial da *Carta sobre a usura,* do qual o título é agora "O onzenário"[96]. Embora eu tenha modificado, após a saída de *Tendência,* a parte segunda do poema, a primeira se manteve inalterada, apenas reduzidas a corpo comum as palavras que viriam em caixa alta na versão para a revista de vs. Falarei ao Romano para mandar um trabalho inédito, como v. deseja.

---

[96] O título anterior do poema, "Herbário", foi referido em carta de 3-10-1961.

O endereço do Rui em Brasília é: Universidade de Brasília, Secção de Letras, Edifício do Ministério da Saúde, 4º. andar. Entretanto, é mais prudente que v. envie a carta para a residência dele em Belo Horizonte (rua Antônio de Albuquerque, 125), pois a Elza e os meninos ainda se encontram aqui e ele vem vê-los toda quinzena. Depois de lido, passarei ao Rui o trabalho sobre Sousândrade. É oportuno, porquanto realiza no momento um ciclo de aulas sobre o barroco.

Diga ao Décio que Henry Roberto e Luiz Adolfo Pinheiro têm interesse em receber a "Estela cubana", que viram aqui em casa. Por sua vez, o Édison Moreira pede um exemplar de *Noigandres* 4, será possível?

Aguardo sua carta.

Com o abraço do

Affonso

— Os exemplares de *Tendência* para venda aí serão enviados nos próximos dias. Gratíssimo.

Affonso

26. Haroldo de Campos
São Paulo, 20 de junho de 1962

Caro Affonso:

apresso-me a lhe escrever para lhe assegurar nosso pleno apoio à ideia de uma frente única com Recife, representado pelo Costa Lima e sua revista *Estudos Universitários*.

Pelo trecho de carta que v. me enviou o Costa Lima está espiritualmente integrado em nosso projeto de uma vanguarda participante, e desde já estamos prontos a lhe enviar colaboração para o 1º número da revista. O Décio se incumbirá do artigo "Invenção e o projeto de uma vanguarda participante", pois já tinha material em elaboração no sentido do tema e assim lhe será fácil pô-lo no papel (eu já pus muito do que teria a dizer no meu artigo para *Tendência* e devo fazer um hiato, para estocagem de novas ideias, sob pena de repetir-me...). O Augusto vai também enviar ao Costa Lima, refundido e revisto, trabalho sobre Pedro Kilkerry, o clandestino simbolista baiano que ele acaba de repor em circulação através do suplemento do *Estadão*[97]: trata-se da fundação, em novas bases, de nossa tradição literária e de reescrever, no mesmo passo, a nossa história da literatura, sem os preconceitos da crítica acadêmica, uma tarefa que nos incumbe a todos, paralelamente à da criação, e que, certamente, calhará bem e oportunamente, penso, no programa de ação de *Estudos Universitários*. Se o Costa Lima achasse interessante, eu poderia mandar para a revista minha tradução do poema de Maiakóvski "Incompreensível para as massas", poema extremamente importante para o enquadramento exato da posição escritor/literatura engajada e onde, inclusive, Maiakóvski lança contundente diatribe contra a crítica academizante dos zoilos oficiais. É um trabalho que já está pronto e que eu reservava para *Invenção*, mas que terei prazer em ceder para o Costa Lima, anexando-lhe

---

[97] Augusto de Campos publicou no Suplemento Literário de *O Estado de S. Paulo* os artigos "Non Multa Sed Multum" e "O revolucionário Kilkerry" em 02-06 e 16-6-62. Foram republicados sob o título "Kilkerry: uma revisão necessária", com pequenas modificações, no *Estado de Minas*, em 28-7 e 4-8-63

pequeno comentário.[98] *Invenção* 2 será impressa na Revista dos Tribunais, aqui em São Paulo. Já estamos com o material coligido. Sairá seu poema e seu depoimento. Se o Romano enviar a tempo colaboração ainda haverá jeito de incluí-la. Estamos também corrigindo as provas finais de *Noigandres* 5, uma antologia de todo nosso trabalho (inclusive do José Lino), desde 1949. — O Décio não tem mais cópias do cartaz da "estela cubana", mas pretende extrair mais algumas e, então, as poderá enviar para Henry Roberto e Luiz Adolpho Pinheiro (a propósito, *Vereda* promete: "custo de vida"[99] tem bom nível de fatura). Quanto ao *Noigandres* 4 para o Édison Moreira já está prometido, desde Belo Horizonte, e reservado: aguardamos apenas um portador, pois o nosso correio já estraçalhou um exemplar que, há tempos, enviamos a Minas... Dias 16 e 17 estive no Rio, em contato com Max Bense e sua assistente, Elisabeth Walther. Bense mostrou-se muito interessado no caminho vanguarda/participação considerando-o mesmo um dos problemas fundamentais da estética de nossa época. — Convidou-me para, em 1963, ministrar um curso de língua e literatura brasileira na Universidade Técnica de Stuttgart, curso de 4 meses, no quadro do qual seria organizada uma exposição da poesia brasileira de vanguarda (textos visuais), para a qual conto utilizar, além do material concreto, e dos integrantes de *Invenção*, trabalhos seus e do Affonso[100] (talvez pequenos cartazes). Não é preciso dizer que aceitei (para o 2º semestre de 63)[101], e que espero fazer um curso em bases completamente inovadoras (isto é: à base de uma antologia da prosa e da poesia brasileiras de invenção, desde a era colonial até nossos dias...). Bense recebeu, de nossa parte, *Invenção* 1 e *Tendência* 4, mas, infelizmente, por falhas de organização dos museus do Rio e de São Paulo, que não se mobilizaram com o suficiente dinamismo para lhe arranjar um contrato por mais tempo, permaneceu (nesta 2ª. visita) apenas 15 dias no Rio e já retornou para a Alemanha. Deu no Rio um curso sobre teoria do texto e

---

[98] Décio Pignatari colaborou no n. 2 da revista (out./dez. 1962) com "Participação, produção, consumo". Augusto e Haroldo colaboraram no mesmo número com "Montagem: Sousândrade".
[99] Trata-se do poema referido na carta precedente de Affonso Ávila.
[100] Ou lapso ou referência a Affonso Romano de Sant'Anna, a quem em geral Haroldo se refere como Romano.
[101] Haroldo de Campos foi leitor de literatura brasileira contemporânea junto ao Studium Generale, anexo à Cadeira de filosofia e teoria do conhecimento da Technische Hochschule, Stuttgart, para onde partiu em janeiro de 1964.

informação visual no Museu de Arte Moderna. — Estive também com o José Lino, a quem comuniquei o contato com Recife: ele está muito interessado em colaborar. Um grande amigo do José Lino (e que me causou a melhor das impressões), o poeta pernambucano Félix de Athayde[102], amigo íntimo do Cabral, também plenamente integrado no projeto de uma vanguarda engajada, deverá voltar a residir no Recife, como membro da equipe de *Última Hora*[103], e então pensa colaborar com o Costa Lima na ação tríplice São Paulo / Minas / Recife.

Adio ainda, para uma próxima carta, a discussão de problemas levantados por Fábio Lucas em alguns dos seus últimos artigos. É coisa que exigiria mais vagar. Apenas lhe digo, desde logo, que, quer quanto à compreensão do artigo de abertura de *Invenção*, quer quanto, por exemplo, ao enquadramento exato de uma poesia epigonal, digesto-diluidora, como a do Chamie, sua posição (sua de você, meu caro Affonso), revelada em carta, está muito mais próxima da nossa que a do Fábio...

Abraços gerais do *Haroldo*

Já enviei *Invenção* ao Costa Lima. Gostaria de obter o livro dele → *Dinâmica da literatura brasileira* — é possível?

→ daremos notícia do contato na parte de registro de *Invenção* 2, que se chamará "Móbile".[104]

---

[102] Félix de Athayde (1932-1995), jornalista, crítico e poeta, colaborou no n. 3 de *Invenção* com quatro poemas.
[103] Jornal fundado no Rio de Janeiro em 1951 por Samuel Wainer, tinha redações também em outras cidades, como Recife.
[104] Na seção "Móbile" do n. 2 de *Invenção*, há as seguintes notas: sobre *Lição de coisas* de Drummond; a transcrição de trecho de uma carta de Jorge de Sena sobre seus "Quatro sonetos a Afrodite Anadiômena"; sobre a apresentação de Pedro Xisto "Poesia concreta: dimensões históricas e estéticas" em seminário da Universidade da Bahia, julho de 1962, em Salvador; sobre três novas antologias de poesia concreta no exterior, referidas em nota à carta de XXX, sendo também referidas duas antologias anteriores — uma seleção de poemas concretos e um excerto do Plano-piloto na revista *Nota*, de Munique (jul.-set. 59), e *Kleine Antologie Konkrete Poesie*, de Gomringer. Separata da revista *Spirale*, Berna, out. 1960; e sobre a revista *Estudos Universitários* de Recife e o trabalho de Luiz Costa Lima.

caro affonso:

apresso-me a lhe escrever para lhe assegurar nosso pleno apoio à idéia de uma frente única com recife, representado pelo costa lima e sua revista "estudos universitários".
pelo trecho de carta q. v. me enviou o costa lima está espiritualmente integrado em nosso projeto de uma vanguarda participante, e desde já estamos prontos a lhe enviar colaboração para o 1º nº da revista. o décio se incumbirá do artigo "invenção e o projeto de uma vanguarda participante", pois já tinha material em elaboração no sentido do tema e assim lhe será fácil pô-lo no papel (eu já pus muito do que teria a dizer no meu artigo pa/"tendência" e devo fazer um hiato, pa/estocagem de novas idéias, sob pena de repetir-me...). o augusto vai tb enviar ao costa lima, refundido e revisto, um trabalho sôbre pedro kilkerry, o clandestino simbolista baiano que acaba de repor em circulação através do suplemento do estadão: trata-se da fundação, em novas bases, de nossa tradição literária e de reescrever, no mesmo passo, a nossa história da literatura, sem os preconceitos da crítica acadêmica, uma tarefa que nos incumbe a todos, paralelamente à da criação, e que, certamente, calhará bem e oportunamente, penso, no programa de ação de "estudos universitários". se o costa lima achasse interessante, eu poderia mandar para a revista minha tradução do poema de maiakóvski "incompreensível para as massas", poema extremamente importante para o enquadramento exato da posição escritor/literatura engajada e onde, inclusive, m. lança contundente diatribe contra a crítica academizantes dos zoilos oficiais. é um trabalho que já está pronto e que eu reservava para "invenção", mas que terei prazer em ceder para o costa lima, anexando-lhe pequeno comentário. "invenção 2" está impressa na "revista dos tribunais", aqui em spaulo. já estamos com o material coligido. sairá seu poema e seu depoimento. se o romano enviar a tempo colaboração ainda haverá jeito de incluí-la. estamos tb corrigindo as provas finais de "noigandres 5", uma antologia de todo nosso trabalho (inclusive do jóse lino), desde 1949.-- o décio não tem mais cópias do cartaz da "estela cubana", mas pretende extrair mais algumas e, então, as poderá enviar para henrix roberto e luiz adolpho pinheiro (a propósito, vereda promete/ "custo de vida" tem bom nível de fatura). qto ao "noig 4" pa/ o édison moreira já está prometido, desde b.horizonte, e reservado: aguardamos apenas um portador, pois o nosso correio já estraçalhou um exemplar que, há tempos, enviamos a minas... dias 16 e 17 estive no rio, em contacto com max bense e sua assistente, elisabeth walther. bense mostrou-se muito interessado no caminho vanguarda/participação considerando-o mesmo um dos problemas fundamentais da estética de nossa época.---- em 1963, convidou-me para, em 1963, ministrar um curso de língua e literatura brasileira na universidade técnica de stuttgart, curso de 4 meses, no quadro do qual seria organizada uma exposição da poesia brasileira de vanguarda (textos visuais), para a qual conto utilizar, além do material concreto, e dos integrantes de"invenção", trabalhos seus e do affonso (talvez pequenos cartazes). não é preciso dizer que aceitei (para o 2º semestre de 63), e que espero fazer um curso em bases completamente inovadoras (i.é: à base de uma antologia da prosa e da poesia brasileiras de invenção, desde a era colonial até nossos dias...). bense recebeu, de nossa parte, "invenção 1" e"tendência 4", mas, infelizmente, por falhas de organização dos museus do rio e de são paulo, que não se mobilizaram com a suficiente dinamismo para lhe arranjar um contrato por mais tempo, permaneceu (nesta 2a. visita) apenas 15 dias no rio e já retornou para a alemanha. deu no rio um curso sôbre teoria do texto e informação visual no mam. ---- estive também com o j. lino, a quem comuniquei o contacto com recife: êle está muito interessado em colaborar. um gde. amigo do j.lino (e que me causou a melhor das impressões), o poeta pernambucano félix de athayde, amigo íntimo do cabral, também plenamente integrado no projeto de uma vang. engajada, deverá voltar a residir no recife, como membro da equipe de "última hora", e então pensa colaborar com o costa lima na ação tríplice sp/minas/recife.
adio ainda, para uma próxima carta, a discussão de problemas levantados por fábio lucas em alguns dos seus últimos artigos. é coisa que exigiria mais vagar. apenas lhe digo, desde logo, que, quer qto à compreensão do artigo de abertura de invenção, quer qto, p.ex., ao enquadramento exato de uma poesia epigonal, digesto-diluidora, como a do chamie, sua posição (sua de você, meu caro affonso), revelada em carta, está muito mais próxima da nossa que a do fábio.

abraços gerais do haroldo sp. 20.6.62

Carta de Haroldo de Campos datada de 20 de junho de 1962

27. Affonso Ávila
Belo Horizonte, 21 de junho de 1962

Prezado Haroldo,

Estou enviando, sob registro postal, 10 (dez) exemplares de *Tendência*, para v. entregar a uma livraria, como combinado. O preço de venda é de C$150,00 (cento e cinquenta cruzeiros) o exemplar.

Mando apenas 10 exemplares porque não sei se terá saída em São Paulo e a tiragem da revista foi pequena.

Com o abraço grato do

Affonso

28. Affonso Ávila
Belo Horizonte, 24 de julho de 1962

Caro Haroldo,

Ao regressar do Rio, onde passei as férias com Laís e os meninos, encontrei aqui carta do Costa Lima. Recebeu ele com satisfação o apoio de vs. e espera as colaborações prometidas. O 1º. número de *Estudos Universitários* já se acha no prelo, razão por que pretende dedicar o seguinte ao problema de uma vanguarda participante. Senti, nas entrelinhas da carta, que o nosso amigo está de certa forma cerceado pelos compromissos *universitários* da publicação e que luta para neutralizá-los. Mandou-me um prospecto contendo a apresentação da revista, bastante corajosa, e acredito que ele resistirá por algum tempo às injunções reacionárias que não hão de faltar. Daí eu considerar importante o nosso apoio, decisivo para que *Estudos Universitários* assuma logo uma linha de participação e renovação.

Estive com o José Lino, num bate-papo de que participaram também o Félix de Athayde e o Romano, então no Rio. José Lino mostrou-nos seus últimos trabalhos, já dentro da linha do "salto"[105]. Por esse e outros contatos que mantive, pude concluir que a turma nova está procurando engajar-se de uma ou outra forma, embora persistam antigas divergências e ressentimentos. Assis Brasil[106] abordou bem e com simpatia o projeto *Tendência/concretismo* de uma vanguarda participante, na série de artigos "Arte e participação" publicada no *Diário de Notícias*,[107] viu? Vale a pena ler, do mesmo Assis, o artigo "Nova linguagem", saído antes. Ele coloca bem, no caso Chamie, o problema da poesia epigonal de que v. me fala em sua carta.

Estou em dúvida se datei ou não o meu depoimento para *Invenção*. No caso negativo, peço-lhe fazê-lo por mim, acrescentando ao final no texto:

---

[105] Trata-se do que é referido como "salto participante", ou seja, a atenção da vanguarda às questões sociais. O texto de Décio Pignatari, "Situação atual da poesia no Brasil", saído em *Invenção* 1 e, posteriormente, incluído em seu livro *Contracomunicação* (São Paulo: Perspectiva, 1971).
[106] Assis Brasil (1932), crítico literário.
[107] Trata-se de três artigos de Assis Brasil, na coluna "Arte e participação", sob o título "O impasse do artista", publicados no *Diário de Notícias* em 8, 15 e 22 de julho de 1962.

BH, setembro/outubro de 1961. Como a revista tornará um pouco difícil o conhecimento de meu trabalho numa área de amigos mais chegados, pergunto a v. se não seria possível tirar-se uma pequena separata. V. pediria à gráfica um orçamento para 100 (cem) exemplares e, caso fosse razoável, eu lhe enviaria a seguir um cheque para cobrir as despesas.

O Costa Lima já deve, a esta altura, ter entrado em contato direto com vs. Mesmo assim, deixo aqui o endereço dele: Luís Costa Lima Filho, rua Rita de Souza, 185 — Casa Forte — Recife.

Aguardo qualquer notícia sua. Com o abraço do

Affonso

29. Affonso Ávila
Belo Horizonte, 22 de setembro de 1962

Haroldo,

O Alfredo Margarido pede dê conhecimento a v. da carta que me dirigiu sobre *Tendência* e na qual aborda de maneira especial os problemas levantados em seu trabalho. Como todo português (é também o caso de Casais Monteiro e Jorge de Sena[108]), ele não compreende o fato literário *nacional* brasileiro, por incapacidade de interpretá-lo fora de um contexto histórico-cultural que os portugueses teimam em considerar válido também para o Brasil. Por outro lado, a visão crítica do Margarido, que politicamente tem uma boa posição, mostra-se tributária ainda do dogmatismo estreito do realismo socialista. Pela cópia da carta, que lhe envio, v. concluirá melhor do que ele pensa sobre o surgimento no Brasil de uma literatura de autenticidade *nacional* e, particularmente, o concretismo.

Estive em Brasília, aproveitando o sete de setembro. O Rui se encontra entusiasmado com a Universidade e já perfeitamente integrado na vida da Novacap. Levei para ele o seu trabalho sobre Sousândrade (li atentamente e o considero importante como primeiro passo para um projeto que v. e o Augusto, melhor que ninguém, têm tudo para realizar: uma revisão crítica da história da poesia brasileira) e a *Servidão de passagem*[109] para o Fritz[110], que também emigrou. A propósito, durante um curso de extensão organizado pelo Fritz (chefe do setor), o Rui falará sobre a poesia atual e abordará o problema concretista. Vs. precisam se animar e dar um pulo até Brasília, via Belo Horizonte. A viagem de ônibus é excelente e poderíamos ir juntos. Em dois dias vs. veriam toda a cidade, valendo-se do auxílio motorizado do Rui. Pensem nisso.

---

[108] Jorge de Sena (1919-1978), crítico literário e escritor português, viveu e atuou como professor no Brasil na década de 1960.
[109] São Paulo: Noigandres, 1962.
[110] Fritz Teixeira de Salles.

Vejo, pela "Estela cubana" do Décio, pelo "Cubagrama"[111] do Augusto (mais feliz que o Décio nas soluções de estrutura propriamente concretas) e agora pela *Servidão de passagem* (em que a técnica de composição *concreta* dá a sua forma lúcida a uma aguda informação crítico-participante), que vs. deram realmente sentido criador ao "salto". — Aguardo *Invenção* 2. Pelas informações transmitidas por intermédio do Henry, acho mesmo impraticável a ideia da separata. Assim, mando-lhe um cheque de 2.000, que talvez dê para que v. me envie uns 10 exemplares. Certo?

Pedi ao espanhol Ángel Crespo[112] que enviasse a v. a *Revista de Cultura Brasileña,* que traz um exercício poético do Bense sobre a viagem ao Brasil, com uma referência afetiva a vs.[113]

Com o abraço do

Affonso

---

[111] Poema de Augusto de Campos publicado no n. 2 de *Invenção* (1962) e não incluído em seus volumes de poesia.
[112] Ángel Crespo (1926-1995) foi um poeta, crítico e tradutor.
[113] Trata-se do texto "Escorzo brasileño" (tradução de Alberto Sánchez), publicado no n. 1 da revista (junho de 1962). O mesmo texto foi publicado em tradução de Haroldo de Campos no n. 2 de *Invenção,* com o título "Max Bense sobre Brasília"

30. Haroldo de Campos
São Paulo, 1 de outubro de 1962

Caro Affonso:

recebi sua carta com o cheque relativo à compra de números de *Invenção* 2. Realmente, a separata mostrou-se impraticável, não por nossa vontade, mas pelo fato de que tivemos graves problemas com o editor (grd), que se recusou a publicar os poemas cubanos, donde termos afinal rompido com ele, passando o trabalho (já em composição) à editora Massao Ohno. Isto significa que a equipe diretora terá que pagar as despesas da edição, pois o Massao não financia edições dessa natureza. Surgiram também problemas na impressora, que, talvez prevenida contra nós pelo grd, fez um preço exorbitante, obrigando-nos a uma série de providências, inclusive interferência pessoal do Cassiano. Como v. vê, os problemas que tivemos (só agora foi dada ordem de impressão) não nos permitiam enfrentar casos novos, como o da separata, para o qual, desde logo, a impressora (Revista. dos Tribunais) não mostrou boa vontade. — Enfim, logo que estiver impresso o nº 2, lhe enviaremos os exemplares pedidos.

Muito interessante a carta do Margarido, que oportunamente responderei.

Ángel Crespo, que conheci em 59 em Madri, escreveu-me e prepara um trabalho sobre o movimento concreto também. Pretende publicar poemas seus no nº 2 (ou 3) de *Estudos Brasileños* (ou melhor: *Revista de Cultura Brasileña*).[114]

Mandei uma carta para o endereço do Rui em Belo Horizonte, há tempos, não sei se chegou às mãos dele. Há alguns dias mandei-lhe meu livro para Brasília. — Recebemos convite oficial para o congresso da Paraíba e compareceremos (eu e Décio pelo menos). Apresentarei uma tese sobre tradução como crítica). Você e os demais companheiros irão? Será ótimo reunirmo-nos todos na Paraíba. Abraços do

Haroldo

---

[114] "Carta sobre la usura" de Affonso Ávila saiu no n. 2 da revista, de setembro de 1962.

A ideia da ida a Brasília é boa! Combinaremos o passeio conjunto oportunamente.

Desculpe o rasgo no papel: a máquina engripou quando eu puxava o carro...

31. Affonso Ávila
Belo Horizonte, 4 de novembro de 1962

Haroldo,

Invenção 2 já está em mãos. Agradeço a remessa dos exemplares encomendados. — A revista atinge com este número um nível que violenta, gráfica e qualitativamente, o padrão de nossa acanhada tradição no gênero de revista de arte. E ela se torna historicamente importante porque documenta a estruturação de uma nova linguagem poética, viva, *nossa*, apta para competir. Este entusiasmo, partindo de vs. ou de mim ou de alguém outro integrado nesse projeto maior que nós mesmos, poderá parecer suspeito ou ridículo, mas é honesto. *Invenção* irá irritar ainda mais os desajustados e superados. A propósito, não sei se referi, em carta anterior, aos ataques contra *Tendência* e o salto participante concretista desencadeados por elementos ligados ao CPC[115], através de sucessivos programas do Geir Campos[116] na Rádio Ministério. Eles agora nos tacham de parnasianos...

Não estava a par de seu já velho conhecimento com Ángel Crespo (o contato me foi recomendado pelo Cabral). Ele me escreveu, submetendo uma tradução da *Carta sobre a usura*, e agora me surpreende com uma plaquete-separata do poema, de que me mandou, por enquanto, apenas 1 ex. Na última carta, fala de fato no trabalho que vem preparando sobre o concretismo.[117] Com os recursos financeiros de que parece dispor, poderá certamente apresentar uma boa divulgação do movimento.

O congresso da Paraíba[118] foi adiado novamente, em face do não recebimento das verbas oficiais. Eu tinha acabado de receber um telegrama pedindo

---

[115] O Centro de Cultura Popular, criado em 1961, associado à União Nacional de Estudantes, reunia artistas de várias áreas com o propósito de criar uma "cultura nacional, popular e democrática", por meio da conscientização das classes populares. Foi interrompido com o golpe de 1964. Entre suas atividades houve a publicação da série *Violão de rua*, de que participam Moacir Félix, Ferreira Gullar, Affonso Romano de Sant'Anna e Geir Campos.

[116] Geir Campos (1924-1999), poeta, tradutor, crítico. Durante anos, apresentou vários programas literários na Radio Ministério da Educação.

[117] No n. 5 da *Revista de Cultura Brasileña*, 1963, saiu publicado o artigo "Situación de la poesía concreta", de Ángel Crespo e Pilar Gómez Bedate.

[118] O III Congresso Brasileiro de Crítica e História Literária veio a se realizar, em João Pessoa, na Universidade da Paraíba, em dezembro de 1962. Décio Pignatari apresentou "Notícia: a poesia brasileira em ação" e Haroldo "Da tradução

confirmação para a reserva da passagem, quando li a notícia no *Correio da Manhã*. Será que ele sairá mesmo em dezembro? Como disse ontem em carta ao Costa Lima, não poderei comparecer. Gostaria de receber cópia das teses sua e do Pignatari, caso venham a ser mimeografadas.

O Rui recebeu o livro e a carta a que v. se refere. Vai responder, logo se desincumba de umas tarefas de tempo integral que recebeu na Universidade.

Voltando a *Invenção*; compreendo bem os obstáculos surgidos. A coisa ficará mais difícil de agora em diante, com o desfecho da crise cubana. A reação está se reorganizando ferozmente, animada pelo que considera uma vitória nesse *round* da guerra fria. Também aqui experimentamos essas injunções. Laís acabou deixando o *Estado de Minas* por ter o jornal se recusado a publicar um de seus comentários.

A viagem a Brasília está de pé. Na época oportuna, peço avisar com antecedência para eu reservar as passagens. Certo?

Abraços do

Affonso

como criação e como crítica" (publicado na revista *Tempo Brasileiro*, jun.-set. 1963 e incluído posteriormente em *Metalinguagem*).

32. Haroldo de Campos
São Paulo, 11 de novembro de 1962

Caro Affonso Ávila:

já sei que v. recebeu *Invenção* 2, pois acabo de receber sua carta.

Mando-lhe agora exemplares de *Noigandres* 5, para você e para os demais amigos de *Tendência*.

Abraço do

Haroldo

33. Affonso Ávila
Belo Horizonte, 22 de novembro de 1962

Haroldo,

Esta carta tem como objetivo colocá-lo a par de mais um contato que poderá ser útil ao nosso movimento por uma vanguarda participante. É que acabo de receber uma carta do gaúcho Wilson Chagas, que v. deve conhecer através da colaboração que ele mantém no *Estadão*. Ele deseja entrosar-se conosco. Escreveu, no *Correio do Povo*, de Porto Alegre, um artigo sobre *Tendência* 4, de que lhe mando recorte. Deseja conhecer o trabalho de vs. e, especialmente, a tese do Pignatari. Assim, acho interessante que v. mande para ele a *Antologia de Noigandres* (já tenho em mãos os exemplares para a turma daqui e agradeço, sugerindo que envie também um exemplar para Henry Roberto e Luiz Adolfo Pinheiro, da *Veredas*, se isso for possível) e os dois números de *Invenção*. O contato poderá representar mais um elo em nosso eixo, que hoje não inclui apenas São Paulo e Minas, mas o Rio, Pernambuco e Brasília. Para seu conhecimento, transcrevo o seguinte trecho da carta do Wilson Chagas:

Nesse artigo vai a minha contribuição leal e firme para o grupo de vocês, que me é muito simpático: gostei de ver o que vocês estão fazendo aí, numa tentativa de quebrar o marasmo dominante, de fazer coisa nova, inventar, criar formas duráveis em nossa literatura. Estamos todos precisados dum movimento assim — com essa "tendência" — tanto que eu sinto necessidade de me entrosar com vocês, de participar do que vocês estão fazendo, ou querendo fazer. As divergências de pontos de vista, assinaladas no artigo, não vêm ao caso: e elas precisam ser expostas e discutidas, para se chegar a um denominador comum — exatamente o que vocês tentam fazer com o concretismo, neste quarto número.

E por falar em concretismo, gostaria de conseguir, não só os vários números de *Noigandres,* e a tese de Décio Pignatari no Congresso de Crítica e História Literária do ano passado, como o mais que o grupo de vocês tiver, em livro, *plaquette,* revista ou recorte de jornal, sobre os concretos (conheço apenas, e aprecio, pelo suplemento literário do *Estado de S. Paulo,* o Haroldo de Campos). É que eu gostaria de escrever um artigo, pelo menos, sobre eles, e me falta por completo bibliografia. E espero receber de vocês os livros que já publicaram, de maneira a mantermos, doravante, fecundo e assíduo intercâmbio. Depois de sete anos e meio no interior do Rio Grande do Sul, como juiz de direito, finalmente descobri um jeito de me mudar para Porto Alegre, onde deverei me instalar até o fim do ano, ou seja, dentro de mês e meio, e iniciar vasta atividade literária. Contem, pois, comigo, como eu conto com vocês.

O endereço dele é: FORUM — QUARAÍ — RIO GRANDE DO SUL.

A Livraria Itatiaia pede para que vs. providenciem junto ao editor o envio de *Invenção* 2 para venda aqui, pois tem sido procurada.

Segue a plaquete da tradução espanhola da *Carta sobre a usura,* de que Ángel Crespo me mandou alguns exemplares. — Mande notícias.

Abraços do

Affonso

34. Haroldo de Campos
São Paulo, 14 de novembro de 1962

Caro Affonso:

Como o Massao Ohno[119] não tem boa rede de distribuição, resolvemos supri-la fazendo distribuição direta.

Assim, ele se encarregará da praça de São Paulo e do Rio, e nós dos demais estados onde temos contatos. Peço, pois, a v. que coloque os 10 exemplares de *Invenção*, anexos, na Itatiaia, a 450,00 Cr$ (quatrocentos e cinquenta cruzeiros) o exemplar, preço de venda. V. poderá combinar a porcentagem de praxe da livraria e, vendidos os exemplares, receber diretamente o *quantum* respectivo.

Quanto aos 10 exemplares de *Tendência* que ficaram na Parthenon aqui em São Paulo, estou só esperando o término do ano, para acertar as contas com o Bittencourt (o livreiro) e lhes remeter o *quantum* apurado. Creio que se vendeu tudo ou quase. Escrevo-lhe este bilhete apressado, pois estou acumulado de trabalho após a semana de férias paraibano-recifenses; logo mais, teremos muito que conversar.

Abraço do

Haroldo

---

[119] Massao Ohno foi editor em São Paulo. A seguir, mencionam-se uma livraria e editora de Belo Horizonte, a Itatiaia, e uma livraria de São Paulo, a Parthenon.

1963

35. Affonso Ávila
Belo Horizonte, 14 de fevereiro de 1963

Haroldo,

Depois de muita luta (tive de brigar com o Édison, com quem não quero mais negócio), consegui receber da Itatiaia a importância relativa à venda dos 10 exemplares de *Invenção* 2, deduzida a comissão de 30%. A revista teve carreira muito rápida, tendo saído todos os exemplares em poucos dias. Às pessoas que me procuram para saber como obtê-la, eu venho indicando seu endereço.

Como vão as coisas por aí? Soube pelo Décio dos últimos fatos, inclusive do caso Cassiano (este me escreveu carta há pouco, desmanchando-se em encômios ao meu depoimento...). Tudo isso é muito lamentável, quando o problema atual é construir, somar, não demolir, dividir. Mas o que se pode fazer? — bola para a frente! Afinal, o processo da literatura é impessoal e o oportunismo não faz ninguém o maior poeta. Quanto aos achaques do Jamilzinho Haddad[120], que dizem atingir a mim e a v., ainda não pude tomar conhecimento deles, por não ter chegado até aqui a revista do cujo.

Diga ao Décio que recebi a carta dele e também já li a tese, que oficialmente espinafra a minha referencialidade. Vou responder.

Aguardando notícias suas, mando-lhe o cheque anexo e o meu abraço amigo, extensivo ao Augusto, Décio e Ronaldo.

Do

Affonso

---

[120] Jamil Almansur Haddad (1914-1988), crítico, poeta, tradutor.

36. Haroldo de Campos
São Paulo, 26 de fevereiro de 1963

Caro Affonso:

Aqui lhe mando os exemplares de *Noigandres* 5 para os amigos da *Veredas*, Luiz Adolpho Pinheiro e Henry Roberto, mais dois exemplares avulsos, que você dará, a seu critério, a pessoas interessadas.

Agradeço-lhe o cheque relativo a *Invenção* e lamento os aborrecimentos que teve com o Édison. Parece que todos os editores são iguais...

Estou agora em falta com você, pois devo prestar-lhe contas dos 10 exemplares de *Tendência* que ficaram na Livraria Parthenon. Felizmente, com o Álvaro da Parthenon não há problemas dessa ordem: o relaxamento é exclusivamente meu, que deixei os exemplares lá (ao que parece, venderam-se todos) e ainda não fui fazer o acerto pecuniário. Logo tratarei disso e lhe mandarei a importância respectiva. Ou melhor, talvez possa entregá-la pessoalmente a você, pois o Olívio de Araújo[121], jovem escritor que conhecemos no Congresso da Paraíba, e que foi praticamente o único da bancada de Minas a tomar parte ativa nos debates então travados, está promovendo uma exposição de poesia concreta a ser realizada aí em Belo Horizonte, sob o patrocínio da Universidade, para os arredores da Semana Santa, ocasião em que iríamos a Belo Horizonte, inclusive para uma conferência, mesa-redonda, ou coisa da índole.[122]

Quanto às aleivosias do Chamie, são mais um reflexo da paranoia intelectual autopromotriz de que está possuído esse rapaz, que, no seu epigonismo parasitário, não é capaz de criar ideias próprias, mas sente a compulsão de ser *anti*: seu ridículo monomovimento praxístico não é outra coisa senão um antimovimento, onde as ideias alheias são rotuladas de etiquetas falsas e veiculadas como ideias próprias... Se se fala em espaço branco, o homem falará em espaço preto, e assim por diante (como se fosse possível um espaço branco

---

[121] Olívio Tavares de Araújo (1942), crítico de artes plásticas e cineasta.
[122] Trata-se do que viria a ser a Semana Nacional de Poesia de Vanguarda, de que se tratará em cartas que se seguem.

que não estivesse em função do bloco da composição...). Não aceitaremos o debate no baixo nível em que ele — com intuitos de promoção pessoal — a todo o custo o quer colocar, mesmo porque nós, que o conhecemos muito bem, não o consideramos um interlocutor à altura, mas um mero papagaio parlapatão e pretensamente filosofante de criações mentais alheias. Todavia, sem que percamos tempo alongando o assunto pela imprensa, nem por isso deixaremos de dar uma pequena nota, enérgica e oswaldiana, a respeito do falsário, no nº 3 de *Invenção* que já estamos preparando.[123]

Quanto à tese do Décio, que discute o caráter referencial ou inferencial de sua poesia — aliás, parece que o Luiz Costa Lima fez, a respeito, segundo recorte que me enviou há tempos, uma abordagem até certo ponto semelhante — é mais uma contribuição ao nosso diálogo, dentro do espírito aberto e franco de que todos nós o temos revestido, e que comporta aproximações e dissensões, estas, aliás, mais de uma vez manifestadas por vocês de Tendência com relações a este ou aquele ponto de nossos trabalhos e ideias, e vice-versa. Aliás, lamentamos que nenhum de vocês estivesse presente ao Congresso, para o debate cordial dessa matéria.

Abraços do

Haroldo

Peço-lhe que, se possível, mande *Tendência* 4 para Erthos A. de Souza[124] — Caixa Postal 502 — Salvador, Bahia, estudioso de Sousândrade e pessoa extremamente interessada na poesia atual.

H.

P.S. 7.3.63 — O Décio já recebeu sua carta e segundo me disse apreciou bastante suas considerações. Vai escrever-lhe!

---

[123] Nesse número da revista (junho 1963) saiu uma pequena nota sobre Mário Chamie, onde se diz, por exemplo: "Não temos tempo a perder com um Mário Chamie, plagiário e contrafator de ideias e criações alheias que através de sua arrivista *Praxis*, vem desenvolvendo, a reboque de *Invenção*, parasitária atividade de rapina intelectual".

[124] Erthos Albino de Souza (1932-2000), engenheiro e poeta mineiro radicado em Salvador, publicou a revista *Código* e auxiliou financeiramente a publicação de alguns trabalhos, como no caso referido na próxima carta de Haroldo de Campos.

37. Affonso Ávila
Belo Horizonte, 2 de abril de 1963

Caro Haroldo,

tenho em mãos sua carta e a importância relativa à venda dos 10 exemplares de *Tendência*. Grato por tudo.

V. me fala em sua carta de uma possível vinda de vs. a Belo Horizonte e da realização aqui de uma exposição de poesia concreta. A propósito, fui procurado pelo Olívio e a ele assegurei, como não podia deixar de ser, todo o nosso apoio. Em companhia de Soninha Viegas[125], colega dele, estive com Iara Tupinambá[126], que é quem dirige o setor de exposições da UFMG.[127] Tratamos mais objetivamente do assunto, inclusive quanto às possibilidades de um auxílio financeiro. Ela ficou de voltar ao Orlando Carvalho (reitor) e daria uma resposta definitiva por intermédio de Olívio ou Soninha, os quais até o momento não voltaram a estar comigo. Iara deixou em princípio assentado que a exposição se daria a partir de junho. Até lá, o suplemento do *Estado de Minas* deverá estar circulando com regularidade e pretendo então dedicar toda uma página à cobertura da exposição.

Reitero o meu apelo a vs. para que colaborem no suplemento, que tudo faz crer estará com seu primeiro número saindo no próximo domingo. Os artigos não precisam ser longos, bastam 4 laudas no máximo. No caso de trabalhos mais extensos, dividirei em 2. De São Paulo, até agora só o Braga enviou colaboração.[128] Pretendo manter um rodapé: *Crítica de vanguarda,* no qual farei o revezamento dos principais colaboradores identificados numa mesma linha participante e, portanto, não posso prescindir de vs.

---

[125] Sônia Viegas (1944-1989), professora da Faculdade de Filosofia da UFMG.
[126] Iara Tupinambá (1932), artista plástica.
[127] Universidade de Minas Gerais, atual Universidade Federal de Minas Gerais.
[128] De Edgard Braga saíram no suplemento pelo menos os artigos "cummings o dissecador da palavra", em 21-4-63, e "O dr. Williams abre a janela", em 16-6-63.

Laís voltou a fazer a secção no jornal (necessitamos aumentar o faturamento, pois estamos reconstruindo a casa...) e um dos primeiros comentários foi sobre *Servidão de passagem*, cujo recorte estou lhe mandando.[129]

Recado e abraço do

Affonso

---

[129] Em 31-3-63 o *Estado de Minas* estampou um artigo de Laís Corrêa de Araújo sobre *Servidão de passagem*.

38. Haroldo de Campos
São Paulo, 5 de abril de 1963

Meu caro Affonso:

desculpe-me não lhe poder dar no momento colaboração mais efetiva: mando-lhe, no entanto, dois artigos já saídos no *Estadão*, que v. poderá usar a seu critério. Queria enviar-lhe também o trabalho que escrevi sobre cummings (cujo título poderia ser alterado para: "e.e.cummings" simplesmente e no qual deveria apenas fazer uma alteração para referir que o poeta morreu no ano passado), mas não encontro a maldita cópia: quem sabe v. poderia usar o recorte do *Estadão*, onde apareceu com o título "Estela para e.e.cummings"?[130] O motivo de lhe estar faltando agora com uma colaboração mais intensiva (apesar de me alegrar, e muito, com o suplemento que v. dirigirá em o *Estado de Minas* e com a orientação que v. lhe pretende imprimir) reside nos encargos presentemente acumulados: estamos às voltas com o nº 3 de *Invenção* (que já está, em parte, na tipografia, e que deverá chegar a quase 120 páginas, com várias colaborações nacionais e internacionais); o preparo da antologia[131] Maiakóvski, com Boris Schnaiderman, que estamos atacando com todo o ímpeto; o preparo de materiais para o meu curso em Stuttgart sobre literatura brasileira (em janeiro de 64, já confirmado e assente); o preparo da antologia Sousândrade[132] (para a qual recebemos, do Erthos A. de Sousa, de quem já lhe falei numa carta, o milagroso financiamento de quinhentos mil cruzeiros!); finalmente: propostas editoriais que recebemos para a organização de antologias de poesia traduzida e, inclusive, de uma antologia de fragmentos do *Ulisses* de Joyce (desta vez em base comercial e remunerada).[133] É um não

---

[130] Publicado em *O Estado de S. Paulo* em 22.9.62.
[131] *Poemas*, de Maiakóvski (Apres., resumo biográfico e notas de Boris Schnaiderman. Traduções de Augusto e Haroldo de Campos [com a revisão ou a colaboração de Boris Schaniderman]. Rio de Janeiro: Tempo Brasileiro, 1967.
[132] *Revisão de Sousândrade*. Textos críticos, antologia, glossário, bibliografia. Org. Augusto e Haroldo de Campos. São Paulo: Ed. Invenção, 1964. O volume inclui "O campo visual de uma experiência antecipadora" de Luiz Costa Lima, e "Bibliografia de Sousândrade", de Erthos Albino de Souza. O volume é dedicado "A Erthos Albino de Souza — a quem se deve esta edição — os agradecimentos e a homenagem dos organizadores".
[133] Não houve essa publicação. Em 1962, saiu o *Panaroma do Finnegans Wake*, de Haroldo e Augusto de Campos (São Paulo: Conselho Estadual de Cultura, 1962)

acabar de coisas. Inda agora, para o meu curso, revi (e fiz várias sugestões) a tradução francesa do "Cântico dos cânticos" do Oswald e de "Fatalidade" (das *Primeiras estórias* do Rosa), ambas elaboradas, com grande classe, pelo Pierre Furter,[134] que se corresponde comigo de Zurique. Tudo em ritmo de urgência porque ele pretende publicá-las lá... Não tenho mais tempo nem para ler, devendo trabalhar parte do dia em afazeres jurídicos completamente diversos e sensaborões... enfim! Mas conte conosco — colaboraremos no possível e v. desde já fica autorizado a transcrever os meus trabalhos que quiser, podendo inclusive modificar-lhes os títulos para a finalidade.

Creio que v. recebeu os *Noigandres* para os amigos de Veredas (mandei há tempos um pacote pelo correio, com alguns exemplares, para v. distribuir a seu critério, dois dos quais para os rapazes de Veredas).

E agora, para Laís: muito obrigado por sua nota sobre o meu "Servidão". Realmente, a melhor coisa — em acuidade e percepção — que se escreveu até o momento sobre o meu poema-livro. Vejo que não lhe escapou o sentido principal do meu trabalho: a dialética entre tensão/contenção, na sua formulação tão precisa. Recompensa verificar-se que o circuito estético se completou com a comunicação ao nível exato da informação que se queria transmitir.

Abraços para vv. dois, Laís e Affonso.

E até breve, se a exposição se concretizar. Aliás, apreciaríamos muito que vv. de *Tendência* participassem dela — com toda a autonomia, é claro — expondo cartazes de composições como "Os híbridos", "Carta sobre a usura", ou — do Romano — "A crise" etc.

Do amigo,

Haroldo

---

[134] Pierre Furter (1931), educador suíço; dele saiu no n. 3 de *Invenção* "São Paulo capitale de la poésie", com a seguinte indicação: "este artigo constitui a V das 'Lettres du Brésil' que o autor vem publicando na imprensa suíça". No mesmo número, há uma nota: "Pierre Furter, professor de literatura luso-brasileira e crítico suíço, esteve recentemente no Brasil, realizando um longo estágio no Recife; prepara um volume sobre Mário de Andrade para a coleção "Poètes d'aujourd'hui", do editor Pierre Seghers" (esse volume não foi publicado). Em carta ao editor francês, Guimarães Rosa refere a tradução de Furter, mencionada por Haroldo, inclusive o auxílio que teve deste, mas diz preferir outra tradução, feita por Jean Villard (carta transcrita na tese de Vera Maria Pereira Theodozio, *Autor & edição: três sub-séries da Correspondência de João Guimarães Rosa (1957-1967)*, <https://teses.usp.br/teses/disponiveis/8/8138/tde-30052012-122029/publico/2011_VeraMariaPereiraTheodozio_VRev.pdf>. No n. 4 de *Invenção*, saiu "Cantique des cantiques pour flûte et guitare", de Oswald de Andrade, em tradução de Pierre Furter.

39. Haroldo de Campos
São Paulo, 5 de maio de 1963

Caro Affonso:

recebi sua carta e o cheque.

Obrigado por tudo. Seu trabalho no *Estado de Minas* realmente é admirável e há de compensar pela sementeira que lança os aborrecimentos somados que v. está tendo.

Eu, de minha parte, resolvi confiar um pouco no acaso mallarmeano para dar vazão aos compromissos que vou assumindo, nem sei como, uns atrás dos outros: agora é um curso de conferências que deverei dar entre 15 e 28 de julho próximo, no Rio Grande do Sul, no quadro de um certame sobre integração da cultura contemporânea, cujo temário básico será — *Indeterminação física e a criatividade no universo*. Falarão especialistas em filosofia, artes visuais, música, matemática e física. A secção de física ficará a cargo desse extraordinário prof. Mário Schenberg[135], que alia ao seu alto gabarito científico um notável conhecimento das artes contemporâneas (foi um dos descobridores de Volpi) e uma admirável militância política. Eu (ai de mim!) falarei sobre problemas de literatura. São 5 palestras, cadê tempo para prepará-las a contento? Vou ter que me improvisar, mas que fazer? Não posso declinar de um convite que me dará inclusive a oportunidade de aprender muita coisa num setor que tanto interessa ao homem moderno, o científico, e de procurar contribuir para relacioná-lo com o artístico.[136]

Quanto à exposição: seria interessante se ela pudesse ser realizada lá para agosto ou setembro. O grande interesse para nós na exposição é a oportunidade que teremos de nos reunirmos todos em Belo Horizonte para o debate de problemas da nossa comum preocupação com vv. de *Tendência*, e, ainda o contato com os novíssimos que o *Estado de Minas* vem revelando

---

[135] Mário Schenberg (1914-1990), físico e crítico de arte
[136] Em julho de 1963, Haroldo de Campos, encarregado do setor de literatura, fez conferências sobre Sousândrade, Oswald, João Cabral, poesia concreta e sobre "A arte no horizonte do provável" dentro do "Curso de Introdução Ciência e Arte" ("A indeterminação na física e a criatividade nas artes contemporâneas), Porto Alegre, patrocínio dos Centros Acadêmicos e do Departamento de Difusão Cultural da Universidade do RGS.

ou que já conhecíamos (como o Henry e os amigos de *Veredas*). Creio que para fins de junho — incerta como está — a sua preparação ficará um pouco difícil. Ademais, acho (como já lhe disse) que o ideal seria fazermos uma mostra mais ampla, com a participação sua, do Romano, do Henry, de outros a seu critério, resguardadas evidentemente as características de grupo e de autonomia em cada caso. O Madrigal Renascentista[137] poderia também mais seguramente apresentar as partituras de oralização (um trabalho musical realmente novo e criativo, o melhor até agora já feito sobre textos concretos) do Willy Correia de Oliveira e do Gilberto Mendes, respectivamente sobre o "movimento" do Décio e sobre o meu "nascemorre" (trabalhos que constarão da semana de música contemporânea a ser apresentada em setembro em Santos e São Paulo).[138]

Por hoje é só. Meu abraço muito amigo a v. e minhas recomendações à Laís. *Invenção* 3 sai até o fim do mês (em provas finalíssimas).

Haroldo.

P.S. Mando-lhe os artigos sobre o Murilo (para minha satisfação, o poeta muito os apreciou dizendo-me que focaram aspectos de sua teoria de composição que não tinham sido enfatizados pela crítica, que segue o juízo de Mário de Andrade sobre o caráter intuitivo, não organizado, da poética muriliana). V. poderá publicá-los com o título modificado por mim ou com outro de seu agrado.[139]

Haroldo.

---

[137] Madrigal Renascentista, grupo coral, criado em Belo Horizonte em 1956, que teve inicialmente como regente Isaac Karabtchevsky

[138] "Nascemorre" e "o movimento" são poemas de Haroldo de Campos e Décio Pignatari. As peças dos compositores Willy Correia de Oliveira (1938) e Gilberto Mendes (1922-2016) foram apresentadas no Festival Música Nova de Santos. No n. 3 de *Invenção* foi publicado o manifesto "Música nova", assinado pelos dois compositores, além de Damiano Cozzella, Rogério Duprat, Régis Duprat, Sandino Hohagen, Júlio Medaglia, e Alexandre Pascoal. Nesse número, Gilberto Mendes publicou o artigo "Debussy" e Willy Correia de Oliveira o artigo "Algumas questões". No n. 5 de *Invenção* saiu a partitura-roteiro de Gilberto Mendes sobre poema de Augusto de Campos "cidade cité city". Gilberto Mendes viria ainda a musicar outro poema de Haroldo de Campos, "O anjo esquerdo da história", poema incluído no livro *Crisantempo*.

[139] Trata-se do texto "Murilo e o mundo substantivo" publicado em duas partes no Suplemento Literário de *O Estado de S. Paulo* de 19.1.63 e 26.1.63; foi posteriormente incluído em *Metalinguagem*. O comentário de Murilo Mendes foi feito em carta dirigida a Haroldo de Campos, datada de Roma, 2.5.1963, em que se refere aos "seus estupendos artigos sobre *Tempo espanhol*", observando sua "satisfação pelo fato de um poeta do seu valor e da sua cultura reconhecer no autor de *Tempo espanhol* domínio estilístico, quando quase toda a crítica negava ou duvidava do fato" (carta reproduzida em *Murilo Mendes 1901-2001* Org. Júlio Castañon Guimarães. Juiz de Fora: Centro de Estudos Murilo Mendes, UFJF, 2001. Haroldo publicou ainda o texto "Murilo Mendes, romano" em 7.4.64 no *Correio da Manhã*.

40. Affonso Ávila
Belo Horizonte, 30 de maio de 1963

Caro Haroldo,

em sua carta, a última, que vai para mais de um mês, v. fala da série de compromissos que assumiu e que vem exigindo de v. uma intensa atividade. E eu, de minha parte, poderia subscrever as suas palavras, não fosse a natureza diversa do trabalho em que me acho afogado. Enquanto v. responde a solicitações muito gratas — a edição de Sousândrade, *Invenção* 3, seu próximo curso em Stuttgart, a antologia de Maiakóvski, etc., eu atendo a compromissos materiais, que me têm absorvido nos últimos meses e que quase me levam à estafa. Tive de requerer dois meses de licença-prêmio na Assessoria,[140] pois já pressentia o colapso nervoso. A única coisa de útil que tenho feito, embora sem outro rendimento pessoal que um acréscimo de faturamento, é o suplemento do *Estado de Minas*. Não se trata de uma tarefa amena, esta do jornal, pois são muitas as injunções e há os pequenos problemas suscitados pela própria rotina de nosso ambiente cultural. Apesar disso, pude já obter alguma compensação com o lançamento de uma turma de novos nos quais acredito sinceramente. — Mas chega de lamúria.

A esta altura, o Olívio já deve ter referido a v. o quiproquó surgido em torno da exposição. Não sei se ele, por não estar ainda amadurecido para esta emperrada engrenagem mineira, se apressou em dar como assentada a realização ou se houve algum recuo efetivo. O certo é que fui procurado simultaneamente pela Iara (a quem já prometera a integral cobertura do suplemento) e pelo Olívio, este um pouco assustado com a história, e prometi a ambos entrar em contato com o reitor. Acho que ele teme um certo retraimento do público e mesmo dos intelectuais da terra face à exposição, para a qual não foram até agora sensibilizados devidamente. E isso é importante aqui em Minas, onde tudo se resolve à base da política e da habilidade. Talvez

---

[140] Affonso Ávila tinha um cargo público, trabalhando numa Assessoria técnica do Estado de Minas de Gerais que se ocupava da legislação relativa aos outros órgãos da administração.

hoje ainda fale ao reitor e espero estudar com ele uma fórmula não só capaz de assegurar a realização da exposição, como o êxito dela. Vamos ver.

Mando-lhe anexo um cheque de dois mil cruzeiros, contra o Banco da Lavoura, para pagamento do seu artigo publicado no suplemento. Como disse ao Augusto, estou aguardando novas colaborações de vs., que considero imprescindíveis para o trabalho que venho fazendo.

P.S. Henry gostou muito de sua carta. — Diga ao Décio que a prometida carta até hoje não apareceu por aqui.

Affonso

41. Affonso Ávila
Belo Horizonte, 14 de junho de 1963

Haroldo,

pude finalmente acertar com o reitor[141] a realização da exposição. A fórmula encontrada me parece interessante, pois propiciará um certame mais amplo, do qual ela será um dos setores. Embora a universidade se encontre em situação financeira difícil, com os recentes cortes de verba levados a efeito pela política do San Tiago[142], o reitor se dispôs a patrocinar uma "semana de poesia de vanguarda", com a participação de elementos de Minas, São Paulo e Rio. O Costa Lima talvez apareça também, mas o caso dele é mais complexo, pois somente a passagem ficaria em cerca de oitenta mil cruzeiros. Apesar disso, a *estada* dele em Belo Horizonte foi prevista no orçamento do reitor, como a de vs. Se o reitor de Recife topar o financiamento da passagem, conforme solicitou o de Minas, o Costa Lima poderá participar. De São Paulo deverão vir três (v., Décio e Augusto, certamente) e do Rio dois, Roberto Pontual e o José Lino. Já seguiram os convites, de parte da reitoria. O Romano está cavando com o Magalhães[143] (governador) o financiamento da vinda de mais elementos, entre os quais o Pedro Xisto (o Braga escreveu dizendo que não poderá vir, por causa do acidente que sofreu), mas a solução favorável é uma hipótese remotíssima. A exposição, como as palestras e os debates, será aberta na primeira quinzena de agosto, em data a ser fixada definitivamente pela Iara, de acordo com o calendário da reitoria.

A "semana" apresentará uma exposição de poemas-cartazes, dividida em quatro secções: 1) grupo Invenção — 2) grupo Tendência — 3) grupo Vereda (Henry e mais três colaboradores da página de novos do suplemento) — 4 grupo Ptyx (Márcio Sampaio e outros jovens também colaboradores da página de novos)[144]. Cada secção guardará a sua autonomia e as duas de

---

[141] Orlando Carvalho (1910-1998), reitor da Universidade de MG (atual UFMG).
[142] San Tiago Dantas (1911-1964), político, foi, no governo João Goulart, ministro das Relações Exteriores (1961-1963) e ministro da Fazenda (1963-1964).
[143] Magalhães Pinto (1909-1996), foi governador de Minas Gerais.
[144] Trata-se do gtrupo reunido em torno da revista *Ptyx*, de Belo Horizonte, cujo primeiro número saiu em 1963, sendo

novos disporão de menor número de cartazes. Haverá, nos *cinco* dias da "semana", igual número de palestras, a serem seguidas de debates sobre temas de poesia de vanguarda. Como sugestão nossa, elaborou-se em princípio o seguinte temário: Décio Pignatari — "Concretismo — poesia de vanguarda"; Fábio Lucas — "A crítica e a poesia de vanguarda"; Roberto Pontual — "Poesia de vanguarda e participação"; Rui Mourão — "Tendência e a poesia de vanguarda em Minas"; Luiz Costa Lima — "João Cabral e a poesia de vanguarda".[145] É apenas uma sugestão, sujeita certamente a aprovação e a aquiescência de cada um dos nomes indicados. A fim de interessar os meios intelectuais, universitários e populares, a reitoria mandará confeccionar cartazes-anúncios a serem afixados em escolas, livrarias, etc. durante o mês de julho e primeiros dias de agosto. Apenas um aspecto da "semana" não foi confirmado: a sessão de oralização, que o Olívio e o Romano ficaram de estudar com o pessoal do Madrigal Renascentista.

Peço enviar-nos com urgência um dos cartazes que vs. exporão, a fim de que os nossos sejam confeccionados em tamanho idêntico. O Romano solicitou ao Décio um projeto para o cartaz-anúncio, que poderia ser remetido juntamente com o outro.

Importante: vs. terão estada de cinco dias em Belo Horizonte, no Hotel Plaza, e passagem de ida e volta, via rodoviária, o mesmo ocorrendo com os convidados do Rio.

Se v. ainda dispuser de algum, peço mandar, por meu intermédio, um exemplar do *Panaroma* para o Cyro Siqueira[146] (diretor da *Revista de Cinema* e responsável pelas páginas de cinema do suplemento).

Aguardando suas notícias, abraça-o o amigo

Affonso

o segundo e último de 1964; incluía nomes como Márcio Sampaio, Maria do Carmo Vivacqua Martins, Myriam de Abreu Machado, Dirceu Xavier, João Paulo Gonçalves da Costa.

[145] A Semana, realizada em agosto de 1963, foi finalmente organizada com o seguinte programa: abertura — Paulo de Tarso, ministro da Educação, e Orlando M. Carvalho, reitor da UFMG; palestras: Fábio Lucas ("Tendência, a crítica e a poesia participante"), Décio Pignatari ("Poesia concreta: da linguagem enquanto diálogo"), Roberto Pontual ("Poesia hoje: tarefa revolucionária"), Haroldo de Campos ("A arte no horizonte do provável"), Luis Costa Lima Filho ("João Cabral de Melo Neto e a poesia de vanguarda"), José Guilherme Merquior ("Drummond: análise de 'O mito'").

[146] Cyro Siqueira (1930-2014) foi um dos fundadores, em 1951, do Centro de Estudos Cinematográficos (CEC) de Belo Horizonte, que publicou a *Revista de Cinema*.

42. Affonso Ávila
Belo Horizonte, [? junho de 1963]

Caro Haroldo,

este recado é rápido.

Iara Tupinambá está solicitando, com bastante urgência, a relação dos trabalhos e respectivos autores, com notas a respeito,* que integrarão a exposição de poesia concreta da "semana". Parece que o Olívio não pôde adiantar a ela esses detalhes, bem como os relativos à parte de oralização de poemas.

Quanto aos participantes mineiros, o material já se encontra na Imprensa Universitária. Surgiu um pequeno problema de ordem técnica, porquanto não dispõe ela se todos os recursos gráficos para a confecção dos cartazes. Entretanto, a coisa deverá sair com um pouco de esforço do pessoal da Imprensa.

O Costa Lima viajou para os Estados Unidos, mas diz que voltará a tempo, não sei. Em face disso, achamos mais seguro programar apenas quatro palestras: a sua, a do Décio, a do Pontual e a do Fábio. A "semana" será de 14 a 20 de agosto, salvo contratempo. Já lhe falei da escassez de verba da reitoria, que não comporta a vinda de mais de cinco convidados. Assim, creio que a alteração que se poderá fazer é apenas a vinda do Pedro Xisto em lugar do José Lino. Se outros elementos pudessem comparecer por conta própria, seria ótimo.

Recebi *Invenção* 3, muito boa. Seria possível eu transcrever na "crítica de vanguarda"[147] a conferência do Max Bense? E outras matérias? E o Félix de Athayde não poderia comparecer com algum cartaz?

Continuo aguardando o *Panaroma* para o Cyro Siqueira, certo?

Abraços do

Affonso

*para o prospecto.

---

[147] Trata-se da página de Affonso Ávila no jornal *Estado de Minas*. O texto de Max Bense, com o título "Poesia concreta", em tradução de Haroldo de Campos, anteriormente estampado em *Invenção*, saiu nesse jornal em 11 de agosto de 1963.

43. Haroldo de Campos
São Paulo, 19 de junho de 1963

Caro Affonso:

recebi sua carta de 14.6. Acho que está ótima a pauta para a exposição. Como o José Lino, que está passando férias em São Paulo, me disse que não poderá comparecer pessoalmente em agosto, creio que vv. poderão transferir o convite dele para o Pedro Xisto, sem maiores problemas.

Aproveitarei uma próxima viagem do Olívio para Belo Horizonte para, através dele, enviar-lhe já os primeiros cartazes. Caso o Olívio não tenha viagem programada para breve, enviarei via aérea. Proponho-me, se fôr o caso (se o Costa Lima não puder participar, por exemplo), a completar o roteiro de conferências com uma palestra sobre "a arte no horizonte do provável", tema de um trabalho meu inédito e que dará margem a uma das conferências que realizarei no 2º semestre de julho no forum de Porto Alegre.

O Olívio já foi portador, para o Sandino Hohagen[148], de uma cópia da partitura de oralização de meu poema "nascemorre", de lavra do compositor Gilberto Mendes. É mais do que uma partitura de oralização, aliás: é uma composição com autonomia própria, dentro dos mais avançados critérios musicais, inclusive com partes aleatórias. Tudo dependerá da possibilidade do preparo dos intérpretes no período que anteceda à exposição. O Hohagen poderia se encarregar de uma palestra sobre as relações entre a música e a poesia contemporânea: seria ilustrada com a execução dessa partitura e com a audição de discos de Stockhausen, Boulez, *musique concrète*, etc., que levaríamos para a ocasião, caso se julgue viável essa hipótese.

Caro Affonso: espero que v. já tenha recebido os meus 2 trabalhos sobre Murilo Mendes, que remeti para o seu suplemento. Tomei também a liberdade de convidar para colaborar nele o prof. Boris Schnaiderman:[149] creio

---

[148] Benjamin Sandino Hohagen (1937-2020), músico, assinou o manifesto "música nova", que foi publicado em *Invenção* n. 3.
[149] Boris Schnaiderman (1917-2016), crítico e tradutor, realizou vários trabalhos com Haroldo e Augusto de Campos e Décio Pignatari.

que v. estará de acordo. Pedirei ao Boris para remeter-lhe de preferência trabalhos versando sobre os temas mais atuais da literatura russa (poesia, prosa, crítica). Gostaria de receber o exemplar do suplemento em que a Laís traduziu um trabalho cheio de interesse de Roland Barthes[150].

Aceite um forte abraço do amigo

Haroldo

Com minhas saudações especiais a Laís e aos amigos de Belo Horizonte.

P.S. Vou providenciar o *Panaroma* pedido.

---

[150] Trata-se de "L'activité structuraliste" ("A atividade estruturalista") de Roland Barthes, traduzido por Laís Corrêa de Araújo no *Estado de Minas* em 19 de maio de 1963. O texto de Barthes saíra em fevereiro desse mesmo ano em *Les Lettres Nouvelles*.

44. Haroldo de Campos
São Paulo, 22 de junho de 1963

Caro Affonso:

aqui lhe mando a 1ª. colaboração do Boris para o suplemento.[151]
Este é um artigo recente, mas ele pretende republicar no suplemento alguns importantes trabalhos pouco conhecidos fora de São Paulo.
Abraço do

Haroldo

Nota: o Boris vai passar uma semana em Minas (Belo Horizonte e Ouro Preto), na 2ª quinzena de julho.[152] Entrará em contato pessoal com você. H.

---

[151] Em 21 de julho de 1963 o suplemento publicou "De realismo e anti-realismo" de Boris Schnaiderman.
[152] No suplemento do *Estado de Minas* de 28 de julho de 1963 saiu "Encontro com Boris Schnaiderman", nota sobre sua ida a Belo Horizonte.

45. Affonso Ávila
Belo Horizonte, 9 de julho de 1963

Haroldo,

recebi ontem os cartazes-modelo, mandados pelo Décio, que, no entanto, deixou de enviar o projeto solicitado a ele pelo Romano de um cartaz alusivo à semana de poesia, a ser afixado nas escolas e outros locais. Vs. trarão novos cartazes para expor ou os que vieram são definitivos? Pergunto porque não veio nada da produção mais recente de vs., exceto a "Estela cubana".

Consegui, finalmente, um exemplar do suplemento em que publicamos o trabalho do Roland Barthes, traduzido pela Laís.

Sua conferência poderá ser feita, independentemente da outra do Décio. Quanto ao José Paulo Paes[153], estamos ainda na expectativa do auxílio prometido pelo governo do Estado.

Recebi o recado e o artigo do Boris Schnaiderman. Espero que ele entre em contato conosco aqui — isso será um prazer grande.

Recado e abraço do

Affonso

---

[153] José Paulo Paes (1926-1998), poeta, tradutor e crítico, foi durante muitos anos editor na editora Cultrix e esteve durante algum tempo próximo ao concretismo.

SEMANA NACIONAL DE POESIA DE VANGUARDA

Comunicado e conclusões:

1) consciência de forma

São imprescindíveis o empenho e a consciência da criação de novas formas e processos para o desenvolvimento e o avanço da poesia brasileira, que, ora e aqui, se reafirma e consolida como vanguarda participante. Esta poesia tem função crítico-criativa, em âmbito nacional e internacional.

2) comunicação e participação

A primeira fonte da comunicação se situa na própria linguagem, tal como ela se materializa no poema, objetivamente; a outra fonte são os meios de divulgação, nos seus variadíssimos canais e no volume de seu uso efetivo. Pelo modo de utilização da linguagem, mais e menos complexo, mais e menos simples, a comunicação é dirigida para diversos níveis ou faixas de público. Tanto para o nível de interesse dos criadores-produtores, como para o nível dos comandos úteis e acionantes que estimulam camadas mais amplas do povo, no sentido de torná-las cada vez mais conscientes da necessidade de sua participação emancipadora, social e política. A luta pelos meios de divulgação, em consequência, é paralela, em sentido e força, à luta pela clarificação e eficácia da linguagem, tanto no plano estético como no plano da comunicação.

3) função prática

Os contactos constantes e a atuação de cada um, individualmente ou em equipe, no confronto com a realidade nacional, devem visar ao cumprimento de encargos sociais definidos, mediante a criação de novos métodos e meios de aplicação do texto — falado, musicado, escrito ou visualizado — além da intensificação do emprego dos já existentes (jornais, revistas, livros, cartazes, conferências, debates, gravações, rádio, televisão, cinema, teatro).

4) opção

A responsabilidade do poeta perante a sua época e, mais particularmente, perante a sociedade de que faz parte, não deve permitir-lhe o uso da linguagem para encobrir a realidade, aceitando e consagrando como fixos e definitivos, padrões, formas e temas, que se limita a repetir. Mas exige que a utilize para desencobrir e revelar, assumindo a linguagem como uma instância valorativa, estética e èticamente significativa. Então, e só então, o que o poeta diz adquire relevância como parte do processo de descoberta, de reformulação da realidade, induzindo o leitor a tomar consciência de si mesmo e de sua existência social alienada. Nesse sentido é que, de fato, o poeta de vanguarda joga com as palavras. Mas se trata de um "jôgo extremamente sério", no qual, por haver depurado "as palavras da tribo", poderá servir-se delas ativamente, fazendo do poema a expressão de um compromisso participante. Esta re-situação do poeta perante a linguagem não pode ser concebida em abstrato, mas a partir de um engajamento com a sua realidade específica, isto é, com a realidade nacional que se configura num determinado momento e em cuja superação está êle empenhado. A contribuição do poeta para a transformação da realidade nacional tem de basear-se no modo de ser específico da poesia como ato criador.

Belo Horizonte, 19 de agôsto de 1963

Documento da Semana Nacional de Poesia de Vanguarda (Belo Horizonte, 1963)

46. Affonso Ávila
Belo Horizonte, 5 de setembro de 1963

Caro Haroldo,

não sei se chegaram aí os suplementos e os folhetos do comunicado, remetidos há uns dez dias, pois nenhuma notícia recebi de vs. A exposição já foi desmontada e o material se encontra em meu poder, para despacho tão logo eu tenha colocado minha vida em ordem. Ando às voltas com o serviço de correio relativo à Semana e com os assuntos do suplemento, um pouco tumultuados. Assim é que somente hoje consigo enviar a v. e outros colaboradores cheques extraídos dia 28 de agosto. O seu é de n. 519186, no valor de dois mil cruzeiros, e se refere ao artigo "Poesia-onça", publicado em 11 de agosto.[154]

A repercussão da Semana foi além de toda expectativa. Os jornais se ocuparam largamente dela, num noticiário que variou entre o simples registro e a gozação. Estou procurando reconstituir todo o material, para uma pasta especial de meu arquivo. Infelizmente perdi muita coisa, publicada durante a estada de vs. aqui. Consegui um exemplar do *Diário da Tarde* com fotos de seus poemas, que pretendo enviar-lhe junto com o suplemento de domingo passado, em que Laís comentou a Semana. Mas a maior cobertura foi mesmo a nossa no suplemento. Por causa disso passei maus momentos no jornal, onde era visível o clima de hostilidade contra mim, o que culminou numa admoestação da diretoria.* Apesar desses e de outros contratempos, a aventura valeu a pena e se constituiu mesmo no fato cultural mais importante de Minas nos últimos tempos, segundo a opinião geral. Durante as duas semanas que se seguiram ao regresso de vs., foi enorme a afluência à reitoria, inclusive através de visitas coletivas de alunos de colégios, da Faculdade de Filosofia, da Escola de Arquitetura, etc.

A exposição causou mesmo um impacto. Imagine v. que é o assunto principal das conversas de porta de livraria até hoje e os mais novos ainda

---

[154] A ideia de poesia-onça aparece no texto de Décio Pignatari publicado no n. 1 de *Invenção*, anteriormente referido.

se encontram sob o entusiasmo da descoberta. Disse-me um rapaz do Colégio Municipal que *o número de poetas* ali aumentou consideravelmente com a Semana, sendo que *concretos* apareceram quatro... Também o Romano me relatou fato idêntico, relativamente ao Colégio Estadual e à Faculdade de Filosofia. Todos nós temos sido solicitados a fazer palestras e também a comparecer à televisão, onde domingo último Romano exibiu alguns cartazes. O reitor ficou por sua vez satisfeito com a promoção e não criou nenhum problema quando verificou que o custo subiu a três vezes mais do que o orçamento previsto.

A crise esboçada em *Tendência* não atingiu maior gravidade. Fui procurado pelo Fábio, que assinou o comunicado[155] e insistiu na publicação do número 5 da revista,[156] com o material da Semana. Aguardo uma palavra do Rui, para então cuidarmos da coisa. Peço a v. e ao Décio que procurem reconstituir as palestras, como combinado.

Recebi carta do Braga, pedindo para incluir o nome dele entre os signatários do comunicado, mas àquela altura o documento já se encontrava impresso. Em face disso, sugiro que tanto *Tendência* quanto *Invenção* publiquem o comunicado seguido de novas assinaturas de elementos que, embora não tendo comparecido, estejam de acordo com os termos em que foi redigido.

Estou aguardando os endereços que me prometeu. E desejaria também o do Leminski,[157] que perdi lamentavelmente.

Com o abraço do

Affonso

---

[155] Trata-se do comunicado da Semana, subscrito por Roberto Pontual, Décio Pignatari, Augusto de Campos, Benedito Nunes, Haroldo de Campos, Affonso Ávila, Luiz Costa Lima, Laís Corrêa de Araújo, Affonso Romano de Sant'Anna, Frederico Morais, Pedro Xisto, Paulo Leminski, Márcio Sampaio, Olívio Tavares de Araújo, Henry Corrêa de Araújo, Ubirasçu Carneiro da Cunha, Haroldo Santiago, Luiz Adolfo Pinheiro, Fábio Lucas, Libério Neves, Célio César Paduani. O "Comunicado" saiu no Suplemento Dominical do *Estado de Minas*, em 25 de agosto de 1963. Foi reproduzido no livro de Affonso Ávila *O poeta e a consciência crítica*, quando de sua reedição em 2008 pela editora Perspectiva. O programa do evento que comemorou os 30 anos da Semana, realizado entre 25 de agosto e 5 de setembro de 1993, no Centro Cultural da UFMG, inclui um fac-símile do original datilografado e assinado do "Comunicado".

[156] O número não chegou a ser publicado.

[157] Paulo Leminski (1944-1989), poeta, crítico, tradutor, participou da Semana

*O suplemento está sob ameaça de fechamento. Já anunciaram o corte da Página dos Novos. O pretexto é a crise de papel gerada pelo incêndio do Paraná.[158]

---

[158] Incêndio que ocorreu no Paraná em agosto e setembro de 1963 queimando cerca de vinte mil quilômetros quadrados de hectares de pastos, cafezais e florestas, bem como cidades, com a morte de mais de uma centena de pessoas, milhares de feridos e desabrigados.

47. Haroldo de Campos
São Paulo, 7 de outubro de 1963

Caro Affonso:

desculpe-me a demora em lhe responder sua carta de 5.9. Trabalho, trabalho e mais trabalho...

Creio que v. já recebeu as separatas do meu Maiakóvski[159] e um novo exemplar do *Servidão*, bem como os endereços prometidos. De minha parte, acuso o recebimento do cheque referente ao meu "Poesia onça", bem como do relativo ao artigo do Boris, que já passei às mãos dele. O endereço do Boris é: Av. Paulista, 768 apt 32 São Paulo. Recebi também os recortes sobre a Semana: ótimos elementos para a aferição da repercussão do evento, que, realmente, parece ter sido muito grande, e nos mais variados níveis.

Não sei se já lhe disse que apreciei bastante seu artigo sobre Mário de Andrade publicado no *Estadão*.[160] Mandei uma cópia dele ao Pierre Furter, em Zurique.

Minha palestra será publicada no suplemento do *Estadão*, em três artigos, aproveitando o ensejo da bienal[161], pois falo de um pintor (Yaacov Agam, a quem eu conhecera em Paris, 59) premiado nela com o prêmio de pesquisa artística. Manda-la-ei em seguida, refundida, para o número de *Tendência* comemorativo da exposição.

O Kopke acusou-me o recebimento de *Tendência* e disse-me que escreverá sobre o diálogo.

No nº 4 publicaremos o comunicado, bem como uma resenha da Semana, cujos resultados se irão aferindo, inclusive, no tempo, e que, espero,

---

[159] Trata-se de separatas do trabalho publicado na *Revista do Livro* e já referido anteriormente, na carta 17.
[160] Trata-se do artigo "'Macunaíma: tradição e atualidade", *Suplemento Literário de O Estado de S. Paulo*, 7 de setembro de 1963, incluído em *O poeta e a consciência crítica*. Foi reproduzido em 15 de junho de 1968 no segundo dos dois números do Suplemento de Minas Gerais dedicados a Mário de Andrade (o primeiro é de 8 de junho de 1968).
[161] Na 7ª. Bienal de São Paulo, realizada de 29.8 a 22.12.1963, o Prêmio Especial Pesquisa de Arte foi concedido a Yaacov Agam (1928), artista plástico israelense. O trabalho de Haroldo é "A arte no horizonte do provável", publicado em *O Estado de S. Paulo* em 19 e 26 de outubro e 21 de novembro de 1963, bem como no n. 4 de *Invenção*, vindo a integrar o livro homônimo (São Paulo: Perspectiva, 1972).

compensarão os aborrecimentos que v. teve e tem tido, pelo entusiasmo e dedicação com que a organizou.

Esperamos tê-lo, e à Laís, aqui em São Paulo, para a bienal (onde, realmente, se podem ver, desta feita, coisas excelentes).

O encontro de cultura popular do Recife,[162] segundo o Costa Lima, foi um fracasso, pois a turma da grossura predominou, e, inclusive, impediu o debate dos reais problemas de uma arte e de uma estética engajadas. Que conta a respeito o nosso Romano?

V. tem escrito alguma coisa de novo? e a Laís? Eu, de minha parte, tenho em fase de impressão um poema bem diferente de tudo que tenho escrito. Logo que pronto, lhe mandarei.

Fico satisfeito em saber que foi superada a crise interna de *Tendência*, embora me pareça que as resistências do Fábio a uma nova poesia e a uma nova linguagem poética não sejam de circunstância nem de superfície, mas produto de uma arraigada formação tradicional, sempre pronta a voltar à tona e a impedir a real compreensão dessa nova poesia e dessa nova linguagem. A força de *Tendência*, a meu ver, como projeto, estará na aglutinação dos jovens, que estão dentro do problema, que já começaram a fazer poesia dentro dessa nova consciência poética e em relação aos quais v. tem, pessoalmente, uma importante função de orientação e esclarecimento no caminho da pesquisa e da criação. V. e outros como o Romano (este, a meu ver, por temperamento talvez, muito pouco propenso à ação, à pedagogia cultural).

Aceite um grande abraço e transmita à Laís e aos amigos minha saudação mais cordial.

Haroldo

---

[162] I Encontro Nacional de Alfabetização e Cultura Popular, realizado em setembro de 1963, em Recife. Nesse encontro, Luiz Costa Lima fez palestra sobre "Cultura e alienação". Na *Revista Civilização Brasileira*, n. 4, de junho de 1965, saiu o texto de Sebastião Uchoa Leite "Cultura popular: esboço de uma resenha crítica", ampliação de um texto anterior sobre o encontro, depois incluído em seu livro *Crítica clandestina* (Rio de Janeiro: Taurus, 1986).

48. Affonso Ávila
Belo Horizonte, 13/18 de outubro de 1963

Haroldo amigo,

em mãos sua carta de 7, que me coloca a par das últimas notícias daí. A separata do estudo sobre Maiakóvski e o novo exemplar de *Servidão* recebidos também. Quanto às novas mineiras, não são muitas, mas prefiro seriá-las.
1. Embora absorvidos ainda pelos problemas da construção, eu e Laís vamos reorganizando a vida, que retorna aos eixos. Em breve a casa estará pronta e, o que é mais importante, já me acho instalado em meu escritório na parte baixa, amplo e menos exposto aos ruídos. Apesar de um cansaço natural a este sistema de vida que temos levado nos últimos dez meses, prossigo em meus exercícios de tradução de Joyce (lentamente, na soleira dos *Dubliners*) e no levantamento de dados referenciais sobre a inesgotável realidade mineira, inferno e purgatório de minha poesia. A par disso, organizo um fichário sobre Mário de Andrade e *Macunaíma*, visando à possibilidade de continuar[163] o estudo esboçado no artigo que v. recortou e enviou ao Pierre Furter, e faço un retrospecto de leitura de poesia americana (inclusive a tradução Noigandres do Pound) para utilização em meu programa de rádio[164]. E tenho escrito, sim.
2. Terminei um poema, experiência nova para mim, que se soma à "Carta sobre a usura" para o meu futuro *Código de Minas*. Nele, rompo com muitos preconceitos remanescentes e, para gáudio do Pignatari, faço poesia referencial no duro. V. julgará "Frases-feitas"[165] pela cópia que lhe mando, mas aproveito umas notas que fiz para facilitar uma apreensão mais imediata de quem não esteja bem enfronhado no pretexto mineiro.

O texto é uma montagem frásica de conotações de natureza semântica, fonética, morfológica, aliterativa, etc., a partir de frases dadas. As conotações

---

[163] Na nota introdutória a *O poeta e a consciência crítica*, o autor diz que o artigo "dedicado a *Macunaíma* pretendia ser introdução a um estudo que não chegou a concretizar-se".
[164] Affonso Ávila foi responsável por um programa cultural na rádio Inconfidência, de Belo Horizonte.
[165] O poema "Frases-feitas" integra o livro *Código de Minas* (Rio de Janeiro: Civilização Brasileira, 1969). Foi publicado também, em 1963, sob a forma de poema-cartaz. Um outro poema de *Código de Minas*, "as siglas" foi publicado no n. 5 de *Invenção*.

no campo semântico operam em planos significantes diversos, obedecendo a correlações psicológicas, sociológicas, econômicas e políticas que informam uma realidade mineira. É um poema referencial, a-simbólico, a-metafórico, primacialmente crítico. As frases-feitas foram escolhidas entre as que melhor definem não apenas uma atitude psicológica mineira, mas principalmente o nosso gosto amaneirado, bem-pensante, bacharelesco "à Caraça"[166] e enfaticamente intelectualizado pela frase de efeito. Classifiquei topologicamente no papel oito frases de "direita" e duas de "esquerda".

A série "direitista" começa com a famosa proclamação do presidente Antônio Carlos,[167] lançada às vésperas da revolução de 30 e que em seu conteúdo solerte e contra-revolucionário exprime com grande atualidade o pensamento de uma classe dominante. A segunda frase foi utilizada em vários discursos políticos, montada sobre uma ideia-matriz do presidente João Pinheiro[168], que nela procurou identificar um atributo mineiro. Minas do lume e do pão, que eu disse terra, também pertence a um político da chamada República Velha, ocioso amante dessa sorte de achados. A 4ª. e 6ª. foram lapidadas, em seus lazeres de humanista caraceano, pelo bacharel Milton Campos, quando governador do estado: meu governo será mais da lei que dos homens e depois governo modesto como convém à república e austero como é do gosto dos mineiros. Quem chamou Minas de um coração de ouro num peito de ferro foi um mineralogista viajante estrangeiro, Gorceix se não me engano, mas quem cultiva a frase somos nós, os mineiros. Concluem a série da "direita" duas frases de sentido mais realista, a primeira atribuída a Oto Lara Rezende[169] e muito difundida (Romano tem a versão de que a frase é na verdade de um colega de pensão de Oto, porém este a lançou e explora industrialmente) e a outra dada como de um velho presidente do

---

[166] Referência ao tradicional colégio católico de Minas Gerais, conhecido como Caraça, devido à Serra do Caraça.
[167] Antônio Carlos Ribeiro de Andrade (1870-1946) foi presidente (equivalente ao cargo atual de governador) de Minas Gerais de 1926 a 1930.
[168] João Pinheiro (1860-1908), político, advogado e industrial, foi vice-presidente e presidente (1906-1908) de Minas Gerais.
[169] Oto Lara Rezende (1922-1992) foi escritor e jornalista

tempo do pau furado[170], Silviano Brandão[171] — aos amigos marmelada, aos inimigos bordoada —, invertida no texto como a de Gorceix para melhor funcionalidade na estrutura poemática.

Quanto às duas frases de "esquerda", a 1ª., "em política o único crime é não vencer", foi lançada por ocasião de eleições travadas em 1849, por uma corrente já àquela altura insatisfeita com os métodos eleitorais e políticos vigentes não apenas na província de Minas, mas em todo o Brasil. A frase foi retomada mais tarde e recolocada em circulação pelos indefectíveis presidentes de estado da velha república. A 2ª. é o lema da bandeira idealizada pelos inconfidentes, cujo sentido não mais pode ser aquele que lhe emprestam os nossos caducos cultores do liberalismo.

O texto é referencial não somente em relação a uma realidade mineira. Quanto mais me aprofundo em estudos e pesquisas, mais me convenço de que Minas representa um microcosmos nacional, onde uma lente mais aguçada verá projeções de vícios, estigmas e deformações de caráter universal brasileiro. As frases montadas referem situações tais como o desajuste social, a desfiguração da economia através do instituto avassalador da usura, o imperativo da reforma agrária, fatos conjunturais como o IBAD,[172] a imprensa subvencionada, o suborno da consciência, e outros aspectos que dão uma conformação reacionária a um processo político que é extensivo ao resto do país.

Procuro, como vê, desencobrir uma verdade, criticá-la e através dessa operação crítica denunciar todo um lado podre a ser extirpado e superado — situo-me, assim, dentro do espírito e da letra do comunicado da Semana de Poesia de Vanguarda, documento que estimo de suma seriedade para todos nós.

3. Por falar em Semana, continua ela a despertar interesse e suscitar curiosidade em torno da poesia de vanguarda participante. Iniciamos um roteiro de

---

[170] "Pau furado" é uma antiga expressão para designar arma de fogo; "pegar no pau furado" referia-se a prestar o serviço militar.
[171] Francisco Silviano de Almeida Brandão (1848-1902), médico e político, foi presidente de Minas Gerais entre 1898-1902.
[172] IBAD, Instituto Brasileiro de Ação Democrática, foi uma associação anticomunista fundada em 1959 com apoio de empresários.

palestras e exibições de cartazes em escolas, para as quais temos sido constantemente solicitados. Sábado passado estivemos na Faculdade de Filosofia da Universidade Católica, onde conseguimos prender um bom auditório durante três horas. Romano fez uma palestra sobre poesia de vanguarda, abordando-a em suas raízes nacionais e estrangeiras até a eclosão do movimento concretista e o posterior *diálogo* com *Tendência*. A seguir, exibimos os cartazes mais expressivos como participação, tendo os alunos, inclusive quatro irmãs de caridade (!), interpretado e debatido cada um deles. Li depois meu poema "Frases-feitas", com as notas mais ou menos reproduzidas nesta carta. O resultado foi excelente para mim, pois encontrei uma sensibilidade afim para as críticas formuladas à nossa engrenagem mineira, que pude verificar através da reação comum não terem sido exageradas ou deformadoras da realidade em questão (às vezes sou levado a pensar que o poema nasceu de um momento em que senti mais fundamente a pressão do ambiente e que talvez esteja prejudicado pelo ressentimento). Para encerrar, tive que explicar para um grupo de moças o "Cubagrama" do Décio[173], no que parece me saí bem. O roteiro continuará sábado no Colégio Anchieta, para prosseguir no Instituto de Educação e no Colégio Municipal. Henry e Ubirasçu estão participando ativamente desse *rush*.

4. Recebi carta do Benedito Nunes,[174] francamente irritado com as alfinetadas do Geir. Embora este não tenha fundamentado seriamente as críticas feitas, diluídas é bom que se diga em pílulas mal redigidas de colunista literário de porta de livraria, pretende o nosso Benedito dar a devida resposta, dispondo-se até mesmo a uma polêmica. Vamos ver no que dá.

5. Aguardo o texto de sua palestra e da do Décio. Não tem importância o fato de sair em artigos no *Estadão*. Já conversei com o reitor e aguardo a vinda do Rui em dezembro para acertar em definitivo o caso *Tendência*, com a necessária distribuição de tarefas para a confecção do n. 5. Pretendo

---

[173] Equívoco de Affonso Ávila, pois "Cubagrama" é título de poema de Augusto de Campos. Ou se equivocou ao atribuí-lo a Décio, ou queria referir-se à "Estela cubana", poema de Décio.
[174] Benedito Nunes (1929-2011), crítico literário, colaborou em *Invenção* n. 3 com o texto "O projeto de Mário Faustino". Participou da Semana de Poesia de Vanguarda em 1963, sendo um dos signatários de seu "Comunicado". Na coleção dirigida por Affonso Avila na editora Vozes publicou o livro *João Cabral de Melo Neto* (Petrópolis: Vozes, 1971).

discutir então, de maneira franca, determinados problemas de orientação e linha programática da revista.

6. Em sua penúltima carta, v. me solicita pormenores sobre o certame de literatura de vanguarda, de que o Heitor[175] participou nos Estados Unidos. Naquele momento, eu não dispunha ainda de notícias, que só me chegaram alguns dias depois — imagine de onde — de Coimbra, para onde ele já tinha se locomovido, convidado para o colóquio de estudos luso-brasileiros. Dali, me fez um amplo relatório de novidades, não deixando de referir-se ao encontro de escritores e professores de Austin, Texas. Transcrevo o trecho, por pequeno e interessante: "Em Austin, tudo correu bem. Creio que o trabalho sobre o concretismo saiu certo e a apresentação que fiz do poema 'Tensão' do Haroldo[176] teve algum sucesso. Clarice Lispector, que estava presente, é uma pessoa muito agradável e tivemos oportunidade, eu e Teresinha[177], de alguns bons bate-papos". — Creio que seria oportuna uma nota a respeito em *Invenção*. Trata-se do 11º. Congresso do Instituto Internacional de Literatura Iberoamericana, patrocinado pela Universidade de Texas, em Austin, nos dias 29, 30 e 31 de agosto. Dele participaram professores e escritores de vários países e universidades da América Latina e também dos Estados Unidos.

7. Este tópico é importante: recebi carta do Cabral, datada de Sevilha, 9 de outubro. Recebeu ele o material que enviei com relação à Semana, sobre a qual se confessa entusiasmado, por ser esta "a primeira tentativa de formular um plano para poesia brasileira em que brasileiro e poesia funcionem não só integrados um no outro mas completo, em si mesmo, cada um deles. Vocês criaram a possibilidade de unificar, numa base comum aceitável, o trabalho de uma infinidade de poetas diferentes entre si pela maneira como dosam, no que fazem, as ideias de Brasil e de invenção". Depois de outras considerações, ele conclui: "Esse estado de espírito a que vs. chegaram podia salvar muita poesia, inclusive a espanhola".

---

[175] Heitor Martins (1933), professor universitário e crítico literário, publicou, entre outros, *Do barroco a Guimarães Rosa* (Belo Horizonte: Itatiaia; Brasília: INL, 1983).
[176] Talvez se trate do poema "Tensão" de Augusto de Campos.
[177] Teresinha Alves Pereira

Se por um lado a carta me trouxe o júbilo de uma opinião sincera e ponderável, por outro ela me deixou preocupado. É que o Cabral não anda bem de saúde, há cerca de um ano, encontrando-se agora numa fase de recuperação, mas ainda bastante deprimido, sem contato quase nenhum com o mundo, impossibilitado pela depressão de manter qualquer correspondência. A carta que escreveu me pareceu bastante sofrida, o que aliás ele não esconde. Acredito que a notícia da realização da Semana, em que não sonegamos a importância da contribuição dele, tenha atuado mesmo como um elemento, um fator de distensão nervosa e o tenha alegrado. Já vivi situação mais ou menos parecida e a experiência me autoriza a assim julgar. Pretendo escrever a ele uma carta mais longa e sugiro a v. que faça o mesmo, colocando-o a par de novos passos do movimento de vs. e remetendo as coisas novas que têm. O endereço correto dele é Consulado del Brasil, Calle Adolfo Rodriguez Jurado, 16, Sevilla.

8. Sobre o encontro de Recife, pouca coisa sei, além do depoimento do Romano, que me disse ter escrito a v. a respeito. Ele se mostrou menos pessimista que parece ter-se mostrado o Costa Lima, na carta que escreveu a v. O Pontual não mais se manifestou, mas aguardo a qualquer momento uma carta dele, pois deve estar mais folgado agora com a saída do Paulo de Tarso[178]. Sei apenas que o Gullar andou vetando, como assessor de imprensa do ministro,[179] a ida do pessoal de vanguarda. De qualquer forma, o problema poesia foi relegado a segundo plano no encontro, segundo o próprio depoimento do Romano.

9. Recado ao Décio: o Frederico[180] não chegou a me entregar a entrevista feita, por ter arranjado uma boca rica e viajado para a Europa de repente. Está participando de um congresso de jornalistas, que parece ser ambulante, pois a última vez que tive notícias dele se achava na Grécia, a caminho da Rússia, via Turquia e Bulgária. E o congresso foi na Itália... Outra coisa: estamos aguardando as famosas fotografias mineiras, não só da safra 63, como da 62.

---

[178] Paulo de Tarso Santos (1926), político, foi ministro da educação no governo de João Goulart, entre junho e outubro de 1963.
[179] Ferreira Gullar foi assessor de imprensa do ministro da educação, Paulo de Tarso Santos.
[180] Frederico Morais (1936), crítico de arte, signatário do "Comunicado" da Semana Nacional de Poesia de Vanguarda.

10. Laís tem escrito sim. E já não se interessa pela publicação do livro em mãos do Massao Ohno, que estima superado em sua maior parte. Imagine v. que esse cidadão, depois de um longo silêncio, reapareceu dizendo que o projeto do livro está pronto e que tem que ser publicado. Como solução, Laís pediu a volta dos originais para alterações.

11. Infelizmente, não poderemos ver a Bienal, a não ser que ela se estenda a dezembro, quando terei férias e estaremos mais aliviados da aventura da construção. Mas o Henry e o Ubirasçu pretendem ir vê-la em meados de novembro, ocasião em que remeterei os canudos com todo o material da exposição.

Desculpe o tom de relatório e faça chegar o nosso abraço à turma toda e esposas. Do seu amigo

Affonso

Grato pelos endereços.

V. se esqueceu apenas do relativo ao Paulo Leminski, que lamentavelmente perdi. Será que possui? Tenho jornais e material para enviar a ele.

49. Haroldo de Campos
São Paulo, 28 de outubro de 1963

Caro Affonso:

Desde logo, e antes que me esqueça, o endereço do Leminski: R. Bispo D. José, 2459 Batel, Curitiba, Paraná.

Sobre sua carta de 13/18.10:

Apreciamos bastante o seu "Frases feitas". V. previu certo: desta vez o Pignatari nada teve a objetar quanto à *referencialidade* efetiva do poema, que lhe pareceu plenamente realizado. Peço-lhe que reserve o poema para *Invenção* 4 (que deverá sair entre o fim deste ano e o início do próximo): gostaríamos muito de publicá-lo em primeira mão. Particularmente bem sucedidas as variações sobre o *libertas quae sera tamen*.[181]

Tenho um novo poema, mas não lhe posso enviar ainda porque exige uma apresentação tipográfica especial. Dei-o ao Décio para cuidar do *lay-out*, mas, atarefadíssimo, ele ainda não pôde cuidar do caso. Logo que pronto, remetê-lo-ei a v. e Laís.

Boas as novas sobre os ecos da Semana. Particularmente auspiciosa a reação do Cabral. Dele já tínhamos recebido notícias recentes via Braga, a quem o Cabral escreveu uma carta saudando o *Soma*[182] e, nas entrelinhas, dando algumas indicações sobre a fase difícil que atravessa (do ponto de vista da saúde, quero dizer). Vamos escrever ao Cabral: eu tenho um longo trabalho sobre a poesia cabralina que sairá aqui, numa enciclopédia de autores brasileiros, e que servirá de base para minha conferência sobre João Cabral de Melo Neto em Stuttgart, fevereiro próximo.[183]

Creio que, a esta altura, vv. já tiveram oportunidade de contactar o prof. Bense e Frau Dr. Walther, conforme escrevi ao Romano. Dê-me notícias.

---

[181] No n. 4 de *Invenção*, dezembro 1964, saiu o poema de Affonso Ávila
[182] *Soma*, de Edgard Braga, foi publicado, com layout e diagramação de Décio Pignatari, em 1963 pelas Edições Invenção.
[183] Trata-se do texto "O geômetra engajado", incluído em *Metalinguagem*, onde é acompanhado da seguinte nota: "Conferência pronunciada em 1963 na Universidade do Rio Grande do Sul, Porto Alegre, no 'Curso de Integração, Ciência e Arte'; em 1964, no Studium Generale, anexo à Escola Superior Técnica de Stuttgart, Alemanha".

Seria possível obter o texto do trabalho do Heitor Martins?

Falei ao Décio para pôr no papel o trabalho dele sobre Literatura e Código para o n° especial de *Tendência*.[184] De minha parte, vou unificar e rever os trabalhos que estão saindo no *Estadão* ("A arte no horizonte do provável")[185], e, aproveitando a estada aqui do Henry e do Ubirasçu, remetê-los-ei a vv. Diga a ambos que não deixem de nos procurar logo que cheguem.

Vou providenciar as fotos (duplicatas) das incursões mineiras, junto ao Décio.

Outro dia ele projetou-nos excelentes diapositivos, alguns dos quais vou levar comigo para a Europa.

Acho que o Benedito Nunes poderia escrever um artigo para o número especial de *Tendência* (já que não pôde, na ocasião, fazer a cabível conferência) abordando, com aquela bagagem filosófica que ele possui, os problemas em pauta no comunicado sobretudo a ideia do "jogo sério", tão mal compreendida (e deliberadamente mal compreendida...) pelo Geir. É mais fecundo do que a polêmica efêmera.

Seria muito bom que v. e Laís viessem em dezembro. Acredito que a Bienal fique até lá. Mesmo porque há muitas coisas para ver nesse certame.

                Até lá, aceitem o abraço mais amigo do *Haroldo*

Por meu intermédio, o grupo todo lhes manda saudades.

*O Antonio Candido[186] convidou-me para colaborar com ele na reedição das obras do Oswald: acho que desta vez a coisa vai.

---

[184] Trata-se provavelmente de referência ao planejado n. 5 da revista, que não saiu.
[185] Esse trabalho foi publicado no Suplemento Literário de *O Estado de S. Paulo* em 19 e 26 de outubro e 21 de novembro de 1963, e ainda na revista *Invenção* n. 4, de dezembro de 1964, sendo incluído no volume *A arte no horizonte do provável* (São Paulo: Perspectiva, 1969).
[186] Antonio Candido (1918-2017), crítico literário; Haroldo de Campos escreveu as introduções para as *Poesias reunidas* (São Paulo: Difusão Europeia do Livro, 1966), "Uma poética da radicalidade", e para *Memória sentimentais de João Miramar* (São Paulo: Difusão Europeia do Livro, 1964), "Estilística miramarina", este incluído em seu livro *Metalinguagem* (Petrópolis: Vozes, 1967).

50. Haroldo de Campos
São Paulo 4 de novembro de 1963

Caro Affonso:

Aqui vai o texto da conferência para a futura publicação em *Tendência*. Peço-lhe o obséquio de, por ocasião da publicação, atualizar a ortografia, pois, como v. sabe, o *Estadão* tem um sistema ortográfico próprio, diverso do oficial.
Abraço do

Haroldo

51. Affonso Ávila
Belo Horizonte, 15 de novembro de 1963

Caro Haroldo,

sua carta de 28 de outubro recebida, com um atraso porém de muitos dias. Grato também pelas fotos, exímias algumas. Diga ao Décio que, em retribuição, pretendo enviar as chapas batidas na instalação. Depende só da boa vontade do fotógrafo, a quem já falei.

Nada tenho a opor à publicação de "Frases-feitas" em *Invenção*. Apenas quero que me enviem dez exemplares, com a nota do respectivo custo, que pagarei como da vez anterior. Certo? Peço observar a disposição dos blocos de frases da direita e da esquerda e das palavras em versais, pois isso é fundamental na estrutura do poema.

O material levado pelo Henry inclui a parte mineira da exposição, a fim de possibilitar a v. uma seleção mais racional dos trabalhos que mereçam ser exibidos na Alemanha. Os cartazes dos japoneses[187] seguiram junto e creio que v. pode utilizá-los para publicação em *Invenção*. Cedo com prazer a prioridade que seria minha, pois estarão melhor na revista que no suplemento tão sujeito às vicissitudes tipográficas de paginação e revisão.

Eu já solicitara ao Heitor o trabalho para publicar aqui. Entretanto, alegou em resposta que ele constará dos Anais do congresso, que exigem seja obra inédita.

Boa a sugestão quanto ao trabalho do Benedito Nunes. Escreverei a ele a respeito.

Há algum equívoco sobre a vinda do Max Bense. Gostaria de saber com mais precisão o que existe de positivo, porquanto o consulado alemão parece ignorar o assunto.

---

[187] Na exposição de cartazes-poemas, durante a Semana de 1963, havia trabalhos dos japoneses Akito Osu, Fukiko Kobayashi e Ktasono Katsue, em traduções de L. C. Vinholes. Poema de Fukiko Kobayashi em tradução de L. C. Vinholes foi publicado em *Invenção* 3.

Chamo a sua atenção para o volume *Poesia do Brasil*,[188] que o Bandeira organizou com a assessoria do Merquior. A par de omissões já tradicionais, como as de Sousândrade e Bernardo Guimarães no romantismo, Kilkerry e Severiano de Rezende no simbolismo, surgem outras deficiências. No caso de Oswald, por exemplo, a seleção não me pareceu correta, embora eu não conheça toda a obra poética oswaldiana. Acho, com sinceridade, que, em sua maioria, os poemas recrutados darão, principalmente aos mais novos que se mostram interessados em conhecer Oswald, uma visão deformada da poesia dele, da qual a seleção feita passará a ser um ponto de referência crítica, até que surja a anunciada reedição (a tarefa está muito bem entregue, com v. e o Antônio Cândido à frente). Vs., como relançadores do Oswald, o que pensam de tudo isso?

Ainda com referência ao Oswald: estou dando sequência aos meus artigos sobre *Macunaíma* e, instigado pelos seus trabalhos a respeito de *João Miramar,* não posso deixar de recorrer ao exame desse livro e do *Serafim,* os quais ainda não li. Como é impraticável encontrá-los aqui, por se terem convertido em raridades, pergunto se seria possível obtê-los, a título de empréstimo (garantido pelo *compromisso solene de devolução imediata*), de um de vs., a quem ficaria desde já gratíssimo.

Aguardo o trabalho do Décio e mando avisar ao Augusto que segue pelo correio um suplemento com artigo dele[189].

Com o abraço de seu amigo

Affonso

---

[188] *Poesia do Brasil*. Seleção e estudos da melhor poesia brasileira de todos os tempos. Org. Manuel Bandeira, com a colaboração de José Guilherme Merquior na fase moderna. Rio de Janeiro: Editora do Autor, 1963.
[189] "De Mallarmé a Joyce", artigo de Augusto de Campos, saiu no *Estado de Minas* em 10 de novembro de 1963.

52. Haroldo de Campos
São Paulo, 6 de dezembro de 1963

Caros Laís e Affonso:

Mais uma vez o meu (o nosso) muito obrigado por todas as gentilezas que recebemos em Belo Horizonte de vocês, os verdadeiros responsáveis pelo êxito da Semana. Já recebemos o comunicado impresso e a página com as entrevistas. A *Folha de S. Paulo* deverá publicar o comunicado. Já deu uma nota sobre a Semana (que lhes envio junto). O Carlos Burlamaqui Kopke[190] gostaria muito de receber *Tendência* n. 4 e os impressos relativos à Semana (catálogos etc.)

Endereço: Rua São Bento 68, 1º. andar, sala 14 (São Paulo)

Endereços outros que interessam: Sergio Mondragon — revista *El Corno Emplumado / The Plumed Horn* — Apartado Postal num. 26546 — Mèxico 13 DF

Miguel Grinberg — C. C. Central 1933 — Bueno Aires / Argentina (revista *Eco Contemporaneo*)

Joaquim Francisco (quer receber *Tendência* 4): Luso-Brazilian Center — The University of Wisconsin 540 University Avenue — Madison 6, Wisconsin, USA

Vocês souberam alguma coisa mais da conferência do Heitor Martins sobre poesia concreta?

Abraço do

Haroldo

---

[190] Carlos Burlamaqui Köpke (1916-?), crítico literário.

53. Haroldo de Campos
São Paulo, 12 de dezembro de 1963

Caro Affonso:

Respondo sua carta de 15.11.

Pode estar tranquilo quanto à preservação do aspecto gráfico de seu poema em *Invenção* 4. Só que este número vai atrasar um pouco, dada a minha próxima viagem.

Max Bense projetava passar por Belo Horizonte e Ouro Preto, segundo me disse na rápida chegada que deu aqui em São Paulo. Todavia, hoje recebi carta dele dizendo-me que não foi possível, pois Brasília prendeu-lhe todas as atenções. Informou-me, ainda, que, para o ano, ele e a assistente, Frau Dr. Walther, provavelmente, darão um curso na Universidade de Brasília. Então haverá oportunidade para um contato com vocês.

Não vi ainda a *Poesia do Brasil*. Mas li um trabalho do Assis Brasil sobre. É lamentável a covardia moral do Merquior, escusando-se de opinar sobre a poesia brasileira pós-cabralina e, ainda, escamoteando-a dos interessados que não comunguem com a omissão dele.[191] Senilidade precoce?

O Bandeira, já septuagenário, na edição anterior da mesma obra tivera a suficiente vitalidade para chegar até a poesia concreta.[192] Em todo caso, é sintomático do gosto tradicionalista e do oportunismo do Merquior, que, até há pouco tempo, fora, sucessivamente, crítico de *poche* da dupla Gullar/Jardim e, finalmente, do triste epígono Chamie, gente que ele podou também...

E por falar em Chamie, é incorrigível em seu delírio paranoico-bonapartista. Estou demasiadamente entediado das tricas literárias para entrar, a sério, num debate de prioridades. Afinal de contas, é preciso ter o pudor do eventual leitor. Mas as "instaurações" e "inaugurações" do nosso "Ladra ladra"[193] são como as de certos políticos: consistem, apenas, na troca de placas

---

[191] Na antologia referida, há um texto de José Guilherme Merquior intitulado "Nota antipática".
[192] Provavelmente se trata da *Apresentação da poesia brasileira*, de autoria exclusiva de Manuel Bandeira e que teve várias edições.
[193] Mário Chamie publicou em 1962 o livro de poemas *Lavra lavra*.

ou rótulos das obras já feitas, há muito, por outros... Enfim, os fatos estão aí, para quem se interessar...

Sinto não poder atender, no momento e nas circunstâncias, o seu pedido sobre os romances de Oswald: só possuímos (o grupo) um exemplar do *Miramar* (do Braga) e um do *Serafim* (meu). Estou utilizando ambos, pois retrabalho meus artigos do *Estadão* para a revista, preparo uma conferência-súmula sobre Oswald para Stuttgart, e, ademais, aguardo, a qualquer momento, a convocação do Cândido para o roteiro de nosso trabalho conjunto (o Jacó Guinsburg, da editora Difusão Europeia, telefonou-me recentemente para dizer do empenho da editora no sentido de que o trabalho saia logo). Devo inclusive levar os dois volumes para a Alemanha, pois pretendo utilizá-los no meu curso e numa exposição (pequena) que penso organizar para ilustrá-lo. Enfim, quando voltar, verei o que poderei fazer para ajudá-lo.

O Décio ultimou o trabalho dele e logo mais vai enviá-lo a você.

Vocês não virão ver a Bienal?

Murilo Mendes já recebeu e agradeceu, em carta recente, o material da Semana.

Abraços do amigo a você, Laís e demais companheiros.

Haroldo

1965

54. Haroldo de Campos
São Paulo, 8 de janeiro de 1965

Meu caro Affonso:

Primeiro para desejar à Laís e a você um ano novo cheio de realizações. E (quanto possível nas atuais circunstâncias) feliz.

Tenho suprido o hiato entre a nossa correspondência acompanhando as cartas que v. tem trocado com o Augusto desde a minha volta da Europa. E sobretudo tenho apreciado as novas amostras da sua poesia *in progress*. Acho que v. já está, via Augusto, a par das novas por aqui. Apenas acrescento que o n. 4 de *Invenção* deve sair amanhã, sábado, e lhe será remetido ato contínuo. Nele faço minha primeira incursão na prosa[194] e gostaria de ouvir a sua opinião a respeito (13 fragmentos de uma prosa provável em progresso). Espero que lhe tenha chegado às mãos de outro lado o meu poema permutacional Álea I — variações semânticas [195] (impresso quando eu ainda me encontrava na Europa, com algumas imperfeições tipográficas; culpa minha, que na pressa datilografei para o Décio um original lacunar e sem título...). Pensava refazer uma das páginas tipograficamente, o que retardou a distribuição. Mas depois conformei-me em fazer a correção (acréscimo de uma linha) a máquina, que o que vale é a ideia e o programa do poema, no caso. Esse poema já foi publicado na revista *EX* da vanguarda romana (Diacono e Villa)[196] e o compositor espanhol Luis de Pablo está trabalhando numa composição sobre o texto.

---

[194] Trata-se da publicação de 13 fragmentos de *Galáxias*, precedidos da introdução "dois dedos de prosa sobre uma nova prosa". No número seguinte de *Invenção*, 5, dezembro de 1966/janeiro de 1967, sairiam outros 12 fragmentos. O volume integral só veio a ser publicado em 1984 (São Paulo: Editora Ex Libris)

[195] Na publicação, lê-se: São Paulo: edições Noigandres, 1964. Poema não retomado em livro.

[196] *Ex*, dirigida por Emilio Villa, Mario Diacono, Gianni Debernardi. N. 2, 1964

Da Espanha, anuncia-me o Ángel Crespo a publicação do número sobre vanguarda.[197] Veremos.

Toca-nos resistir, trabalhar. Resistir trabalhando. Mantendo a vida do espírito.

Aceite assim o meu abraço de entrada de ano e transmita-o aos amigos, em especial ao grupo de *Vereda*.

Seu *Haroldo*

---

[197] Trata-se do número 11 da *Revista de Cultura Brasileña*, dezembro de 1964, em que Affonso Ávila publicou "Um concepto brasileño de vanguardia" (incluído em *O poeta e a consciência crítica*) e Haroldo de Campos "Literatura brasileña de vanguardia: una declaración". A revista publicou ainda nesse número especial dedicado às vanguardas poéticas brasileirastextos de Manuel Bandeira, Cassiano Ricardo, Edgard Braga, Murilo Mendes, Pedro Xisto de Carvalho, João Guimarães Rosa, Vilém Flusser, Wilson Martins, José Paulo Paes, Décio Pignatari, Affonso Ávila, Haroldo de Campos, Augusto de Campos, Rui Mourão, Walmir Ayala, Mário Chamie, Heitor Martins, Libério Neves, Luiz Costa Lima, Affonso Romano de Sant'Anna, Joaquim-Francisco, Ubirasçu Carneiro da Cunha, Henry Corrêa de araújo, José Guilherme Merquior, Gilberto Mansur, Elmo de Abreu Rosa, Ángel Crespo e Pilar Gómez Bedate.

55. Haroldo de Campos
São Paulo, 11 de fevereiro de 1965

Meu caro Affonso:

o Pierre Furter comunicou-me que fez entrega pessoal a v. dos exemplares de *Invenção* 4, para v. e outros amigos. Espero que o novo número tenha agradado.

Gostaria também de saber se v. recebeu há algum tempo atrás o exemplar de meu *Alea 1 — variações semânticas*, que lhe remeti por correio aéreo.

Agora um anúncio: deve procurá-lo dentro de alguns dias meu amigo Hansjörg Mayer,[198] da equipe do prof. Max Bense. O Hansjörg esteve 15 dias hospedado em minha casa, fazendo contatos e vendo coisas em São Paulo. Dedica-se ele ao cinema experimental e à gráfica de vanguarda, estando a seu cargo o *lay-out* das publicações de Max Bense (série "Rot"[199]). Vai ser o lançador de uma revista internacional de arte *Debabel*, da qual eu serei o redator brasileiro. Trará para a bienal de São Paulo um conjunto de filmes de vanguarda dos E.U.A. e da Alemanha (passou 7 meses nos E.U.A., em contato com artistas de vanguarda — músicos, poetas e pintores, sobretudo em Nova York e San Francisco). Fará aqui, em março, no Instituto Goethe, uma exposição de suas edições, inclusive os cartazes textos visuais (com poemas de brasileiros), impressos o ano passado sob forma de álbum. Deseja fazer um documentário fotográfico sobre Brasília e o barroco mineiro, como base para conferências em Stuttgart e um futuro filme experimental. Peço-lhe que o ponha em contato com os amigos e as coisas mineiras. Está interessado em se avistar com o Frederico Moraes (como gráfico e interessado em *industrial design*). Hansjörg fala inglês e francês.

Abraço amigo do

Haroldo

---

[198] Hansjörg Mayer (1943), poeta e designer gráfico alemão. Em 1966 publicou o poema *luxo lixo* de Augusto de Campos em sua série Futura.

[199] Em *Rot* 21, saíram poemas de Haroldo de Campos, Décio Pignataria, Edgard Braga, Pedro Xisto, José Lino Grünewald, Ronaldo Azeredo, Augusto de Campos.

56. Affonso Ávila
Belo Horizonte, 18 de fevereiro de 1965

Meu caro Haroldo,

acuso com atraso o recebimento de *Invenção* 4, transcorrido o tempo necessário para firmar um juízo menos apressado sobre a revista. Porque — confesso — ela me causou um certo impacto, que aos poucos fui procurando neutralizar através de reexame quanto possível crítico. Ainda maior, porém, foi o sofrido pelos nossos mais jovens amigos, que, traumatizados de toda forma pelos acontecimentos, esperavam, como uma das raras clareiras, a manutenção daquela abertura crítico-criativa para a realidade nacional que os aproximou de vs. E tanto isso é verdade que, nos depoimentos para a *Revista de Cultura Brasileña*,[200] foram unânimes em realçar, ao lado da influência preceptoral de *Tendência*, a poesia concreta — particularmente *Servidão de passagem* — como fator decisivo para uma conscientização da problemática de uma linguagem nova. Aliás, a coincidência do aparecimento do número especial da revista do Crespo e de *Invenção* 4 como que veio acentuar mais a impressão de um hiato, de um seccionamento no processo de engajamento da poesia concreta. Absorvida talvez pela complexidade e relevância dos contatos internacionais, acabou ela por atribuir reduzida importância à sequência de fatos que lhe vinham conferindo outra dimensão dentro do quadro geral de nossa vanguarda. Enquanto na quase totalidade dos demais depoimentos a tônica foi o condicionamento da atitude criadora da nova poesia a uma imposição de consciência crítica nacional, os concretistas nos pareceram adstritos a projetos isolados ou à economia de seu próprio movimento. Já *Invenção* 4, embora generosamente acolhendo colaboração de vária índole, não esconde, quanto ao grupo concreto, uma divergência de comportamento estético. Mas isso talvez constitua dado positivo, porquanto pode significar, num plano de crise pessoal, o início de um desdobramento

---

[200] Trata-se do número especial já mencionado.

enriquecedor de direções e trabalho. O que nos assusta e preocupa mesmo é essa perda momentânea da perspectiva brasileira, sintoma perigoso para o qual chamo fraternalmente a sua atenção.

Outro aspecto que suscita observação é o da ênfase que se procura dar, na área concreta, ao problema da "invenção", em detrimento muitas vezes da visão totalizadora do projeto. Sinceramente, acho que não se tem atentado para a necessidade de uma conceituação mais rígida de "invenção", que, a meu ver, não se deve confundir com "experimentação" ou "pesquisa". "Invenção" é sempre um fato novo, tombado definitivamente pelo conhecimento humano e somado em termos criativos ao processo cultural. Daí corrermos o risco de tomar equivocamente, ainda que dentro de uma dinâmica probabilística, como objeto estético novo o que ainda é simples pesquisa ou experimento. A sintaxe gráfico-visual do poema concreto dito "histórico" é sem dúvida uma invenção, hoje incorporada mais amplamente à nossa linguagem poética, enquanto as metáforas geométricas do que se intitula "poesia concreta nova" são apenas desinências de proposições experimentais. Eu compreendo bem as razões de princípio que levam a poesia concreta a radicalizar-se em experiências fora do contexto verbal, como resposta a acusações malévolas de que ela se vinha repetindo, de que ela se esgotou em sua novidade. Mas é exatamente a isso que pretendem forçá-la os seus inimigos, os quais, depois de aceito o jogo e conhecida a réplica concretista, estarão muito à vontade para atirar-lhe a pecha da marginalidade, do culto da invenção como mística formal.

A poesia concreta veio desintoxicar, não resta dúvida, a linguagem poética brasileira da pletora discursivo-metafórica que ameaçava sufocá-la e isso se exerceu, eu reconheço, no mesmo nível crítico do papel premonitório de *Tendência* como fator de desalienação das novas gerações. Essa função, todavia, não tem sido examinada com a imprescindível isenção. Vê-se, por exemplo, corrente que surgiu em consequência, a um só tempo, da consciência ideológica implantada por *Tendência* e da inovação de formas iniciada por Noigandres sair a campo na ingênua pregação de um seu caráter autóctone, desvinculado de antecedentes. Essa atitude, longe de sustentar originalidade criativa, apenas faz presumir ignorância da dinâmica da arte, na qual os fenômenos não surgem isoladamente de meros atos volitivos, mas antes se sucedem e se interpenetram numa sequência dialética. Tratando-se, porém, de um falseamento crítico, não vejo como possa ele provocar, em contrapartida, reação menos lúcida de *Tendência* ou dos poetas concretos, cuja precedência nas respectivas posições é fato que, revestido de historicidade, não comporta tergiversações. E nesta ordem de ideias devo referir-me, mais precisamente, ao problema chamado da "diluição". Parece que o teor emocional com que é colocado impede seja ele considerado a partir de um ângulo crítico. Em primeiro lugar, é necessário convir que o termo proposto não corresponde à correta definição de um fenômeno inerente à própria natureza da arte. Eu preferiria chamá-lo absorção de técnicas, assimilação de formas ou, de modo lato, influxo renovador (dentro da noção oswaldiana de antropofagia, poderíamos dizer "digestão"). Ora, a história da arte aí está para demonstrar, no fluxo e refluxo das correntes ou formas de inovação, o jogo de aquisições e influências, de invenções e absorções. O modernismo brasileiro é um exemplo, com a geração de 1930 recebendo a lição de formas de 22 e através delas reestruturando toda a nossa linguagem poética. É a etapa construtiva seguindo à revolucionária, é a absorção do novo seguindo à sua implantação. E note a coincidência periodológica: dez anos, m/m. Assim, temo que a poesia concreta, ao insistir numa distorção de conceito e dela fazendo um escudo, esteja subestimando a sua própria influência na evolução da forma poética brasileira e obstando em vão a sua natural integração no conjunto de nossa literatura. É como se se houvesse detonado a bomba atômica e se procurasse desesperadamente manter ainda o controle dos efeitos imprevisíveis do ato.

Com a poesia concreta, operou-se uma reforma de base em nossa linguagem poética, através da radicalidade antidiscursiva, da contundência crítico-semântica, do adicionamento de recursos que, assimilados ou recriados por poetas velhos e jovens, conduzem presentemente, ao nível da atualidade técnica, soluções para o problema da comunicação. A atividade concreta se inscreve, portanto, no parâmetro da literatura e não fora dele. Sou contrário à tese de transformar-se a poesia concreta numa antiliteratura, do mesmo modo que ontem fui contra aqueles que a interpretavam ingenuamente como uma parapoesia ou uma arte híbrida. Qualquer tentativa de imprimir-lhe feição de excepcionalidade acabaria agora endossando as suposições ingênuas que, antes do ato de lucidez e coragem do "salto participante", chegavam ao absurdo de ver na poesia concreta uma atitude de saturação burguesa. Porque, em termos de poesia, fora da palavra não há salvação. A própria "poesia artificial", como a define Max Bense, se entende no plano da palavra, embora substituídos os princípios estéticos pelas leis gerais da cibernética. Só a palavra propiciará ao nosso poeta uma linguagem que não exclua a perspectiva brasileira, a poesia capaz de exportar-se porquanto semanticamente carregada de uma tensão original, revestida da forma brasileira para o fato humano. Recorro, aqui, à parábola do cisne no lago suíço, que v. me contou e vejo agora referida nas *Galáxias*. V. dizia da impossibilidade de se criar algo humanamente válido e rico (uma poesia nova) num país onde nada acontece ou quando muito acontece a plácida morte de um cisne. Numa antítese brasileira, eu diria que a dramática polaridade sócio-existencial do país subdesenvolvido elide qualquer projeto neutro, qualquer concepção que não traga como núcleo vivo a presença do homem. Abstrair da linguagem concreta para, em seu lugar, codificar a realidade em metáforas arbitrárias e de precário circuito seria oferecer uma imagem também neutra e, ademais, limitada de nossas possibilidades criativas, seria o exercício lúdico da aclimatação do cisne para ao final devolvê-lo incólume à paisagem de origem. Além do mais, qualquer fórmula de encobrir ou nivelar as nossas contradições humanas, com o risco de aliená-las no terreno da arte formal, terminará, no momento que atravessamos, servindo ao jogo da reação. Daí não se poder acreditar numa "anti-arte" calcada no retraimento ideológico da poesia concreta, tão fundamente identificada está ela com a consciência nacional através da linguagem crítica do "salto participante", especialmente de poemas-ápices como "Servidão de passagem" e "Plus valia".[201]

---

[201] Poemas, respectivamente de Haroldo de Campos e de Augusto de Campos. O poema deste não foi incluído em nenhum de seus livros.

Vejo com satisfação que v. prossegue na direção natural da poesia concreta, trabalhando-a na faixa verbal e obtendo soluções que não a seccionam no seu processo criativo. O poema Álea I responde bem à dúvida do Pignatari, quando este critica a "linearidade fonética" em Cabral e insinua que "meros esquemas permutativos" não resolverão um impasse de linguagem. Também o seu ensaio de prosa, a fluxo-prosa de *Galáxias*, indica uma coerência de projeto de linguagem que não teme a sua inserção no projeto geral da língua literária. As translações semânticas de Guimarães Rosa, a objetivação do fluxo joyciano da consciência e a síntese oswaldiana da percepção são aqui os suportes críticos da particular experiência sensório-visual que se estrutura em linguagem. A postura diante da realidade é às vezes radical e insólita como em Henry Miller. Mas o poeta subverte capciosamente a textura da prosa e introduz ritmos e imagens de nítida filiação concreto-barroca. *Galáxias*, afinal, que são um texto montado ou uma montagem de palavras, v. também evidenciando que fora delas não há salvação.

Expus um ponto de vista e o fiz na qualidade de companheiro e dentro do espírito franco que tem sido, desde o início, a característica de nosso diálogo. Espero que a veemência com que me empenhei na consideração da poesia concreta, tal como a compreendo, não leve a me suporem hostil à atitude permanente de pesquisa ou desprovido da necessária abertura para a experimentação. Ninguém reconhece melhor que eu o papel catártico de um Pignatari, em quem a inquietação e a versatilidade são estímulos vivos para a nossa própria insatisfação. Apenas me presumo coerente com uma noção de poesia e sua historicidade brasileira, raciocinando objetiva e concretamente a partir desta posição, que não é outra senão a preconizada no documento final da Semana de Vanguarda.

Estamos aguardando a chegada do Hansjörg, a quem procurarei facilitar os contatos nos vários setores em que é interessado, já tendo para isso convocado a boa vontade do Frederico, que me auxiliará na tarefa. Também ele tem particular interesse no contato, porquanto as preocupações de ambos parecem comuns não só quanto ao desenho industrial, como também ao estudo do barroco.

Os artigos que escrevi sobre Sousândrade foram fundidos num único trabalho e sairá, segundo me comunicou o Crespo, no n. 12 da *Revista de Cultura Brasileña*, juntamente com o estudo que ele e Pilar escreveram sobre o nosso poeta[202]. O *Estadão* parece estar mesmo não só contra Sousândrade, como contra os amigos de Sousândrade... O Pierre me falou do artigo dele que nunca mais sai, da mesma forma que o Costa Lima queixa em carta da insensibilidade do Décio de Almeida Prado quanto à resposta que o nosso amigo deu ao Wilson Martins. O Augusto parece estar com a razão ao supor um boicote.

Após o Pierre, esteve aqui o Benedito Nunes, que desceu heroicamente a Belém-Brasília. Do Rio irá a São Paulo se já aí não chegou.

Com o abraço fraterno do seu

Affonso

---

[202] No n. 12 da revista, de março de 1965, Affonso Ávila publicou "Sousândrade: el poeta y la consciencia crítica", e Angel Crespo e Pilar Gómez Bedate, "Noticia de Sousândrade". O texto de Affonso passou a integrar seu livro *O poeta e a consciência crítica*. O artigo de Affonso foi publicado, com o título "Sousândrade: o poeta e a consciência crítica", em 9 e 16 de outubro de 1965 no *Estado de S. Paulo*, e em 3 e 10 de setembro de 1966 no Suplemento Literário de Minas Gerais.

57. Haroldo de Campos
São Paulo, [?, 1965]

Meu caro Affonso,

Encargos acumulados (e ainda longe de conclusão) retardaram esta resposta. Mas acuso e agradeço agora a sua carta de 18.2, longa e repleta de observações interessantes. Pretendo, talvez em maio, passar uns dias em Minas, e, então, conversaremos pessoalmente sobre vários tópicos que comportam detalhamento. Por enquanto, quero lhe dizer que não vejo razão para qualquer surpresa diante do n° 4 de *Invenção*. Este número, em parte, sequer é estranho ao conhecimento de vocês aí em Minas, pois 2 dos seus trabalhos teóricos substanciais foram extraídos de conferências proferidas na Semana de Poesia de Vanguarda.[203] Estou muito a cômodo para falar no assunto, pois tanto em meu último poema (*Álea I*), como em minha prosa em progresso os elementos de teor participante (ao nível ideológico) são evidentes e nesse sentido já ouvi manifestações e reações de diversas fontes (inclusive a sua mesma na carta que ora respondo), todas comprovando, ao nível da comunicação, a eficácia dos processos e a nitidez dos intuitos visados (outro dos que se externaram nesse sentido foi, para minha satisfação, o nosso Benedito Nunes). Agora *Invenção* mantém, como sempre manteve, uma posição em favor da criação como liberdade fundamental, num momento em que as sobrevivências neo-stalinistas encontram campo propício para florescer, sobretudo porque à sombra de um respeitável empenho ético (que aliás não é privilégio dos que ora tentam restaurar os padrões de uma arte caduca; veja-se o caso do Moacyr Félix[204], exemplar). Nesse sentido, experiências em andamento foram normalmente desenvolvidas, como as do Pignatari e Luís Ângelo, e é cedo ainda para avaliar as suas consequências (de qualquer maneira, representam um valioso manancial de instigações,

---

[203] Um dos trabalhos é "A arte no horizonte do provável" de Haroldo de Campos, posteriormente incluído em livro com esse mesmo título.
[204] Moacyr Félix (1926-2005), poeta, fez parte da direção da *Revista Civilização Brasileira*; dirigiu a coleção Poesia Hoje, na editora Civilização Brasileira, em que foi publicado *Código de Minas & poesia anterior* de Affonso Ávila.

e nunca vi o Décio ficar parado sobre conquistas feitas). O componente ideológico em nossa poesia não nasceu com o salto participante, como v. sabe. Se v. remontar às razões da cisão poesia concreta/neoconcretismo (especialmente ao artigo de Spanudis dirigido contra nós e publicado com imenso destaque pelo *Jornal do Brasil* de então — 1957[205]) verá que os móveis da cisão foram também ideológicos. E poemas há, dos mais antigos do movimento — "coca-cola" do Décio por exemplo, de 57 — que exprimiam muito claramente esta visada (e não se fale em poema isolado: produzindo programaticamente pouco, basta dizer que no *Noigandres* 4 Décio deu apenas 3 poemas, um dos quais contundentemente engajado). Acho que o sentido da Semana Nacional (e neste sentido minha interpretação coincide com o do Benedito) foi, sobretudo, o de ampliar o diálogo em comum, mas nunca o de fixar um estatuto formal para o trabalho criativo. Para mim, inclusive, sem poesia *pura* não se faz poesia *para*, o par sendo dialético e nutrindo-se das tensões que cria. *Invenção* 4 programou-se contra o obscurantismo, defendeu (sem ênfase retórica, mas firmemente) a liberdade de criação e publicou material nitidamente participante ao nível ideológico quando não era fácil encontrar onde estampar dito material. Publicou também (e publicará sempre) poemas e pesquisas onde a participação esteja ao nível da linguagem, ao nível do engajamento com o próprio instrumento e o seu futuro. Esta também, ao nosso ver, é uma forma (e das mais importantes) de participação: nos pelourinhos do puritanismo ideológico rola sempre a cabeça da arte criativa, se não se salvaguarda desde logo e com toda a ênfase a criação.

O momento que vivemos pede união mais do que divergência, mas união não significa uniformidade. Antes, a contradição é sempre fecunda e instigante. Impede a esclerose. O conformismo com o feito. Vejo, pessoalmente, no caso da sua poesia, um itinerário em progresso, no sentido da radicalização de certos processos formais, que atesta não ser v. dos que se

---

[205] Theon Spanudis (1915-1986), poeta e crítico de arte, publicou o artigo referido na carta, "Gomringer e os poetas concretos de São Paulo", no Suplemento Literário do *Jornal do Brasil* em 15 de setembro de 1957; José Lino Grünewald respondeu com o artigo "Spanudis catarata", em 22 de setembro de 1957, no mesmo jornal; a seguir Spanudis escreveu "Poundistas paulistas", em 13 de outubro de 1957, a que Grünewald por sua vez respondeu com "Spanudis catarata 2", em 27 de outubro de 1957.

satisfazem com a facilidade da redundância arvorada em estatuto formal. Mas isto é uma tentação para poetas menos exigentes e experientes. No meio termo está o conforto. A posição de outros integrantes de Tendência nunca teve a clareza da sua. Vejo, por exemplo, pelo depoimento do Rui Mourão, que apesar de todo contato havido, e das explicações e exposições trocadas, ele continua incapaz até mesmo de ler uma nova linguagem. O que ele diz sobre o "cubagrama" por exemplo é exemplar nesse sentido: a sensibilidade do Rui é anterior à era do cinema e do jornal, à civilização visual. Assim, que diálogo é possível? — Quanto ao problema da *diluição,* tem em todas as nossas declarações um endereço muito claro: diluição é o uso de processos alheios com a concomitante ocultação das respectivas fontes; trata-se de uma atitude estética dependente afetada de uma nota ética pejorativa. Exemplo: Amy Lowell em relação a Pound; verde-amarelismo em relação à poesia pau-brasil de Oswald. Já não é diluição a relação entre Eliot e Pound, o primeiro manipulando criativamente elementos que encontrou na poesia e na teoria do segundo, sem jamais ter contribuído para a desfiguração do aporte pioneiro daquele (as considerações de Pound sobre as categorias literárias do *inventor* — ou *inventor-master* — e do *master,* à margem das quais fica a figura do *diluter,* vêm aqui a propósito).

Muita coisa não pôde, de outro lado, ser carreada para *Invenção*: poemas da contundente exposição popcreta do Augusto, todos participantes (alguns até agressivamente), embora apresentados ao público em mostra corajosa, não puderam ser reproduzidos em clichê dada a dificuldade e o elevado custo respectivo. Todo o nosso trabalho teórico em torno de Sousândrade e de Oswald, desenvolvido, com os percalços que v. pode imaginar, no ano findo, e resultando em debates e negações por razões, inclusive, de ordem ideológica, ficaram entregues aos canais próprios de divulgação (livros que publicamos e artigos na imprensa).

Quanto à revista do Crespo, para nós o inquérito teve sentido diferente do que para vv. talvez. Procuramos antes dar testemunho do que estávamos fazendo no momento do depoimento, de nossas preocupações de trabalho mais agudas, dado que muitas outras manifestações já tínhamos antes apresentado sobre problemas de outra natureza e não nos interessou fazer um retrospecto redundante. No meu caso, em se tratando de publicação de circuito internacional, entendi importante enfatizar os aspectos internacionais do nosso movimento. Existirão contradições, sem dúvida, mas não deliberadas ou animadas de segundas intenções. A posição do Décio, por exemplo, é tática e saneadora de muitas acomodações literárias, sobretudo no que respeita aos escritores mais velhos. Décio, até por temperamento, faz radicalizações parciais, mas isto é um dos aspectos a meu ver mais úteis de sua atividade literária: põe a luz direta sobre pontos que, normalmente, ficariam salvaguardados pela sombra e pelo *decorum*. Veja v. que também se pode lobrigar contradições no depoimento que v. faz, quando v. apela para Clarice Lispector[206] (escritora que é tudo menos participante ao nível ideológico) para, justamente, explicar uma atitude participante a esse nível...

Enfim, é também muito difícil distinguir entre invenção e pesquisa. Toda arte nova é experimental. Todo pensamento novo é um pensamento experimental. Em cima do problema, é muito difícil dizer se a experiência se completou na realização ou não. Quando Oswald escreveu "amor/humor", era para muitos mera piada. Pesquisa pela pesquisa. Hoje esta pepita de nada, mínima, é um dos poemas fundamentais de nossa lírica renovada. É uma experiência clássica e uma experiência a meu ver exemplarmente realizada como poema. Mas compreendo o que v. quer dizer; apenas alerto contra o que, nesse modo de refletir, pode haver de condicionamento convencional. De todos os poetas concretos o Décio talvez seja o mais surpreendente (o menos previsível, portanto). Impossível decidir, com base no que ele acaba de produzir, sobre o que ele fará a seguir. Há muito risco nisso, sem dúvida, mas também uma inesgotável capacidade de renovação.

Para concluir, acho que a nossa sensibilidade face aos problemas da linguagem renovada deve estar alerta para rejeitar, no momento exato, tudo aquilo que represente repertório dominado, sem imprevisto, mera repetição. Maneirismo da repetição que é o grande perigo do Cabral (e talvez

---

[206] Referência às menções a Clarice Lispector no texto de Affonso Avila "Um conceito brasileiro de vanguarda", publicado em espanhol na *Revista de Cultura Brasileña* n. 11 e depois incluído em *O poeta e a consciência crítica*.

agora também do Rosa). Todo poema novo põe a poesia em crise. Não há pacificação dessa dialética. É por isto que a arte da poesia não é nunca uma parte do meio-termo. O resto é obras completas e academia.

O grande abraço fraterno do

Haroldo.

58. Affonso Ávila
Belo Horizonte, 6 de maio de 1965

Caro Haroldo,

sua carta aqui está, com a boa notícia de sua projetada vinda a Belo Horizonte. A ocasião será excelente para um bate-papo mais aberto, mais franco, no estilo de algumas boas conversas que já mantivemos. Certos problemas são mesmo impraticáveis de serem tratados em carta, que sempre acaba formalizando demais as coisas. Daí a utilidade dos contatos pessoais em que o lado humano ameniza o risco das radicalizações, quase incontornável nos diálogos escritos. Estive para ir a São Paulo por mais de uma vez mas tenho tido uma vida meio atribulada de um ano a esta parte, com sucessivos tratamentos de saúde. Além disso, estamos com criança nova em casa, o quinto filho, que é uma menina, Mônica. A vinda de v. proporcionará, desta maneira, um encontro que as circunstâncias me têm feito adiar. Alias, soube pelo Romano de notícias mais vivas de vs., inclusive confirmando o seu propósito de viagem. E v. deve vir mesmo logo, pois Minas está acabando, se já não acabou.

Outra boa notícia recebida foi a de que o Décio vai mesmo se fixar em Brasília.[207] Considero uma grande aquisição para a universidade, porquanto ele ali será muito útil, agitando ideias e projetos novos e concorrendo para que a vida universitária não se estabilize e se acomode também [„„][208] único centro de estudos onde, apesar de todo o terrorismo cultural, ainda se mantém uma mentalidade progressista. Por outro lado, a experiência será igualmente importante para ele, como fator de metodização do trabalho. A presença simultânea em Brasília de personalidades tão divergentes entre si, mas todas ricas de conteúdo intelectual e humano, como o Décio, o Rui e o Oswaldino Marques[209], é bastante significativa como encontro de

---
[207] Décio Pignatari foi professor da Universidade de Brasília por breve período.
[208] Trecho ilegível.
[209] Oswaldino Marques (1916-2003), crítico literário, foi professor da Universidade de Brasília.

posições que se complementam num instante totalizador da inteligência nova brasileira.

V. tem estado com o Décio de Almeida Prado? Até o momento, nenhuma informação tive de meus artigos sobre Sousândrade, que, após tão longa demora, acabaram deixando de ser inéditos. Será que incluíram o poeta entre os suspeitos do atentado ao *Estadão*?[210]

Estou afogado nos estudos mineirianos, decisivamente convicto de que Minas, se existiu, foi no século XVIII. Imagine que, dentre um grupo de poetas da primeira metade daquele século, um houve que chegou a recorrer a processo de visualização que se aproxima bem do poema-cartaz de hoje. Pretendo dar mais ampla notícia disso em trabalho que estou preparando sobre os resíduos do barroco[211] em Minas, se não se pode falar mesmo em feição barroca de Minas. O pior é que o lado bom do barroco — a criatividade e estilo lúdico de vida — ficou no passado, enquanto o pesadelo da contra-reforma permaneceu no subconsciente mineiro.

De tudo isso lhe falarei a viva voz. Espero um aviso seu, dizendo a data da chegada.

Com o abraço amigo do

Affonso

P.S. Quem chega aqui sábado é o Ángel Crespo.

---

[210] Em 22 de abril de 1965 houve um atentado a bomba contra o prédio do jornal *O Estado de S. Paulo*.
[211] O trabalho resultou no livro *Resíduos seiscentistas em Minas*. Belo Horizonte: Centro de Estudos Mineiros da Universidade Federal de Minas Gerais, 1967, 2 v. (Com a edição crítica e fac-similar do *Triunfo eucharistico*, Lisboa, 1734, e Áureo Trono Episcopal, Lisboa, 1749). Reedição: *Resíduos seiscentistas em Minas*. 2. ed., rev. e atual. Belo Horizonte: Secretaria de Estado de Cultura de Minas Gerais; Arquivo Público Mineiro, 2006, 2 v.

59. Haroldo de Campos
São Paulo, 15 de maio de 1965

Meu caro Affonso:

alvíssaras por Mônica, para Laís e para você! augúrios, os melhores!

Sim, vou a Belo Horizonte, está decidido, por cerca de uma semana. Carmen ainda não conhece Minas. Quero pousar em Ouro Preto. Ver o dia nascer e morrer na cidade barroca. Rever os amigos. Conversar. Talvez esticar até Mariana (que não conheço), além de revisitar Sabará e Congonhas. Apenas a data em dúvida: será mais certo em julho, após o dia 10 (neste dia, o Medaglia[212] rege o concerto de música barroca mineira no Municipal, como fecho do excelente curso sobre música brasileira colonial que o prof. Curt Lange[213] vem proferindo aqui). Estou numa corrida contra o tempo: ontem, fiz uma conferência sobre Dante e as canções pedrosas[214] no Instituto Cultural Ítalo-brasileiro, que me fora encomendada, e que me obrigou a interromper o preparo do volume (Nossos Clássicos — Agir[215]) sobre Oswald (trechos escolhidos), que devo concluir dentro de um mês no máximo (cláusula do contrato); está avançado, mas ainda tenho bastante que fazer (por isso não me deslocarei neste mês, nem no de junho — em junho, ademais, teremos aqui o Crespo e a Pilar, e quero recebê-los e introduzi-los aos amigos). Saiu o livro do Bense sobre a inteligência brasileira[216] — o barroco mineiro é um dos temas.

---

[212] Julio Medaglia (1938), regente, assinou no n. 3 de *Invenção* o manifesto "música nova", junto com Damiano Cozzella, Rogério Duprat, Régis Duprat, Sandino Hohagen, Gilberto Mendes, Willy Correia de Oliveira, Alexandre Pascoal.

[213] Francisco Curt Lange(1903-1997), musicólogo alemão naturalizado uruguaio, realizou importante trabalho de pesquisa nos arquivos mineiros.

[214] As traduções de Haroldo de Campos das rimas pedrosas saíram no volume *Traduzir e trovar* (com Augusto de Campos), São Paulo: Papyrus, 1968. Anteriormente, Haroldo de Campos havia publicado "Sombra, montes, erva, verde, pedra, dama" (sobre as "rime petrose" de Dante, com uma tradução da sextina "Al poco giorno" e um fragmento da canção "L'aura amara" de Arnaut Daniel, traduzido por Augusto de Campos), em 31 de julho de 1960 na página *Invenção* do *Correio Paulistano*. Também publicou "O Dante das 'Rimas Pedrosas'" (no número especial, dedicado ao setingentésimo aniversário do nascimento de Dante, compreendendo texto introdutório e tradução das quatro "canções pedrosas"), no *Suplemento Literário* de *O Estado de S. Paulo* em 22 de maio de 1965.

[215] Trata-se da coleção Nossos Clássicos, publicada pela editora carioca Agir.

[216] Trata-se do livro *Brasilianische Intelligenz — Eine cartesianisch Reflexion*que (Wiesbaden: Limes Verlag, 1965). Veio a ser publicado no Brasil em 2009 pela editora Cosac Naify — *Inteligência brasileira:* uma reflexão cartesiana (trad. Tercio Redondo).

Os tempos não andam claros. Temos neo-stalinismo pela proa. O Moacyr Félix vetou um estudo do Bóris Schnaiderman sobre Maiakóvski (para a revista do Ênio[217]) sob a alegação de que apresentava um Maiakóvski formalista (pelo fato de que incluía cerca de 10 traduções minhas e do Augusto, cobrindo todas as fases da poesia de Maiakóvksi, aliás, algumas feitas a pedido e por sugestão do próprio Boris!). Espantoso. Espantado e chocado ficou o Boris, com esta manifestação de sectarismo e de obscurantismo, ele que jamais teve com nós outros, concretos, qualquer compromisso de tendência poética. Mas Maiakóvski é Maiakóvski, e os stalinistas de todas as épocas não o suportam, embora gostem de citá-lo, convenientemente extirpado de seu "veneno" criativo, nas traduções inodoras, infiéis e insossas de Lila Guerrero[218] ou do nosso Carreira Guerra[219] (este que traduziu da tradução (?) espanhola...). Os stalinistas caboclos querem capitalizar um empenho ético que não é privativo deles, e com isto promover a ruim poesia que fazem sob a espécie de um martiriológio que em muitos casos (o do Moacyr por exemplo) não sofreram na pele. Os que sofreram, como o nosso Costa Lima,[220] não capitalizam nem apregoam a violência a que foram submetidos: suportam-na com dignidade e maturam nela a sua experiência humana. Parece que os intelectuais ditos "formalistas" só servem mesmo para assinar manifestos (como o "manifesto dos intelectuais", que eu venho agora de assinar em São Paulo) ou o manifesto-protesto contra o IPM[221] instalado na editora Civilização Brasileira[222] que o Décio e o Zé Lino assinaram num momento difícil pós-abril. Fora disto, devem ser tratados como leprosos. Tudo aquilo em que tocam fica maculado de pecado original. Pois rejeitamos isto. E revidaremos ao neo-stalinismo dos violeiros de rua[223] com a mesma violência com que nos atacarem. É por isso que os contatos e as aproximações da Semana de Poesia de Vanguarda são válidos e devem ser mantidos para além das divergências (eventuais,

---

[217] Ênio Silveira (1925-1996), editor, dirigiu a Editora Civilização Brasileira, que publicava a *Revista Civilização Brasileira*, por ele criada em 1965.
[218] Tradutora argentina de Maiakóvski para o espanhol.
[219] Emilio Carrera Guerra (1916-1958), poeta, crítico e tradutor, fez traduções de Maiakóvski para o português, reunidas no volume *Antologia poética* (Rio de Janeiro: Leitura, 1956).
[220] Luiz Costa Lima foi aposentado pela Universidade de Pernambuco após o AI-5.
[221] Inquérito Policial Militar.
[222] Editora Civilização Brasileira
[223] Referência aos participantes da publicação *Violão de rua*.

circunstanciais) estéticas: o inimigo comum é o que uma nova enciclopédia soviética chamou de "sociologismo vulgar", os novos Dorônin (vide poema sobre Iessiênin[224]) redatores de *sueltos* metrificados, burocratas do verso que não têm mais voz (ou a terão cada vez menos) nos paises onde o degelo irreversível está-se processando.

Soube, pelo Romano, de suas pesquisas em torno do "áureo trono". Aguardo com o maior interesse o resultado delas (por que não publicá-las no número barroco da revista do Ángel[225] (se a revista continuar a sair, como espero). De minha parte, estou trabalhando no projeto da antologia de "poesia brasileira de invenção" (lentamente, com um jovem colaborador, Francisco Achcar[226]) e continuo as *Galáxias*. Falarei com o Décio de Almeida Prado sobre os seus (excelentes, descartada a sua generosidade para com o nosso trabalho) artigos sobre Sousândrade. Não creio que haja problema, depois da publicação dos trabalhos do Pierre e do Costa Lima.

Abraço amigo do
Haroldo

---

[224] Trata-se do poema de Maiakóvski "A Sierguei Iessienin", traduzido por Haroldo e que viria a ser incluído na antologia a sair em 1967; no poema lê-se: "longos e lerdos, como Dorônin", trecho acompanhado de nota que diz: "Referência ao poeta soviético I. I. Dorônin (n. em 1900)."

[225] Trata-se do trabalho já referido, *Resíduos seiscentistas*. No n. 25, de junho de 1968, da *Revista de Cultura Brasileña*, Affonso Ávila publicou "La Academia Cultista del Aureo Trono" e "Antología del Aureo Trono Episcopal".

[226] Trata-se de projeto que parece não ter chegado a termo. Francisco Achcar, professor e crítico literário, publicou, entre outros trabalhos, *Lírica e lugar-comum. Alguns temas de Horácio e sua presença em português* (São Paulo: Edusp, 1993).

60. Affonso Ávila
Belo Horizonte, 6 de dezembro de 1965

Caro Haroldo,

muito oportuno o aparecimento da *Teoria da poesia concreta*,[227] com cuja publicação vs. colocam os pontos nos ii em muitos problemas que têm sido intencionalmente distorcidos e que agora poderão ser examinados com isenção. Vs. só merecem o nosso aplauso pela maneira honesta e rigorosamente crítica com que procederam ao balanço de suas atividades teóricas e criativas. O livro, historiando uma evolução que não foi só de uma equipe de poetas mas de toda a nova poesia brasileira, veio confirmar o ponto de vista de minha última carta de que a poesia concreta é um fato irreversível, queiram ou não os seus inimigos, e que a contribuição que ela trouxe à renovação de nossa linguagem poética é realidade já sob a órbita da história da literatura. Tenho sido sincero em meu já longo diálogo com vs., diálogo que só tem me enriquecido e instigado a constantes reavaliações críticas, e faltaria certamente à verdade se não levasse a vs. esta minha opinião sobre o significado da *Teoria da poesia concreta,* opinião que poderia parecer apenas simpática não fosse o meu hábito da franqueza.

Durante nove meses (todo um período de gestação), estive absorvido com o estudo de três textos mineiros do século do ouro: *Triunfo eucarístico, Áureo trono episcopal* e *Cartas chilenas*. Foi uma descoberta apaixonante, embora eu já tivesse lido parte deles anteriormente, porém sem qualquer aplicação de pesquisa e estudo. No pequeno ensaio que disso resultou (cerca de cem laudas), reconstituo todo um mundo de mais nítida conformação barroca, o que me possibilitou conclusões de grande atualidade. Drummond disse num verso que *Minas não há mais*. Eu diria que *Minas já houve*. É toda uma civilização que aqui se formou na época do ouro, civilização da qual, com a

---

[227] Volume organizado por Haroldo de Campos, Augusto de Campos e Décio Pignatari, contendo, como indica em subtítulo, "textos críticos e manifesto", mas além disso, bibliografia, cronologia do movimento. Teve várias reedições após a primeira edição (Edições Invenção) de 1965.

decadência da mineração, ficou somente o lado mau, o ranço ideológico da contra-reforma, a frustração econômica. Mas longe de mim pretender ter esgotado todas as sugestões que esse mergulho nas raízes mineiras suscitou. Dois veios que não cheguei a estudar em profundidade, seja pela premência de tempo, seja pela escassez de material disponível, são *o primado do visual na cultura barroca mineira* (visualização de poemas, técnica do texto nos emblemas e estandartes religiosos, técnica da caligrafia e da iluminura nos livros das irmandades e outros textos, analogia entre o moderno processo do anúncio luminoso e a montagem de textos nas luminárias, etc., enfim todo um campo sugestivo de investigações que apaixonaria um Décio Pignatari) e a *evolução da parenética do século XVIII em Minas* (há textos pelo menos de quatro sermonistas, inclusive do cônego Luís Vieira, o mais *ilustrado* dos inconfidentes). Há outros campos inteiramente virgens, como o teatro na capitania (da mesma forma que os poetas escreviam simultaneamente em latim, português, espanhol e mesmo italiano, havia público para um teatro que encenava e interpretava Calderón em castelhano). A Universidade se interessou pelo meu trabalho e se dispôs a publicá-lo, acompanhado de uma edição crítica e fac-similar dos textos *Triunfo eucarístico* e *Áureo trono*. A segunda etapa do trabalho, que inclui bibliografia, glossário e biografia (a vida de muitos dos poetas são inteiramente desconhecidas), me exigirá mais uns seis meses e pretendo mesmo passar uma temporada em Mariana, para concluir as pesquisas nos arquivos locais. A propósito, v. não tem um velho projeto de passar umas férias nas cidades barrocas? Poderíamos acertá-las para a mesma ocasião, quando teríamos ensejo de conversar mais demoradamente sobre tudo isso e, afinal, rever-nos depois de tanto (e tormentoso) tempo.

Quem está possivelmente de volta definitiva para Belo Horizonte é o Rui, em virtude do desfecho da crise na Universidade de Brasília, de onde se demitiu. Aliás, ele gostaria muito de receber a *Teoria*. Quanto à poesia, parece que só os mais jovens estão animados, como os de *Vereda*, que soltaram agora a segunda mostra. "Escribir en tiniebla es un mester pesado", já confessava o medievo Berceo. Só o fato de a gente sobreviver nesta maré de intolerância e ignorância é um ato de coragem, de resistência física e moral. Escrever é ato heroico.

Quando tiver uma folga, dê as suas notícias. Abrace por mim o Augusto e o Décio, cuja capa na *Teoria* é exemplarmente insólita.

Com o abraço do seu amigo

Affonso

61. Haroldo de Campos
São Paulo, [?]

Caro Affonso:

recebi (recebemos) com grande satisfação sua carta de 6.12. Primeiro porque é muito valiosa para nós sua opinião sobre a *Teoria*, opinião que vem marcada pela sua habitual sinceridade. O livro realmente deu-nos muito trabalho de organização e saiu-nos pelos olhos da cara, mas fica-se recompensado sabendo pelo seu depoimento objetivo que ele preenche as finalidades de documentação a que se destina.

Já enviei, em data de 15.12, a seus cuidados, o exemplar para o Mourão, mais — para v. e Laís — um exemplar da publicação *O meu Dante*[228], com meu trabalho sobre as rimas pedrosas de Dante (trabalho que na minha mente se superpõe a reminiscências mineiras).

Deixou-me (deixou-nos) também extremamente interessado(s) a notícia sobre suas pesquisas sobre o barroco mineiro. Do *Áureo trono* eu já tinha notícias através do Curt Lange, e depois soube pelo Romano que v. o estava levantando e estudando. Tudo o que v. diz em sua carta é de molde a nos deixar prelibando uma redescoberta de grande significado. Este o papel da vanguarda perante a tradição: reinventá-la! Fico (ficamos) aguardando o seu ensaio e a sua edição crítica e desde já lhe mandamos o nosso abraço pelo trabalho em progresso. E não deixe de pesquisar as veredas paralelas que seu trabalho permite descortinar (o aspecto da visualidade no barroco nos interessa de perto). Não seria o caso de v. antecipar algo sobre o assunto no suplemento do *Estadão*?

---

[228] *O meu Dante*. Contribuições e depoimentos de Henriqueta Lisboa, Otto Maria Carpeaux, Miguel Reale, Homero Silveira, Candido Mota Filho, Ivan Lins, Haroldo de Campos, Dante Milano, Alceu Amoroso Lima, Edoardo Bizarri. São Paulo: Instituto Cultural Ítalo-Brasileiro, 1965. O texto de Haroldo aí se intitula "Dante e a poesia de vanguarda", a que se segue a tradução de quatro canções pedrosas. O texto, com pequena alteração, foi republicado com o título "Petrografia dantesca", e sempre seguido das traduções, no volume organizado por Haroldo e Augusto *Traduzir e trovar* (São Paulo: Papyrus, 1968), bem como, mais tarde em *Pedra e luz na poesia de Dante*, de Haroldo (Rio de Janeiro: Imago, 1998).

Para o ano cogitarei da minha sempre adiada mas sempre desejada visita a Belo Horizonte. Quem sabe dará para acertarmos algo.

Terminei a edição das *Poesias reunidas O. Andrade* (que me deu enorme trabalho e resultou um ensaio de cerca de 40 páginas; a Difusão Europeia vai lançá-la em março do ano próximo).

O suplemento literário do *Times* de Londres fez excelente *review* sobre o nosso Sousândrade, afirmando que a obra do maranhense é uma das mais ambiciosas jamais escritas na América Latina e que seu gênio e originalidade são incontestáveis[229] (isto, para escarmento do Wilson Martins...).

Um bom ano novo para v., Laís e os demais amigos
do

Haroldo

Não deixe de escrever, contando as novidades. Para o ano, lançaremos *Invenção 5*!

---

[229] "Sousândrade's stock", *Times Literary Supplement*, 24 de junho de 1965.

1966

62. Affonso Ávila
Belo Horizonte, 19 de janeiro de 1966

Haroldo,

não sei se v. já tomou conhecimento de *Não: poesia para* e por isso lhe mando um prospecto ou programa. Trata-se de um show, na linha cepeceana de *Liberdade liberdade*, *Opinião* e outros, mas dizem que bem montado e estruturado com inteligência. Ainda não assisti, valho-me da impressão da Laís, que o viu. O autor é um menino companheiro do Olívio, o Marco Antônio,[230] que não é de todo desconhecido (montou há tempos a peça *Faber* e dele já mandei alguns artigos sobre teatro para o *Estadão*). Surpreendente é que, até abril, era um alienadinho ostensivo, plumitivo e bicharoco, embora inteligente. Não sei o que deu no moço ou a quem deu o moço para mudar assim. O importante, todavia, é que o salto participante ainda repercute.

Recebi sua carta e, há dias, o *Dante* (já tinha lido no *Estadão*) e o exemplar da *Teoria* que passei ao Rui.

Recado e abraço do

Affonso

---

[230] Marco Antônio de Menezes (1942-1992) foi jornalista e crítico de teatro. No título do espetáculo referido — uma colagem de numerosos poemas — há referência a passagem do poema de Haroldo de Campos "fome de forma".

63. Affonso Ávila
Belo Horizonte, [?]

Caro Haroldo,

encontrei as coisas aqui meio tumultuadas em matéria de trabalho e isso me impediu escrevesse logo a v. Além do mais, a Maria do Carmo[231] havia viajado e eu desejava dar logo uma resposta sobre o poema, a qual, como eu previa e não poderia deixar de ser, é afirmativa. Ela se sentiu muito satisfeita com a oportunidade de um lançamento em nível mais alto e eu creio que a revista estará divulgando uma jovem que vale a pena, pois é dona de uma segura bossa inventiva e prossegue corajosamente na linha temática do sexo convexo, já tendo realizado outras experiências em poemas mais recentes que pude ver.

Mandei ao Eliston o depoimento pedido sobre a situação atual da poesia brasileira (ele deixou de esclarecer onde e quando publicará)[232]. Nele também alerto para o perigo do *doping* zdanovista e o oportunismo abrilista dos quarenta-e-cinco. Vs. têm razão quanto ao papel que o Ênio se atribui, acabo de me convencer que o homem não quer apenas a função medíocre de agente comercial da inteligência do Partido, mas sim arvorar-se em mentor dessa inteligência. A crônica que ele escreveu sobre um livro do Moacir Félix e que li num jornal daqui (vai o recorte) dá a medida exata da pretensão de orientador da cultura, de diretor da literatura que é ideologicamente aconselhável — dentro da perspectiva estreitamente partidária — entregar-se ao consumo. Ainda é bom que a gente da Civilização, por motivos óbvios (isto é, para não desbancar o grupelho que a domina), não buscou acenar para os poetas mais moços (o Romano, por exemplo, teve os originais recusados — e ele que colaborou nos Violões de rua).

---

[231] Maria do Carmo Ferreira (1938), poetisa, de que foram publicados poemas no n. 5 de *Invenção*.
[232] Trata-se do "Inquérito sobre a poesia brasileira" realizado por Eliston Altmann para o Suplemento Literário de *O Estado de S. Paulo*, 3 de dezembro de 1966, com a participação, além de Affonso Ávila, de, entre outros, Décio Pignatari e Oswaldino Marques, e em 6 de maio de 1967, com a participação de Affonso Romano de Sant'Anna, Luiz Costa Lima, Eduardo Portela e João Alexandre Barbosa, entre outros.

O livro do Oswald chegou realmente. Confesso que conhecia a poesia dele apenas de vista, ou seja, através de antologias quase sempre facciosas e mal organizadas. A leitura global começa a dar-me outra visão do poeta, realmente revolucionário e isso não só pela radicalização da forma, mas sobretudo pelo modo de ver o mundo pretextual. É uma ótica dessentimentalizada, dessacralizadora, de uma clarificação concreta, objetiva, contundente, raiz sem dúvida do primeiro Drummond, do melhor Murilo, do severino Cabral. É a poesia com a consciência da Semana, amaciada, distorcida depois, mas ainda uma lição viva, desafiadora, cortante para todos nós. Coisa mesmo de antropófago para nós desde Gonzaga / pastores / e desembargadores.

Acabo de rever as primeiras provas do livro,[233] cuja impressão espero vá de vento em popa. Estou doido para terminar com isso, para poder pensar mais objetivamente na revista do barroco.

Abraços aos amigos e outro, especial, a v. do

Affonso

Laís mandou uma encomenda via VASP para Carmen-Lygia-Lila[234]; que elas aguardem a explicação que foi morosamente por carta (também esta talvez tenha, afinal, chegado).

---

[233] Provavelmente *Resíduos seiscentistas em Minas,* publicado em 1967.
[234] Esposas de Haroldo, Augusto e Décio

64. Haroldo de Campos
São Paulo, 23.de novembro de 1966

Meu caro Affonso:

Recebi sua última carta, com os dados sobre Maria do Carmo e as novas notícias suas. Foi ótimo termos podido conversar mais longamente durante sua estada aqui. Vamos ver se conseguiremos logo mais repetir o encontro. Estamos agora trabalhando concentradamente no preparo de *Invenção*, pois uma série de coisas a fazer para o acabamento do número, antes de entregá-lo à tipografia, o que pretendemos fazer impreterivelmente a 10 de dezembro.

Fico aguardando com extremo interesse o seu livro sobre o Áureo Trono. A propósito: esteve aqui o Curt Lange, a quem informei sobre os seus trabalhos e sobre a projetada revista. Ele ficou muito interessado. Tomou seu endereço para lhe mandar dois recentes trabalhos que publicou sobre musicologia do barroco. Acho que v. lhe deve remeter exemplar do seu livro em preparo (Casilla Correos 540 — Montevideo — Uruguay).

Recebi carta do Murilo[235], que autorizou a publicação de poemas dele em *Invenção*. Como ele pretende editar o novo livro ainda em janeiro, e como lançaremos *Invenção* na primeira quinzena do ano próximo, creio que o melhor seria v. aproveitar os poemas a serem publicados em *Invenção*, republicando-os (todos ou alguns) no Suplemento Minas Gerais que pretende dedicar ao Murilo.

Fico satisfeito com o que v. diz sobre o Oswald. A sistemática sabotagem que ele sofre é algo que precisa urgentemente ser reparado, a bem da salubridade de nossa cultura.

Por uma coincidência, recebi juntamente com sua carta uma outra, do Moacyr Félix. É a primeira vez que ele nos escreve, e o fez em termos amistosos e até humildes, procurando reparar a "cincada" que foi a recusa do

---

[235] Murilo Mendes, de quem foram publicados na revista *Invenção* n. 5, poemas que posteriormente viriam a fazer parte de seu livro *Convergência* (1970): "Texto de informação" (fragmento), "O imperador", "Desdêmona", "Dois tempos", "O erre", "Estudos de Czerny" e "Palavras inventadas (em forma de tandem)". O "novo livro" referido por Haroldo é *Convergência*, que afinal só veio a ser lançado em 1970.

Maiakóvski. A carta é dirigida a mim, ao Augusto e ao Boris, e confirma a proposta feita há tempos, através do Ianni, no sentido de prepararmos para a Civilização uma antologia de poesia russa moderna.[236] Já respondemos, mantendo porém a "linha dura" de nossas exigências, já transmitidas verbalmente ao Ianni: absoluta liberdade na escolha de textos, sem restrições, acréscimos ou cortes; redação da "orelha" (informativa), etc. Vamos ver se eles aceitam mesmo ou estavam apenas querendo sondar nossa resistência ao canto da sereia editorial... Isto porém não altera no fundamental a opinião que fazemos sobre a nefasta política estética da *Revista Civilização Brasileira*: a crônica que v. nos envia apenas confirma o ponto de vista que discutimos, quanto à ameaça renascente de um zdanovismo subdesenvolvido como réplica ao infeliz envelhecimento de nossas estruturas culturais ocorrido nestes dois últimos anos. Veja a "banda de música" que se faz em torno do Gullar, que precisou fazer todas as concessões e perpetrar todas as autoflagelações e/ou mutilações no interesse de receber em troca o bafejo dos incensórios neoproletkultistas... Quando se vê que a última antologia de poesia russa de Elsa Triolet e do ex-stalinista convicto Aragon é prefaciada por Roman Jákobson, o pai do estruturalismo, o amigo de Maiakóvski, banido na década de 20, vê-se que estamos até ideologicamente subdesenvolvidos... É claro que nossa antologia russa, nos termos em que a faremos, seria uma brecha nessa muralha de burrice (como foi o *Ulysses*), e por isto a faríamos nas condições que estipulamos (se afinal aceitar...)

Recebi e já respondi a carta do Murilo Rubião,[237] agradecendo e aceitando o convite dele. Vai demorar um pouco minha colaboração devido aos encargos que v. conhece.[238]

A Livraria Parthenon recebeu os 2 volumes do *Pound* editados por L'Herne (antologia francesa, na qual o Augusto colaborou[239]). Se v. tiver interesse, a Parthenon atende pelo reembolso, creio.

---

[236] O volume *Poesia russa moderna* (org. Haroldo de Campos, Augusto de Campos, Boris Schnaiderman) saiu pela editora Civilização Brasileira, Rio de Janeiro, em 1968. O intermediário seria talvez o sociólogo Octavio Ianni (1926-2004).
[237] Murilo Rubião (1916-1991), escritor, criou o Suplemento Literário do Minas Gerais em 1966.
[238] A primeira colaboração de Haroldo de Campos para o Suplemento Literário foi o texto "Bastidor para um texto em progresso", sobre *Galáxias*, acompanhado de um trecho destas, no n. de 2 de setembro de 1967.
[239] No volume dos Cahiers de L'Herne consagrado a Ezra Pound (1965) foi incluído o texto de Augusto de Campos "Pound, made new in Brazil" (traduit du portugais par Maryse Planès).

Vejo que a Laís está reformulando com seriedade sua poética e lhe mando os meus cumprimentos e o meu abraço.

Carmen recebeu a carta da Laís e seguiu as instruções. Mais uma vez, manda agradecer.

Aceite um abraço do velho amigo Haroldo

65. Affonso Ávila
Belo Horizonte, 15 de dezembro de 1966

Caro Haroldo,

em primeiro lugar, as notícias relativas ao barroco e à *Barroco*[240]. Meu livro já se encontra, finalmente, em fase de provas, com as do 1º. volume bastante adiantadas. Tudo faz crer que até fevereiro se dê a tão almejada *délivrance*. Nos intervalos das preocupações com o trabalho da gráfica, vou adiantando as *démarches* concernentes à revista. Tive oportunidade de discutir o assunto com o Francisco Iglésias,[241] diretor do Centro de Estudos Mineiros da Universidade Federal, órgão responsável pela edição de meu livro, e ele se mostrou interessado no projeto. Pediu-me a apresentação de um plano mais concreto, a fim de que possa levar ao conhecimento do reitor, visando ao patrocínio da publicação. Se isso ocorrer, teremos asseguradas as condições de periodicidade, ao mesmo tempo que significará uma valiosa cobertura, que emprestará maior nível e prestígio à revista. Nesse plano, devo fixar o número provável de páginas, bem como o possível sumário dos dois primeiros números. Penso que a revista deve incluir não só trabalhos mais extensos, pequenos ensaios com o mínimo de dez laudas ou estudos de maior fôlego, mas igualmente uma secção de recensões, focalizando livros e temas ligados ao barroco e aos estilos confluentes — o maneirismo pré-barroco e o rococó. Como o assunto começa a entrar numa fase mais objetiva, julguei de bom alvitre comunicar o projeto às pessoas que certamente por ele se interessarão, convidando-as a dele participarem ou a oferecerem sugestões. Recebi e respondi a carta do Curt Lange, colocando-o a par de nosso plano e solicitando desde já colaboração para os primeiros números. Escrevi também

---

[240] O primeiro número da revista *Barroco* saiu em 1969. Inicialmente publicada pelo Centro de Estudos Mineiros, da Universidade Federal de Minas Gerais, passou depois a ser publicada pelo Centro de Pesquisas do Barroco Mineiro, tendo existido por quase quarenta anos, e tendo sido dirigida em seus últimos anos por Cristina Ávila, filha de Affonso Ávila. O último número, o 20, saiu em 2013, sendo um número de homenagem a Affonso Ávila.

[241] Francisco Iglésias (1923-1999) foi historiador, dedicando-se em especial à história econômica, e professor da Universidade Federal de Minas Gerais.

ao Jorge de Sena e à Maria de Lourdes Belchior Pontes,[242] dois nomes dos mais categorizados da barrocologia portuguesa, que nos podem não só dar o apoio pessoal, como nos pôr em contato com outros especialistas na Europa e nos Estados Unidos. Quanto a v. e ao Augusto, os quais já considero tão por dentro da jogada quanto eu próprio, eu gostaria que vs. estudassem a possibilidade de prepararem ou, pelo menos, anunciarem qual a colaboração que poderão dar aos números iniciais, sob a forma de ensaios ou de recensões. Outra coisa importante para a qual peço sua imediata atenção é o prometido contato com o Roman Jakobson,[243] com vistas ao estudo sobre Camões. Vs. podem ainda manter outros contatos que, no mesmo sentido, acharem proveitosos na área paulista ou na órbita internacional, se possível também no terreno das artes plásticas. Por tudo isso ficarei gratíssimo.

As notícias de sua última carta são excelentes e eu só tenho a congratular-me com vs. Parece que a Civilização já está sentindo os efeitos da distorção em que se enveredou e a carta do Moacir Félix a que v. se refere é bem sintomática. Com os reiterados pronunciamentos e alusões sobre o que v. chama com propriedade "nefasta política estética", ao lado do silêncio crítico em torno das recentes edições da poesia "agrodulce", escrita com "limonada no tinteiro", como diria o Sancho Pança de Apolo do Áureo trono, acredito que a Civilização acabará afinando ou, na pior das hipóteses, atenuando a *participação* que vem tendo no, segundo o Ponte Preta, "festival de besteiras" que assola o país. Nos depoimentos para o Eliston, além das estocadas minhas e do Décio, até o Oswaldino Marques, com todo o escudo de preconceitos que o envolve, mostrou-se alarmado com a linha de mediocrização ideológica. O Augusto e o Bastos, em artigos recentes no *Correio da Manhã*,[244] também não deixam de mexer na ferida da pseudoparticipação. No comentário que dedicou ao livro do Mário da Silva Brito, Laís estranhou o critério revisionista

---

[242] Maria de Lourdes Belchior Pontes (1925-1998) foi uma ensaísta portuguesa
[243] Roman Jakobson (1896-1982), linguista russo, foi um dos mais importantes linguistas do século XX; várias de suas obras estão traduzidas no Brasil. Dele o Suplemento Literário de Minas Gerais publicou em 22 de julho de 1967 "Similaridade e redundância na linguagem poética"; em 9 de novembro de 1968, Laís Corrêa de Araújo publicou em sua coluna "Roda gigante" uma entrevista com Roman Jakobson — "Conversa e itinerário mineiro com Roman Jakobson" —, realizada quando da passagem deste por Belo Horizonte.
[244] "Da antiode à antilira", de Augusto de Campos, saiu no *Correio da Manhã* de 11 de dezembro de 1966; no mesmo jornal e data saiu "Cantam, mas não iluminam" de Oliveira Bastos.

nele observado, o que provocou duas cartas explicativas do poeta (que, aliás, está com coisas novíssimas, a deduzir-se do título de um poema referido numa das cartas: É bomba, meu boy). Tudo isso somado não deixará de pesar nos planos futuros do Ênio, a não ser que se trate de um insensato, de um obstinado, o que não me parece.

Receberam o suplemento com as páginas dedicadas ao Oswald?[245] A repercussão aqui, no meio que realmente conta — isto é, entre os novos, foi a melhor possível. Relendo uma revista, ou melhor, o *Boletim Bibliográfico* da Biblioteca de São Paulo, número já bastante recuado, dei com uma conferência do Oswald sobre a sátira no Brasil, que, na suposição de que talvez ainda não a conheçam, Laís copiou para vs. e vai aqui junto.[246]

Ótima a ideia de aproveitarmos, no suplemento a ser dedicado ao Murilo Mendes, os poemas inéditos que seriam publicados em *Invenção*. V. pode mandá-los ou acha melhor solicitar ao próprio poeta? Acho que ele não importaria se v. os passasse para nós. O suplemento será organizado pela Laís, que para isso entrará em contato por carta com o Murilo.

E a *Invenção*, sai mesmo em janeiro?

Mande suas novas notícias, que aguardo com ansiedade.

Com um grande e abrangente abraço natalino meu e de Laís.

Do seu amigo

Affonso

---

[245] Trata-se do suplemento de 10 de dezembro de 1966, com a transcrição dos poemas do "Roteiro das Minas" de Oswald de Andrade.
[246] Trata-se de "A sátira na literatura brasileira", conferência pronunciada em 1945 na Biblioteca Pública Municipal de São Paulo; foi publicada no *Boletim Bibliográfico*, ano II, v. VII, abr-maio-jun 1945. Haroldo cita-a em *O sequestro do barroco*.

66. Haroldo de Campos
São Paulo, 20 de dezembro de 1966

Meu caro Affonso:

recebi a sua ótima carta de 15 deste e a cópia do trabalho do Oswald. Já o conhecia de referência e sei que existe na sala de revistas da biblioteca municipal, mas foi um prazer tê-lo e lê-lo afinal. Agradeça à Laís o trabalhão amigo.

Quanto aos poemas do Murilo: vejo que não me expliquei bem na última carta. Vamos publicá-los em *Invenção* sim, pois o número sai antes de 15 de janeiro (vai para a tipografia — o boneco já todo feito e marcado, mais de 50% da composição sendo clichês já confeccionados — dia 26 próximo). Aliás, pretendemos abrir o número com os poemas murilianos, como homenagem da revista ao espírito de vanguarda do autor de *Poesia liberdade*. O *Exercício*[247], que por sinal é dedicado à memória de Oswald de Andrade, fará parte de um volume maior, e não creio que sua impressão fique pronta antes de 31 de janeiro (pelo que depreendi das palavras do editor e pelo que sei do parque gráfico de São Paulo, sobretudo em fim de ano; no nosso caso é diferente, pois temos lugar reservado e papel comprado com muita antecedência na Fulgor). Assim, o que eu lhe propus e proponho é o seguinte: logo que *Invenção* 5 estiver pronta, e portanto algumas semanas antes pelo menos da saída do livro, lhe mandarei o primeiro exemplar da revista via aérea, e você *republica* os poemas que quiser, como parte da antologia da página comemorativa que pretende fazer sobre o poeta. Certo? Queremos apresentar os inéditos *em primeira mão* em *Invenção* 5, pois isto faz parte da homenagem que prestaremos ao Murilo, além de constituir um importante *hit* do número, que, como v. sabe, será 90% constituído de material criativo de diversos poetas (só brasileiros). Com isto bisaremos o que fizemos no

---

[247] Os poemas de Murilo Mendes foram publicados com a indicação de que faziam parte de "Exercício", título abandonado pelo poeta.

nº 3, quando publicamos a *desconstelização*[248] de Manuel Bandeira. Assim sendo, não creio seja necessário pedir nova autorização ao Murilo, pois v. simplesmente reestamparia alguns ou todos os poemas constantes de *Invenção*, esclarecendo em nota que os extraiu da revista com expressa permissão desta para a transcrição. OK?

Quanto à revista *Barroco*: ótimo o andamento que está tomando! Vou combinar com o Augusto qual a colaboração que poderemos preparar e logo lhe escreverei com mais vagar. Aqui estará até o fim do ano o José Lino e também falarei com ele. Está sendo cogitado um convite ao prof. Jakobson para dar um curso na USP, ano próximo. Boris e eu estamos conduzindo o assunto, com o apoio do Cândido. Quero esperar apenas as coisas ficarem mais claras (o que ocorrerá muito breve), para então escrever a ele mais longamente e lhe pedir a colaboração (que se vier, será sem dúvida um tento dos mais importantes!). Sugiro-lhe que entre logo em contato com o Crespo, pedindo por intermédio dele colaboração de Dámaso Alonso[249] e José Aires Montes (o estudioso do barroco português). Escreva também para minha amiga Marlyse Meyer,[250] leitora na Sorbonne de literatura brasileira (17 Quai de Boulogne / Boulogne — Seine / France), pedindo-lhe um trabalho que ela está concluindo: a análise textual de um soneto de Cláudio Manoel da Costa (trabalho que vi em rascunho e me pareceu interessante). Escreva ao Anatol Rosenfeld[251], pedindo-lhe algo sobre o barroco alemão: rua Groenlândia, 1905, São Paulo. E há sempre o Spina, no Instituto de Estudos Portugueses da FFCL da USP, que pode ter algo informativo a dizer sobre a reedição da *Fênix Renascida* que está preparando.[252]

Quero lhe dizer que gostei muito do suplemento sobre Oswald e da resenha da Laís do *Poemário*.[253] Cada vez mais estamos mesmo precisando colocar

---

[248] Trata-se do poema de Manuel Bandeira "O nome em si", incluído no livro *Estrela da tarde*, Haroldo de Campos escreveu o artigo "Bandeira, o desconstelizador", publicado inicialmente no *Suplemento Literário de O Estado de S. Paulo*, em 16 de abril de 1966, e a seguir incluído em *Metalinguagem*.

[249] Dámaso Alonso (1898-1990), filólogo, crítico e poeta espanhol.

[250] Marlise Meyer (1924-2010), professora universitária, crítica literária.

[251] Anatol Rosenfeld (1912-1973), nascido na Alemanha e radicado no Brasil, foi um crítico e teórico do teatro e professor da Universidade de São Paulo.

[252] Segismundo Spina (1921-2012) foi um filólogo brasileiro, professor da Universidade de São Paulo.

[253] "Poemário — vário verso de Mário", de Laís Corrêa de Araújo, em sua página "Roda gigante" do Suplemento Literário Minas Gerais, no número de 26 de novembro de 1966, sobre o livro de Mário da Silva Brito. No número de 10 de dezembro de 1966, há um texto intitulado "Minas e a poesia de Oswald de Andrade" com a transcrição dos poemas

as coisas claras, defender a tradição viva e a criação. Veja o que o Soulié do Amaral[254], um menininho ignorante aspirante a Paulo Bonfim,[255] escreveu há pouco no suplemento do *Estadão* sobre as poesias reunidas (um novo soulié de apolo/chulé de apolo a ver calcanhares de aquiles no gigante Oswald[256]). Após a nossa cordial — mas precisa e radical resposta à proposta dele — o Moacyr até agora não voltou a nos escrever. Não acredito que a editora aceite nossas condições: se o fizer, é que algo está mudando mesmo!

Aqui vai o meu forte abraço natalino a v. e Laís.

Haroldo

→ Viu o Carpeaux[257] chamando o incrível Tiago de Melo[258] de *grande poeta* na ultima fornada da *Civilização*?

---

de "Roteiro das Minas"; nesse mesmo número Laís publica "Poesia por contato direto" sobre a edição da poesia de Oswald de Andrade por Haroldo de Campos.

[254] Carlos Soulié do Amaral (1942), poeta. O artigo se intitula "Poesias reunidas O. de Andrade", tendo saído em 10 de dezembro de 1966 no *Suplemento Literário do Estado de S. Paulo*.

[255] Paulo Bonfim (1926-2019), poeta.

[256] O poeta Ledo Ivo teria feito referência a Oswald de Andrade considerando-o "o calcanhar de Aquiles do modernismo"; em resposta, Oswald de Andrade teria dito que Ledo Ivo era o "chulé de Apolo" da geração de 45; no comentário de Haroldo há um jogo de palavras entre o nome Soulié e a palavra *soulier*, sapato em francês.

[257] Otto Maria Carpeaux (1900-1978), crítico nascido na Áustria e radicado no Brasil, foi autor de obras como *História da literatura ocidental*. Nesta passagem da carta, Haroldo refere a resenha feita por Otto Maria Carpeaux de *Canção do amor armado*, livro de Tiago de Melo, estampada na *Revista Civilização Brasileira* n. 9-10, de setembro-novembro de 1966.

[258] Tiago de Melo (1926) é um poeta brasileiro, autor, entre outras obras, além da acima referida, de *Faz escuro mas eu canto porque a manhã vai chegar* (1966).

1967

67. Haroldo de Campos
São Paulo, 7 de fevereiro de 1967

Meu caro Affonso:

muito obrigado pelo convite e pelo poema (de que gostei!). Infelizmente ainda desta vez não me foi possível deslocar-me para Minas. Aproveitamos o carnaval para pôr em dia algumas coisas: o boneco da revista (que, nesta reta final, está dando um trabalho dos diabos: duas provas já revistas e a montagem — 6 hs de trabalho do Augusto + Décio — do boneco, a partir de um material muito heterogêneo e de difícil estruturação, compreendendo textos, clichês de todo tipo, uma complicada partitura a ser realizada tipograficamente, etc.). Agora já entregamos o boneco e esperamos para o fim desta semana as últimas provas, já na paginação certa. Vai ficar uma beleza. Capa violeta, cor de trança de musa. Mas não sai antes da primeira quinzena de fevereiro (o livro do Murilo[259] também deve estar dando trabalho gráfico, pois o editor não mais me procurou como prometera, para que eu desse uma opinião sobre certos aspectos gráficos da composição...). Talvez, quando a revista esteja pronta, eu possa dar um pulo a Minas (só ou com o Décio) para lhe levar (e aos amigos) exemplares e bater um papo.

Para a revista do barroco: Augusto se propõe a mandar traduções de poetas metafísicos ingleses (revistas e ampliadas, com introdução), de barrocos alemães, de barrocos e bizarros italianos, de Hopkins, de Arno Holz (esta em colaboração comigo) (os 2 últimos estariam na faixa do neobarroco ou do barroquismo moderno). Eu faria um artigo-resenha sobre a apreciação do barroco em Pound e Max Bense. — Você já escreveu ao Segismundo Spina? Creio que seria interessante pedir-lhe colaboração (Instituto de Estudos

---

[259] Trata-se de *Convergência*, que só saiu, pela editora Duas Cidades, em 1970.

Portugueses / rua Frederico Steidel, 137 — 4º and., São Paulo). — Que tal republicar a tradução do Faustino do artigo de Pound sobre Camões[260] (onde os aspectos barroquistas de Camões são implìcitamente salientados)?

Recebemos carta do Ênio Silveira aceitando todas as nossas condições para a antologia da poesia russa (do simbolismo ao modernismo). Augusto esteve no Rio e acertou tudo com ele (que está pensando, inclusive, em fazer edição bilíngue, se possível). Assinamos contrato. Você pode já transmitir à Laís, para o noticiário. O Augusto foi recebido com grande cordialidade e o nosso trabalho (de tradutores, é claro...) foi muito prestigiado. Embora a *Revista Civilização* continue cada vez pior (com o Carpeaux enlouquecendo no último número e comparando Tiago de Melo a Drummond!!!???), a nossa antologia é, pelo menos, a esperança de uma porta aberta para novos oxigênios. Temos agora um tremendo trabalho pela frente, pois o prazo para entrega dos originais é até 31.12.67 (já recebemos, inclusive, sinal de pagamento!). — Quanto aos *Poemas de Maiakóvski*, o Portela[261] afiançou-nos que a editora Tempo Brasileiro vai lançá-los em março, impreterivelmente. — até o fim deste semestre, a Agir promete publicar nos "Nossos Clássicos" meu volume do Oswald (poesia & prosa). — Estamos começando a largar brasa na página dominical do *Correio da Manhã*, agora editada aos cuidados do Zé Lino. Você tem acompanhado? A coisa está tendo grande repercussão no Rio. Uma tribuna valiosíssima para a nossa luta. Desde já, v. fica autorizado a republicar (inclusive com alteração de título) qualquer dos meus trabalhos estampados no *Correio*.

E o seu livro sobre o *Áureo trono*? O interesse em vê-lo é grande!

O abraço a v. e à Laís do amigo de sempre

Haroldo

Carmen manda lembranças!

---

[260] "Camões". Apresentação e tradução de Mário Faustino. Suplemento Dominical do *Jornal do Brasil*, 2 de setembro de 1956.
[261] Provavelmente Eduardo Portela (1932-2017), crítico literário, professor universitário e fundador e diretor da editora Tempo Brasileiro, editora pela qual saiu em 1967 o volume *Poemas de Maiakóvski* (org. Augusto de Campos, Haroldo de Campos, Boris Schnaiderman).

68. Haroldo de Campos
São Paulo, 12 de abril de 1967

Meu caro Affonso:

— Aqui vai *Invenção* 4.
— Os outros números que lhe prometemos lhe serão remetidos com mais vagar, logo que pudermos.
— Infelizmente, ainda desta vez não poderei ir a Minas.
— Muito obrigado pelos *Resíduos seiscentistas em Minas*, belo lance do que eu chamo *poética sincrônica* e que, assim que possa penso abordar em um dos artigos que estou escrevendo para o *Correio da Manhã*.[262]

Abraça-o fraternalmente o

Haroldo

Lembranças minhas e da Carmen à Laís.

---

[262] Não há registro do artigo.

69. Affonso Ávila
Belo Horizonte, 20 de abril de 1967

Haroldo,

recebida ontem *Invenção* 5 e já quase devorada. É o número de maior contundência de quantos até hoje publicados. Surpreendente o Xisto, sempre moço o Braga, a terapêutica altamente criativa do Décio, as *Galáxias*, os "SS" (o "Lixo"[263] entusiasmou os quase oitenta anos do Eduardo Frieiro,[264] que recortou o poema do *Correio* e mandou para a filha dele de criação, Maria José de Queiroz,[265] que leciona literatura brasileira na universidade de Indiana e que, há pouco, fez algures nos States uma conferência sobre a nossa literatura atual culminada com uma análise da poesia concreta seguida da leitura (sic) de meu poema "Itaversão"[266]), enfim, tudo de alto nível, inclusive os convidados.

O caderno dominical do *Correio* vai-se tornando um reduto organizado da vanguarda (é feito pelo Zé Lino?). Tenho acompanhado o desenvolvimento de sua teoria da poética sincrônica, que me interessa muito de perto. Quanto ao projeto da revista *Barroco*, continua de pé, com o apoio recebido do pessoal da nova Faculdade de Artes Visuais da UFMG. Voltarei breve ao assunto.

De minha recente viagem a Diamantina, trouxe estes "Motetos à feição de Lobo de Mesquita",[267] que lhe mando. Portão de Ferro e Ribeirão do Inferno são toponímicos da região. Capistrana é o singular nome da pedra de calçamento da cidade. Pena de Ouro era uma famosa mulher de vida airosa, réplica "fim-de-século" da famosa Chica da Silva e que foi amante do poeta simbolista Viana do Castelo, que acabou minerador de diamante, um Rimbaud provinciano. A ruela onde a bela morava tomou o nome de

---

[263] Trata-se de "SS" e "luxo", poemas de Augusto de Campos.
[264] Eduardo Frieiro (1889-1982) foi professor universitário, romancista e ensaísta.
[265] Maria José de Queiroz (1934), professora universitária, é escritora.
[266] Poema que integra o livro *Código de Minas*.
[267] Poema que integra o livro *Código de Minas*.

Beco da Pena. Estrela Polar é um jornalzinho local e, por extensão, o local onde tem a redação. Casa da Glória é antiga construção colonial, hoje parte de um colégio que ocupa também o prédio em frente, ambos ligados por uma curiosa passagem suspensa. Quem olha de baixo a rua da Glória tem a impressão de ver não só uma asa pendida sobre a rua, mas a própria rua em forma de a, ou melhor, de A. E quanto a Diamantina propriamente dita, trata-se da mais alta, clara e feminina das cidades barrocas mineiras. Os motetos de Lobo de Mesquita, segundo depoimento que me fez o cônego Walter de Almeida, responsável por recente descoberta de partituras inteiramente desconhecidas do nosso Lange, são cantados até hoje nas cerimônias da Semana Santa, durante a chamada procissão dos passos, que são 7, aos quais correspondem 7 motetos para 3 vozes. Estive com a partitura em mãos, ao lado de muitas outras que tive oportunidade de ver com aquela admiração de quem não entende do riscado mas sabe a sua importância.

Estou aguardando o término da impressão de meu livro (foram feitos apenas duzentos exemplares para o lançamento), a fim de continuar a distribuí-lo, pois tenho direito a uma quota de 1/3 da edição. Dos seus amigos estrangeiros, mandei apenas para o Hansjörg, o Jean-François Bory[268] e a Marlyse Meyer. Gostaria que v. me enviasse novos endereços de pessoas interessadas, inclusive do Bense. Será possível? Não precisa ter pressa.

Espero a remessa dos outros exemplares de *Invenção* 5, que se destinam a alguns amigos daqui e do exterior.

Com as recomendações de Laís para Carmen e, para v., o melhor abraço do seu amigo

Affonso

---

[268] Jean-François Bory (1938) é um poeta francês, com trabalhos de poesia visual e sonora. Na biblioteca de Affonso Ávila encontram-se exemplares de livros de Bory, como *Bêche,* com dedicatória: "Pour Affonso Ávila ce petit livre de permutations. Bien cordialement / J F Bory / 27-4-67". Bory traduziu dois fragmentos de *Galáxias* na revista *Change,* n. 6, 1970; junto Julien Blaine criou a revista *Approches* em 1966 — em seu n. 2 saíram trabalhos de Haroldo e Augusto de Campos e Décio Pignatari.

70. Haroldo de Campos
São Paulo, [8 de maio de 1967]

Caro Affonso:

obrigado por sua carta de 20.4.67 e pelas impressões sobre *Invenção*.

De uma carta do poeta francês J. F. Bory, quase concomitante: "ce numéro est absolument magnifique! une apogée, et, à mon avis, je ne vois pas très bien ce que vous pourrez faire après ce numéro..."[269]

Seu poema incluso está no melhor nível de sua safra mais recente, com a vantagem de ser o mais despojado até agora, acredite. Fica já para *Invenção* 6, embora Bory suspeite que não consigamos chegar até lá... O endereço de Max Bense + Elisabeth Walther é: 7 Stuttgart 1, Vorsteigstrasse 24 b, Stuttgart, Deutschland (endereçar para E.Walther).

Penso que v. notou, nas minhas novas *Galáxias*, a reminiscência mineira de nosso passeio conjunto a Congonhas (o Curral dos Pobres[270]).

O Spina disse-me que recebeu e gostou muito de seu livro sobre o *Áureo Trono* e que lhe dirigiu uma carta a respeito, da qual porém não recebeu resposta. Está intrigado: v. a recebeu? Convém escrever-lhe pois é pessoa suscetível e poderá ser excelente colaborador de sua futura revista.

Nosso amigo Michel Butor[271] esteve em São Paulo e longamente em contato conosco. Dei-lhe seu endereço e espero que você o tenha encontrado em Minas.

Gostaria de ter o endereço de Maria José de Queiroz para mandar-lhe *Invenção*.

---

[269] "Esse número é absolutamente magnífico! um apogeu e, em minha opinião, não vejo muito bem o que vocês poderão fazer depois desse número...."

[270] Assim era chamado o local destinado a abrigar peregrinos pobres que chegavam a Congonhas.

[271] Michel Butor (1926-2016), poeta, romancista, crítico francês, esteve em Belo Horizonte. No Suplemento Literário do Minas Gerais de 13 de maio de 1967, na seção Roda Gigante foi publicada entrevista que Laís Corrêa de Araújo realizou com ele. No n. de 14 de setembro de 1968 saiu "Sobre Montaigne (Fragmentos do livro Ensaio sobre os ensaios)" em tradução de Laís Corrêa de Araújo, precedido de uma nota da tradutora, "Michel Butor e os ensaios sobre Montaigne". Vale lembrar que Augusto de Campos publicara no *Suplemento Literário do Estado de S. Paulo* de 23-3-63 e 30-3-63 o artigo "A prosa é mobile", sobre *Mobile* de Michel Butor.

Espero que v. tenha recebido os números de *Invenção* que lhe mandamos por via da Maria do Carmo Ferreira (ou portador conhecido dela).

Sim, acho que o José Lino está pelo menos indiretamente supervisionando o Caderno 4. Pelo menos, foi ele que nos convidou a colaborar regularmente no referido caderno. Estamos fazendo força para manter o ritmo, mas é duro mantê-lo, no meio de tantos trabalhos. Ótimo que v. esteja gostando.

Abraços a você, Laís e outros amigos

Haroldo

→ Já corrigimos as segundas provas de Maiakóvski!

71. Affonso Ávila
Belo Horizonte, 16 de maio de 1967

Haroldo,

sim, aqui esteve o Butor, de quem nos fizemos igualmente amigos, acompanhando-o nas visitas a Congonhas e Ouro Preto, colocando-o em contato com artistas e escritores da nova geração e recebendo-o, numa pequena reunião, em nossa casa. É um grande sujeito, simpático e simples, com quem nos identificamos logo (meu filho Carlos, que viajou conosco, indagado pelos amigos se aquele francês não "era um chato", respondeu: "nada, sô, ele é um mineirão"). Vai um recorte da entrevista que ele deu a Laís.

Murilo Rubião pede-me para avisar a v. e ao Augusto que já pode pagar-lhes vinte e cinco mil cruzeiros por colaboração para o suplemento do *Minas Gerais*, desde que se trate de artigo especial, isto é, que não seja transcrição do *Correio* ou do *Estadão*. Não sei quanto estes dois jornais estão pagando, mas acho que o preço do Murilo é razoável.

Não vale a pena enviar *Invenção* para a Maria José de Queiroz, pois, segundo me esclarece o Frieiro, ela deixará os States a 2 de junho próximo, dali partindo para uma temporada na Europa. Esses mineiros quando se internacionalizam ficam um caso sério.

Só agora terminei a leitura de *Invenção*, particularmente de seu texto-fluxo-viagem, no qual reencontro inserido aquele seu improviso concreto de Congonhas: Curral dos pobres/curra dos nobres, não me lembro bem do resto.

Recebi o trabalho do Lange[272] para a *Barroco*, estou preparando o meu e o Frederico Morais o dele. E vs., não vão me desamparar, vão?

Com um abração do

Affonso

---

[272] "As danças coletivas públicas no período colonial brasileiro e as danças das corporações de ofícios em Minas Gerais". *Revista Barroco* 1 (1969).

PS — Já escrevi ao Spina uma carta longa, que demorou a sair porque eu estava embananado com uma série de trabalhos e absorvido pelo móbile mineiro do Butor[273].

---

[273] Referência ao livro *Mobile* (1962) de Michel Butor.

72. Haroldo de Campos
São Paulo, [? maio de 1967]

Meu caro Affonso:

acabo de receber sua carta de 16.5.

Ótimo o que vocês me dizem sobre o contato que tiveram com o Butor. Acho que a entrevista que a Laís fez com ele foi a melhor e mais objetivamente pertinente de quantas se fizeram aqui. Talvez fosse interessante ela transformar o material em artigo autônomo e publicá-lo sob tal forma no suplemento do *Estadão*. Butor realmente é um tipo fascinante; no meu modo de ver, corre porém o perigo dos *littérateurs* franceses: sua impregnação "literária" é tão grande que não consegue trabalhar em concentração mas só em expansão (o que vale dizer, desde *Mobile*, sua melhor obra do ponto de vista da invenção, vem como que se repetindo, mesmo às vezes se diluindo; assim pode acabar transformando a vanguarda numa espécie de arte decorativa ... de alto coturno, é claro, mas decorativa. um pouco à Queneau...). Quanto a Garnier[274] e Chopin[275]: acho que Butor foi benévolo com o primeiro; infelizmente, a poesia concreta não encontrou na França — dado o peso avassalador do surrealismo — propugnadores da importância de um Gomringer ou de um Heissenbuettel (a poesia anterior à fase concreta de Garnier é muito fraca; a concreta, só tem o mérito de pôr o problema no domínio francês: a rigor, não conheço um só poema concreto realmente criativo de Garnier, *hélas*!). Quanto aos poetas de *Tel Quel*,[276] é um outro caso, sobre o qual vou escrever em breve (eles têm muito de tradicional; parecem antes avós do que netos de Mallarmé e Ponge...). Butor tem razão quando fala que a França hoje é terra de

---

[274] Pierre Garnier (1928-2014), poeta e crítico, autor do livro *Spatialisme et poésie concrète* (1968); publicou poemas em *Invenção* n. 3. Seu texto "Uma poesia supranacional" saiu no *Suplemento Literário de Minas Gerais* de 2 de setembro de 1967.

[275] Henri Chopin (1922-2008) poeta francês conhecido sobretudo por sua poesia sonora. Em *Invenção* 4 saiu poema seu, "Obra abra", em tradução de Haroldo de Campos.

[276] *Tel Quel*, revista francesa publicada entre 1960 e 1982; de seu grupo faziam parte, entre outros, Philippe Solers, Julia Kristeva, Michel Deguy, Marcelin Pleynet.

romancistas (os prosadores de *Tel Quel*, por exemplo, são superiores a seus companheiros poetas).

Acho que a Laís deve mandar cópia da entrevista com Butor para a Leila Perrone Moisés,[277] aos cuidados do José Paulo Paes (Editora Cultrix — praça Almeida Júnior, 100, 3º, São Paulo).

Gostaria que vocês entrassem em contato e mandassem material informativo para Dailor Varela[278] (grupo concreto de Natal); eles vão sair logo com uma revista de vanguarda, *Dés* (rua Seridó 352, Natal, Rio Grande do Norte).

Claro que vamos colaborar na *Barroco*. Diga-nos exatamente para quando você quer os trabalhos (para acertarmos nossos relógios). O Augusto fará o trabalho sobre os barrocos italianos; eu, estou indeciso entre preparar (reelaborar) meu material sobre Dante e as *petrose* (o ângulo maneirista de Dante) ou fazer uma tradução comentada de um fragmento de Licofronte, o poeta de "Alexandra", dito *to skoteinón póiema*, o poema obscuro (precursor de Góngora e Mallarmé na Grécia alexandrina); este último trabalho depende de meu colaborador, Francisco Achcar, encontrar tempo em meio aos exames de semestre do curso de letras clássicas que faz na FFCL da USP...).

Agradeça em meu nome e no do Augusto a oferta de Murilo Rubião, realmente convidativa. O diabo, em nosso caso, é a falta de tempo e a produção necessariamente limitada. O *Correio* surge para nós como uma tribuna que temos de manter a todo custo: é o grande fórum para discutir os temas de vanguarda em âmbito nacional (Rio de Janeiro, como sempre a acústica, o consumo, os editores). Mas farei algo especial para o suplemento de vocês, cuja orientação e cujas atividades acompanho e admiro.

---

[277] Leila Perrone Moisés (1936), crítica literária, professora da USP.
[278] Dailor Varela (1945-2012), poeta, participante do grupo de poema/processo.

Vocês se interessariam em publicar uma página-fragmento inédita das *Galáxias* com uma explicação-depoimento meu sobre o estado e o futuro da prosa? Há o problema gráfico, certo... mande dizer o que resolvem.[279]
Abraços gerais do

Haroldo

P.S.: V. recebeu as *Invenção* 5 enviadas por intermédio da Maria do Carmo e/ou conhecido dela?

---

[279] Em 2 de setembro de 1967 saiu no suplemento o artigo de Haroldo "Bastidor para um texto em progresso", acompanhado de "De um livro de ensaios — Galáxias" (fragmento "poeta sem lira". Em 3 de maio de 1969, saiu no Suplemento "Do livro de ensaios Galáxias" — o fragmento "o ó a palavra ó" —, acompanhado de "Haroldo de Campos: do barroco à poesia concreta", entrevista concedida a Laís Corrêa de Araújo; a página incluía foto de Haroldo de Campos e Affonso Ávila. Em 6 de setembro de 1969, saiu "Do livro de ensaios Galáxias" — o fragmento "principiava a encadear-se".

73. Affonso Ávila
Belo Horizonte, 2 de junho de 1967

Haroldo,

pela ordem dos assuntos de sua última carta:

Laís procurou sintetizar num artigo a entrevista do Butor, como v. sugere, e mandou ao *Estadão*. Vamos ver se sai. — Realmente, o Butor deu uma colher de chá no Garnier, mas isso talvez se deva à formulação da pergunta, que exigia uma resposta, embora esta não precisasse ser tão enfática.

Seguiu o material para o Dailor Varela, que já havia entrado em contato comigo (certamente por indicação sua), mandando-me a publicação sobre poesia concreta, feita em Natal.

Fixemos uma data para a entrega das colaborações para *Barroco*: setembro. Espero estar com todo o material recolhido, organizado, para então tratar da autorização para impressão, programando o lançamento para início de 68. Assim, vs. podem ir tratando da elaboração dos trabalhos. O estudo sobre o precursor grego de Góngora, da mesma forma que o das *rimas pedrosas* de Dante (que já conheço, em parte, da coletânea de conferências que v. me enviou), é do maior interesse. Também o do Augusto sobre os barrocos italianos. Assim, ficamos acertados.

Murilo Rubião aceita publicar o fragmento das *Galáxias*, acompanhado do depoimento, que muito valorizará a colaboração. Não precisa preocupar-se com o problema gráfico, que ele recomendará atenção.

Nosso Benedito Nunes me escreveu contando que o trabalho dele sobre o Oswald já está com nove capítulos prontos, faltando apenas três. Está em dificuldades para conseguir alguns elementos bibliográficos para a conclusão do ensaio, especialmente *Ponta de lança* e a tese sobre a arcádia. Desta última pude enviar a ele o microfilme que v. me deu, mas quanto ao *Ponta de lança* continuo tentando localizar o meu exemplar, desaparecido há cerca de três anos. Assim, peço que vs. socorram nessa emergência o bom São Benedito, emprestando-lhe ou conseguindo para ele esse livro hoje raro.

O correio me devolveu o exemplar dos *Resíduos* enviado ao José Lino para a Marquês de Pinedo, 33. Ele mudou? Na sua próxima carta, v. poderia indicar o novo endereço?

Com o abraço do

Affonso

PS — Recebi os exemplares de *Invenção* enviados pela Maria do Carmo.

Affonso

74. Haroldo de Campos
São Paulo, 15 de junho de 1967

Meu caro Affonso:

Obrigado por sua última carta.
Aqui vai minha colaboração para o suplemento especial.[280]
Gostaria que você e Laís lessem e passassem ao Murilo Rubião.
Um abraço do

Haroldo

Endereço: José Lino Grünewald
Av. Henrique Dodsworth, 83, apt. 606
Copacabana — ZC — 07
Rio de Janeiro (GB)
Fone: 577799

---

[280] O número de 13 de do *Suplemento Literário Minas Gerais* foi dedicado à Antropofagia, e nele Haroldo publicou "Oswald de Andrade". Nesse mesmo número Laís Corrêa de Araújo, em sua coluna, escreveu "Poesia por contato direto" sobre o volume *Poesia reunida* de Oswald de Andrade, com organização e introdução de Haroldo de Campos.

75. Haroldo de Campos
São Paulo, 14 de agosto de 1967

Meu caro Affonso:

Chegando de Buenos Aires[281] e Porto Alegre (nesta última cidade, fizemos — Augusto, Décio e eu — uma exposição de poesia concreta a convite do Instituto de Arquitetos local e realizamos uma série de conferências nas faculdades de filosofia & letras e de arquitetura), mando-lhe este material, pedindo-lhe que divulguem (Laís e você) sobretudo o concernente a *Diagonal cero*,[282] a primeira revista de poesia realmene de vanguarda a constituir-se na Argentina, segundo minha opinião.

Relendo meu artigo "Bastidor para um texto em progresso"[283] que deve figurar no suplemento comemorativo *Minas Gerais*, reparo dois pontos a corrigir (peço-lhe que providencie as correções, por favor, caso ainda em tempo).

Na primeira página (linha 11) onde se lê Lawrence Sterne, leia-se Laurence Sterne (com *u*).

Na página 3 (última), onde lê (linha 16) Licofronte, leia-se LíCOFRON

... e o Ubirasçu, quem diria! juntando-se à matilha dos que ladram pelos nossos calcanhares[284], no mesmo momento em que recebo carta do nosso Murilo Mendes taxando as *Galáxias* de "um texto de alto interesse" e perguntando por sua edição em separado[285]...

E depois há quem se queixe de nossa radicalidade!

---

[281] Haroldo, Augusto e Décio realizaram palestras no Instituto Torcuato di Tella, onde tiveram contato com o compositor italiano Luigi Nono.

[282] *Diagonal Cero*, revista trimestral de poesia experimental publicada entre 1962 e 1969, em La Plata, dirigida por Edgardo Antonio Vigo. No número 22, de junho de 1967, há vasto material relativo ao concretismo brasileiro — poemas de Haroldo de Campos, Décio Pignatari e outros, "Plano piloto", cronologia, etc.

[283] Já referido em nota.

[284] Comentário motivado pelo artigo "Carta de Lisboa II — 'O que eu vejo é o beco' (2)", publicado no Suplemento em 29 de julho de 1967 em que crítica o trabalho dos concretos, taxando de "asneira" passagens da introdução à *Teoria da poesia concreta* e se referindo à "pseudoprosa criadora de Haroldo de Campos".

[285] Carta datada de Roma, 10 de julho de 1967, reproduzida em *Murilo Mendes 1901-2001*. Org. Júlio Castañon Guimarães. Juiz de Fora: CEMM, UFJF, 2001.

Abraços de muita amizade, saudade, a você e Laís.

Haroldo

Obrigado pelo belo suplemento sobre barroco![286]

---

[286] Os números do Suplemento Literário de Minas Gerais de 8 de julho de 1967 e de 15 de julho de 1967 foram consagrados ao barroco..

76. Affonso Ávila
Belo Horizonte, 28 de agosto de 1967

Caro Haroldo,

realmente lamentável o disparate, ingênuo e falho de fundamento crítico, do Ubirasçu, mandado de Portugal onde se encontra o Murilo[287] e por este estampado no suplemento na melhor boa-fé. Também eu fui surpreendido e chocado, não tanto pela atitude, que, se apoiada em argumentação correta, seria discutível e não apenas lamentável, mas antes pela afoiteza em tratar assim quadradamente um assunto de tal complexidade estética. Ele é um meninão ainda meio deslumbrado com a coisa literária, embora se deva reconhecer nele mais perplexidade do que propriamente malícia deliberada. Aliás, essa perplexidade diante do fenômeno poético brasileiro vai se generalizando entre os jovens, como tivemos mesmo oportunidade de comentar aí em São Paulo no ano passado. Até há pouco a turma mineira, não obstante estabilizada, estacionada, imatura para ousar mais e além de certas soluções padronizadas, parecia afinada com uma ideia progressista de vanguarda, aberta sinceramente à receptividade das experiências mais novas e avançadas de que tomava conhecimento. Sinto, entretanto, que eles começam a perder esse pé de apoio e, em meus últimos contatos com os de *Vereda* e os outros, os rapazes têm se esquivado a discutir mais frontalmente questões teóricas, em razão por certo de minha ostensiva posição. Numa mesa-redonda, organizada pela Laís por incumbência do Suplemento para um número especial dedicado aos novos de Minas, na qual se reuniram dez jovens dos mais representativos da geração, a tônica da discussão, no campo da poesia, foi exatamente a poesia concreta, posta por eles na berlinda como núcleo da crise que apontam no processo poético brasileiro. Curioso é que eles não aceitam também Práxis nem os caminhos simplistas de 45, chegando mesmo a gozar a linha literária Félix-Cony[288]

[287] Murilo Rubião.
[288] Moacir Félix e Carlos Heitor Cony (1926-2018), escritor e jornalista.

tão louvada ultimamente pelo Carpeaux. A única coisa que os impressiona um pouco é o suplemento do Jardim[289].

Quando sua carta chegou, o número especial de aniversário do Suplemento já se encontrava pronto, feito com muita antecedência por causa da capa e da arte-final, pelo que o Murilo, via Laís, apresenta escusas por não poder fazer as retificações solicitadas de seu texto.

Estou reclamando as colaborações para a *Barroco*. Tenho em mãos os trabalhos da Maria de Lourdes Belchior[290] e do Curt Lange, o deste sendo objeto de uma revisão de linguagem, feita por mim a pedido dele. Gostaria que v. falasse ao Achcar sobre a possibilidade de ele fazer uma resenha da antologia do Spina. Será que vs. me entregam a colaboração antes de outubro?

Já temos em nosso poder a antologia do Maiakóvski, exemplar mandado pela editora à Laís. Que negassem tudo a vs., mas jamais poderiam minimizar o trabalho didático que vêm fazendo para elevar o padrão crítico desta nossa literatura sub-informada, subnutrida, subcriativa.

Com o abraço afetuoso do

Affonso

---

[289] Reynaldo Jardim criou em 1967 *O Sol*, jornal alternativo que inicialmente saiu como suplemento cultural do *Jornal dos Sports*.
[290] "História literária e história das ideias estéticas — a teorização do barroco na Península Ibérica: Gracián, impugnado por F. Leitão Ferreira". *Barroco* 1

77. Haroldo de Campos
São Paulo, 29 de setembro de 1967

Meu caro Affonso:

desculpe-me a demora na resposta, mas a coisa aqui vai em maré alta de trabalho e compromissos, sobretudo agora com a bienal e a presença de numerosos amigos do Brasil e de outros estados por aqui.

Dois livros meus estão para sair nestes dias: a) o Oswald — Nossos Clássicos Agir. b) *Metalinguagem* — pela Vozes, coletânea de ensaios. Tudo isto deu trabalho. Ademais, aproxima-se a data da entrega dos originais da antologia russa para a Civilização (fim de dezembro) e ainda há muito material por traduzir, sobretudo com os textos que o Boris obteve nos E.U.A. e com o material que Rudolf Valentínovitch Duganov, nosso jovem amigo do Instituto Maiakóvski de Moscou, nos mandou pelo correio e que só há pouco chegou. Aceitei também fazer algumas conferências pagas (felizmente *bem*) para completar o orçamento que anda pífio, com o aviltamento da remuneração da carreira dos advogados, coisa que está fazendo cada vez mais com que eu considere a hipótese até agora por mim rejeitada de aceitar convite para o magistério superior, na nova escola de comunicações. Isto para justificar o fato de que só lhe poderei enviar colaboração para *Barroco* no fim de outubro, assim mesmo se conseguir terminar a tradução de Lícofron, que tive já de interromper várias vezes. O Augusto pretende também colaborar, mas vive o mesmo problema em pauta ainda mais grave. Creio que vai escrever diretamente a v. a respeito de quando lhe poderá enviar material. Quanto ao Francisco Achcar, que colabora comigo no trabalho de Lícofron, vi que ele não quer ainda debutar criticamente, pretendendo reservar-se para o futuro (isto quanto à resenha que v. por meu intermédio lhe pediu e que ele, inclusive pelo acúmulo de tarefas que tem em seu curso de faculdade onde a cadeira de grego é exigentíssima, hesita em fazer). Sinto que minha resposta seja assim tão pouco positiva, contra meus hábitos, mas é esta a situação no momento, infelizmente.

Estive no Rio para fazer junto à Esdi[291] uma conferência sobre Oswald e vi que a editora Tempo Brasileiro está aberta e entusiasta no que se refere aos problemas do estruturalismo e ouvi do Portela[292]: vocês há mais de 10 anos vêm fazendo estruturalismo no Brasil! Muita gente jovem surgindo também e se informando sobre problemas atuais, em base de leitura e estudo. Vai sair uma revista de poesia concreto-experimental por um grupo reunindo Wlademir Dias Pino,[293] o arquiteto Álvaro de Sá[294] e o jovem crítico Moacy Cirne,[295] radicado no Rio e que representa o grupo do Rio Grande do Norte (Natal); deste grupo passaram-me já pelas mãos alguns trabalhos criativos de primeira ordem. Por isso, acho que no momento em que os jovens de Minas se afastem do exemplo de abertura que v. dá e comecem de novo, por *mauvaise conscience*[296] e incapacidade de superação do contexto provinciano, a discutir pseudoproblemas, estarão simplesmente se demitindo da informação adequada e de seu tempo. Dizer que a poesia concreta é responsável pela crise da poesia é mais ou menos o mesmo que dizer que a física nuclear é responsável pela crise da física. Não temos culpa de que exista (desde Mallarmé) essa crise e nem podemos facilitar os problemas para que as crianças possam digerir melhor a sua comidinha. Ao contrário, se houve e há quem enfrente o problema a seu nível procurando adequar a poesia aos instrumentos do tempo, é a poesia concreta. E ninguém mais do que nós participou mediadoramente, não em nível demagógico, mas em nível operativo, teorizando, traduzindo, escrevendo ensaio, fazendo crítica, deslanchando revisões. Levar a sério o jornalzinho do Jardim que só soube ressuscitar da grande fase do *Jornal do Brasil* a irresponsável e anônima "Tabela", é prova de falta de seriedade justamente, ou melhor, de maturidade. Ceio que esses jovens realmente devem se capacitar de que fazer poesia em nosso tempo (válida) é uma ocupação difícil, dificílima e fundante. Quem não a possa enfrentar ao seu nível de exigência, deverá a meu ver, num país

---

[291] Escola Superior de Desenho Industrial, Universidade do Estado do Rio de Janeiro (UERJ).
[292] A revista *Tempo Brasileiro*, dirigida por Eduardo Portela, dedicou o número 15/16 [1967] ao estruturalismo.
[293] Wlademir Dias Pino (1927-2018)), poeta, artista visual e gráfico, foi ligado ao poema/processo.
[294] Álvaro de Sá (1935), poeta, foi um dos criadores do poema-processo.
[295] Moacy Cirne (1943-2014), poeta, participante do poema-processo, foi estudioso das histórias em quadrinho.
[296] "Má consciência".

tão carenciado, dedicar-se utilmente a outras coisas: economia, sociologia, etc. nenhum poema pseudoparticipante tem a eficácia de um ensaio de Celso Furtado,[297] por exemplo.

Digo tudo isso a você, em forma de desabafo pessoal, porque acho justamente que você dá um exemplo modelar de honestidade e abertura criativa, o que se reflete em sua posição teórica e na sua poesia-em-progresso. Trocar este paradigma imediato pelo oco bezerro de ouro do Jardim é uma doença infantil que depõe muito contra o futuro dos jovens mineiros que se pretendem poetas ou escritores.

Aqui fico.

Agradeça por mim à Laís a remessa do *Cantochão*[298], onde a vejo marcada por um efetivo empenho de renovação. Bravo!

Seu

Haroldo

(quem é Sebastião G. Nunes?)[299]

---

[297] Celso Furtado (1920-2004), economista brasileiro, autor de importantes obras, como *Formação econômica do Brasil* (1959).
[298] *Cantochão* (1967), livro de poemas de Laís Corrêa de Araújo.
[299] Trata-se de Sebastião Nunes (1938), poeta, artista gráfico.

1968

> 78. Affonso Ávila
> Belo Horizonte, 19 de janeiro de 1968

Caro Haroldo,

aqui estamos, neste princípio de ano, enfrentando os mesmos problemas de 67, isto é, às voltas com os reflexos negativos e cada vez mais deploráveis da política da "revolução", a começar pela falta de dinheiro. Imagine v. que, apesar de toda a inflação que os Bulhões & Delfins[300] negam existir, os ordenados aqui pararam há dois anos atrás, tornando uma verdadeira ginástica a execução do orçamento familiar. E o pior é que estamos com os vencimentos atrasados cerca de dois meses, imagine! Por essas e outras não pudemos ir a São Paulo ver a Bienal e o projeto humilde e há muito acalentado de uma viagem de terceira classe à Europa vai ficando para as calendas. Acredito que o mal é geral e vs. aí experimentam certamente os mesmos efeitos. O custo da produção literária aumentou de maneira bárbara, com os livros estrangeiros a preço de perfume francês e a pesquisa cara e dificultada (ainda ontem paguei mais de setenta contos pela revelação de uns microfilmes feitos na biblioteca de Lisboa). E para que tudo isso, ó McLuhan?

Este desabafo meio besta surge a propósito do *Código de Minas*, terminado mas inviável de ser publicado tão cedo, pois as editoras são inabordáveis em matéria de poesia e ainda por cima a radicalidade da minha repugna aos meios locais e oficiais de divulgação, os únicos ao alcance estadual. E ainda reclamam do poeta comunicação, participação... os filhos da mãe.

Bem, ao mais objetivo. O suplemento dedicará um número amplo e abrangente ao Guimarães Rosa (já estava programado com ele mesmo, antes da

---

[300] Referência a Otávio Gouveia de Bulhões e Delfim Neto, ministros da Fazenda à época.

morte) pelos sessenta anos que completaria.[301] O Murilo Rubião pediu-me que solicitasse aos amigos colaboração especial, a ser entregue até abril. Pode ser trabalho mais longo, conquanto que inédito. Assim, peço que confirmem — v. e o Augusto — a possibilidade de colaborar. A remuneração será boa. Outra coisa: gostaria que me enviasse também cópias de seus artigos sobre *Macunaíma*, para aproveitamento em número já programado sobre Mário de Andrade.[302] O próximo especial a aparecer é o dedicado aos escritores e artistas jovens de Minas, para o qual os moços esperam grande repercussão.

E a já tão adiada viagem a Minas? O carnaval vem por aí, não seria uma boa oportunidade para v. e Carmen encetarem o nosso périplo barroco?

Por falar em barroco, o projeto da revista está de pé e incluído no programa da universidade para este ano. Vs. não estariam em condições de mandar, pelo menos, uma resenha sobre livros do assunto ou correlatos? E a *Invenção*, sairá o n. 5?

Com o abraço do seu amigo

Affonso

Mais: o Rubião consulta se vs. Aceitariam organizar um número-balanço sobre a poesia concreta, para aparecer lá para outubro. Ou mais extensivamente sobre a poesia de vanguarda, pois ampliaria ainda mais o interesse. Aguarda uma palavra sua.

A.

---

[301] Trata-se de número saído em 23 de novembro de 1968. Não houve colaboração de Haroldo nem dos outros. Uma nota de apresentação diz: "É intenção deste Suplemento realizar um vasto número especial sobre João Guimarães Rosa, que é o responsável pela mais poderosa criação novelística brasileira dos últimos tempos, mas esse projeto vem sendo adiado, por motivos alheios à nossa vontade. No momento, casualmente foram chegando às nossas mãos cartas assinadas pelo escritor e artigos de estudo roseano — dois inclusive de procedência portuguesa. Decidimos dar à publicidade a presente edição, que coincide com o primeiro aniversário de sua morte".

[302] Trata-se dos números saídos em 8 e 15 de junho de 1968. Não houve colaboração de Haroldo nem dos outros.

79. Haroldo de Campos
São Paulo, 29 de janeiro de 1968

Meu caro Affonso:

foi um prazer lê-lo de novo. Estava já com saudades de nossos bate-papos epistolares! Recentemente, o Benedito Nunes me escreveu de Paris, pedindo-me o microfilme da tese do Oswald, *A Arcádia e a Inconfidência*. lembrei-me que eu havia dado o microfilme a v. e que v. me disse que tiraria uma cópia e o enviaria depois ao Benedito. Assim, disse para ele lhe escrever. De qualquer modo, o endereço parisiense do Benedito é: 13, rue Roger, Paris XIV (ele como v. já provavelmente sabe, está pensando defender uma tese de doutoramento em Paris sobre a filosofia do Oswald).

Minha vida este ano vai entrar numa reforma, pois pretendo concentrar-me quanto possível na elaboração de minhas *Galáxias* (a esta altura, um terço do projeto já está completo). *Levo muita fé* neste meu "livro de ensaios" (como se diz em gíria turfística), e a opinião de amigos a quem considero daqui e de fora (o último, com palavras de animação, foi o romancista Julio Cortázar, argentino radicado em Paris) corrobora cada vez mais o empenho que estou pondo em terminá-lo. Veremos. Assim, pretendo pôr de lado quanto possível a crítica e a obra teórica, salvo os compromissos já assumidos com editoras (entre os quais a introdução ao *Serafim* de Oswald; traduções de Khliébnikov para acompanhar a versão brasileira de um ensaio de Roman Jakobson sobre o poeta, a ser vertido pelo nosso Boris; um volume-antologia de 60 páginas sobre poesia concreta; a introdução à edição brasileira da *Opera aperta* de Eco[303]; um volume de ensaios — coletânea de trabalhos já publicados — meus, de Augusto e Décio: *Teoria da guerrilha artística*)[304]. Pretendo praticamente não colaborar temporariamente em jornais e revistas (neste campo, tenho apenas a sair uma tradução com introdução de Guido Cavalcanti, que atende

---

[303] O livro saiu sem texto de Haroldo de Campos.
[304] Não houve essa publicação, mas anteriormente, em 4 de junho de 1967, saiu no *Correio da Manhã* o texto "Teoria da guerrilha artística" de Décio Pignatari, incluído em seu livro *Contracomunicação* (1971).

a um projeto de bolsa italiana que estou pleiteando)[305]. Assim, quanto ao Rosa, não vou, infelizmente, poder aceitar o convite amigo do Rubião (também não pude escrever sobre o Rosa para o *Correio* e para o suplemento do *Estadão*). Quanto à revista *Barroco*, verei o que posso fazer, mas não lhe quero prometer nada. finalmente, quanto à página para outubro, creio que ainda é cedo para dizer algo (registro com satisfação a oferta, mas deixo para dar uma resposta definitiva dentro de algum tempo, depois de ouvir o Augusto, que agora está em férias no Rio). Ademais, Augusto e eu estamos convidados para proferir conferências sobre poesia concreta em 3 universidades norte-americanas, logo mais em abril, e, assim, temos que preparar tais conferências (em inglês). Ao contrário do que imagina o nosso bom Romano, enclausurado no seu *campus* californiano, a poesia concreta estourou ano passado nos E.U.A. e na Inglaterra, através de 2 grandes antologias internacionais[306] (com excelente representação de Noigandres, que estão tendo ampla repercussão (daí o convite). → Concluímos também a antologia russa que já foi entregue ao Ênio e muito bem recebida por ele. — Quanto ao projeto viagem a Minas: qualquer dia destes se realiza. → Desejo que v. acabe por encontrar editor para o *Código de Minas*. Quanto a *Invenção*, sairá sim, porém, sem data ainda prefixada (contamos um pouco com o acaso...) → Você quer ver cópia dos artigos sobre *Macunaíma* que saíram no *Correio?* [307]São os únicos que escrevi até agora.

Abraços a você e Laís

Do

Haroldo

Vocês receberam dos editores o *Oswald* (Agir) e o *Metalinguagem* (Vozes)? Se por acaso não tiverem recebido estes 2 livros meus, avisem-me, por favor, que lhe enviarei os exemplares respectivos.

Abraços mais uma vez

Haroldo

---

[305] Em 10 de fevereiro de 1968, Haroldo publicou no *Estado de S. Paulo* "Futurismo no Duocento?", antecedendo sua tradução de "Donna mi prega" — trabalho a seguir incluído em *Traduzir & trovar* (1968).

[306] Trata-se de *Concrete poetry: a world view* (1968), organizada por Mary Ellen Solt, e de *An Anthology of concrete poetry*, organizada por Emmett Williams ((1967), ambas americanas.

[307] Haroldo publicou no *Correio da Manhã* os artigos "Morfologia do Macunaíma", em 26 de novembro de 1967, e "Questão de método", em 7 de janeiro de 1968.

80. Affonso Ávila
Belo Horizonte, 4 de março de 1968

Haroldo,

este é apenas um recado. É que em maio próximo se comemora o 40º. aniversário do manifesto antropófago e o Murilo pretende fazer um registro maior, como homenagem a Oswald, Tarsila, Bopp — aos antropófagos, enfim.[308] Numa publicação dessa ordem, não poderia faltar a palavra de um de vs., sobre Oswald e a antropofagia. Assim, pediu-me que lhe escrevesse, solicitando qualquer texto de vs. a respeito, ainda que já publicado, não importa. Apenas a coisa é um pouco urgente, pois a paginação do suplemento é feita com vários números de antecedência. Não precisa ser coisa grande, o importante é vs. estarem presentes, responsáveis que são pela revisão do Oswald e descendentes diretos da radicalidade antropofágica. Se for recorte de jornal, não se preocupem em copiar, esse trabalho pode ser feito aqui mesmo, com o compromisso de ulterior devolução do material. Se tiverem uma fotografia ou mais de Oswald, inclusive a fotomontagem[309] do Décio, e puderem mandar, também com a garantia da devolução, será ótimo. Oswald era muito amigo de Minas, escreveu dois trabalhos sobre temas mineiros — a tese universitária e a conferência "Caminhos percorridos" (é esse mesmo o título?)[310] —, além de ter deixado algumas das melhores coisas da poesia dele em "Roteiro de Minas". Impõe-se, portanto, a necessidade da homenagem, já em parte feita quando do aparecimento das *Poesias*.

Outro recado do Murilo: está de pé a proposta para o número especial sobre a poesia concreta. Ele aguarda a volta de vs. dos States para uma conversa mais concreta, inclusive quanto ao pagamento do trabalho.

---

[308] Trata-se do Suplemento de 13 de abril de 1968.
[309] Publicada em *Invenção* 4, a fotomontagem realizada por Décio Pignatari e José Nania traz o título "Estela ao pensamento bruto Oswald de Andrade".
[310] Trata-se de "A Arcádia e a Inconfidência" tese de livre-docência para a cadeira de literatura brasileira da Faculdade de Filosofia, Ciências e Letras da USP, em 1945. A conferência intitula-se "O caminho percorrido", tendo sido proferida em Belo Horizonte em maio de 1944 (está incluída no volume *Ponta de lança*), por ocasião da Exposição de Arte Moderna realizada no Edifício Mariana.

Em que maçada nos meteram os seus apadrinhados do Natal, ein? Um jornal do Rio chegou a nos pichar como bibliocastas.[311] Mas isso são os ossos do ofício e seus naturais equívocos. Eles estiveram aqui na última semana, meio entre humilhados e ofendidos, bateram um papo, mas não deixaram boa impressão. Não obstante o Wlademir, sujeito sério e que sabe onde tem a cabeça, os moços parecem ainda muito verdes, confundindo muito as coisas, sem embasamento crítico para um projeto muito ambicioso. Vale a juventude, vamos ver. Eles demonstram um pouco de ressentimento com os mestres, meio amuados como filhos repreendidos. Como estou meio por fora, perdido entre o barroco e as escavações poéticas do subsolo mineiro, olho tudo com certa desconfiança e espero os horizontes se aclararem.

Aguardo uma notícia sua com urgência, e que venha acompanhada do texto solicitado e o que mais. Se estiver sem tempo, mande só o material e um abraço, que serão bem recebidos. Recomende-me ao Décio, Augusto e também às senhoras-noigandres.

Com o abraço amigo do

Affonso

---

[311] Em 1968, integrantes do grupo poema/processo fizeram manifestação em que rasgaram livros no centro do Rio de Janeiro.

81. Haroldo de Campos
São Paulo, 7 de março de 1968

Meu caro Ávila:

respondo rápido. O grupo será representado nas comemorações de Oswald pelo Décio, com o artigo "Marco zero de Andrade" (publicado há já 4 anos e portanto carenciado de republicação; houve uma republicação há tempos em revista de Marília, mas esta corre em circuito fechado). A montagem Décio/José Nania[312] sobre Oswald seguirá também (pedindo-lhe o Décio que a mesma lhe seja devolvida, assim que tirado o clichê). Falei com o Décio pelo telefone (ele agora o tem: 65 5538) e ele ficou de remeter tudo para você, via aérea.

Sobre o suplemento especial, conversaremos na volta dos States com o Murilo (via epistolar), como v. sugere.

Apadrinhados? não. Nada temos a ver com os autonomeados poetas da "poesia de processo", senão o fato de que eles são um dos vários grupos que se abeberam na poesia concreta. Eu pessoalmente só tive maior contato com o crítico Moacy Cirne, que me escrevia, e que me pareceu digno de incentivo (o grupo de Natal fez, inicialmente, uma homenagem-exposição aos 10 anos de poesia concreta, em 1966, que nos pareceu uma coisa saudável, por espontânea e ativa, num momento de marasmo geral). Desde a exposição de processo, porém, a coisa começou a nos cheirar oportunismo, sobretudo da parte do Álvaro de Sá, que virou uma espécie de líder do grupo. Nem eu nem Augusto participamos dela. O Décio e o Braga sim, o primeiro convidado e reconvidado por telegrama e depois de alguma relutância; o segundo por engano, pois nunca chegou a receber a carta-convite (esquecimento do Décio...). Já os desenvolvimentos ulteriores da exposição correm exclusivamente à conta de seus promotores, que inclusive deixaram patentes em suas publicações as restrições e diferenças que têm contra nós e a poesia concreta.

---

[312] Com José Nania, Décio Pignatari criou a Estrela Vermelha Produções, realizando entre 1961 e 1962 filmes em 16mm.

Basta ler ditas publicações (uma delas acoroçoada pelo Jardim e pelo Gullar, pois feita no jornal *O Sol*, orientado pelos dois últimos). Com relação a nós, eles se portaram inclusive com pouca honestidade, omitindo fatos e poemas e pilhando nossas ideias, *comme d'habitude* (praxis e quejandos). O Wlademir, um primitivo de talento, foi envolvido. A queima de livros é coisa besta, saída sem dúvida da cabeça oportunista do Álvaro, ávido de propaganda. Nós, de nossa parte, não estamos interessados na polêmica, que nos parece fútil e vazia. Também a hipocrisia de nossa imprensa, que só dá cobertura a sensacionalismos ocos e se cala sobre as reais soluções (Sousândrade e outras coisas). E a hipocrisia de *establishument*, que fala em fascínio e se esquece da guarda-vermelha (quando a censura vem dos *engagé*s) e se lamuria mas cala os expurgos pós-golpe (quando se trata de intelectuais ou formalistas integrados ao sistema). — Mas é só. Cada vez acredito menos nos jovens que andam por ai. A história da poesia nos mostra que depois de uma geração importante e decisiva, raramente aparecem [os] seguintes nomes de relevo; o futuro da poesia não pode ser renovado por safras de incubadeira. Hoje, concentro-me no meu trabalho, e basta!

Aceite o grande abraço de muita estima (extensivo à Laís!) do seu

Haroldo

82. Affonso Ávila
Belo Horizonte, 31 de julho de 1968

Caro Haroldo,

depois de mais um hiato em nossa correspondência, vai aqui o meu abraço. As suas últimas notícias eu as soube de viva voz pelo nosso Décio, nos dois dias que passou em Belo Horizonte recentemente e nos quais matamos entre almoço e pinga uma já então longa saudade, e pelo Silviano, via New York. Nos jornais nada mais vejo de vs., o que faz supor o andamento aí de projetos maiores, livros ou quem sabe um novo número de *Invenção*. Eu também não tenho parado, apesar de um certo ceticismo que dizem próprio de uma crise de idade e que eu e Décio — dois saudáveis e antropofágicos quarentões — aqui discutimos enfaticamente como dois velhos que procedessem ao balanço de uma existência. Tenho feito também as minhas viagens, domésticas, de itinerário curto, mas sempre boas para lavar um pouco a alma. Fui com Laís a Pirapora, no rio São Francisco, onde presidimos um surpreendente festival de poesia em pleno grande-sertão. Depois estive em Brasília, chamado para receber um prêmio pelos *Resíduos*.[313] Com o dinheiro, pudemos prolongar mais um pouco as nossas férias anuais no Rio, onde eu tinha aliás assuntos importantes para tratar. O principal deles era resolver com a Civilização a edição do *Código de Minas*, em poder dela desde novembro de 67. Como ela alegara que o livro estava pequeno e não compensava comercialmente a edição, concordei em organizar um volume de poemas reunidos, aberto pelo *Código*. Eu gostaria sinceramente de publicá-lo isoladamente, numa edição de bom cuidado gráfico, que desse ênfase à estrutura visual dos poemas. Mas, com que roupa? Além disso, a oportunidade de ser lançado por uma editora como a Civilização, apesar dos pesares, não é para se desprezar. O livro lá está, portanto, incluído na programação de 69. Entre os volumes a serem lançados ainda este ano,

---

[313] Prêmio Nacional de Ensaio.

pude ver com o Pontual a antologia da poesia russa que vs. fizeram, pronta a revisão final para ser impressa.

O primeiro número da projetada revista *Barroco*, inteiramente organizado, aguarda uma sempre adiada aprovação de orçamento pelo reitor, que já há meses autorizou a publicação. Estou, também, às voltas com a organização de uma Fundação de Arte de Ouro Preto, de iniciativa da artista Domitila do Amaral e do Vinícius de Moraes e a ser instituída pelo Governo do Estado, nos moldes mais ou menos da Gulbenkian.[314] O Governo me designou, na qualidade de consultor, para preparar o projeto e os estatutos e eu talvez fique na Fundação, depois de instituída, para cuidar do departamento de pesquisa de arte e história. É uma maneira de sair da burocracia e ao mesmo tempo dar sequência aos meus trabalhos do barroco. A respeito deste, fiz um texto que foi debatido em Ouro Preto, no recente festival de inverno, num seminário de arte contemporânea.[315] Vai uma cópia para v. Como a Vozes, via Costa Lima, se propôs a publicar um pequeno volume de trabalhos críticos meus (que intitularei *O poeta e a consciência crítica* — Uma linha de tradição, uma atitude de vanguarda), incluirei nele o texto. Como faço citação de seus artigos sobre crítica sincrônica, mas não pude localizar os respectivos recortes, peço-lhe mandar-me com a possível urgência uma indicação dos títulos dos artigos, datas de publicação e número das páginas do jornal (*Correio*), a fim de que eu possa dar a referência com o necessário rigor. O livrinho aparecerá na mesma coleção do seu, que, segundo me disse o frei Ludovico[316], está tendo uma excelente saída.

Quais são as novidades do movimento internacional, v. que andou pelos States? O Heitor Martins me mandou a antologia do Emmett Williams e o Bory o último número de *Approches* e os textos dele *height + one*[317]. Eu acho americanos e franceses muito fracos, enquanto ingleses e os da Europa

---

[314] A Fundação de Arte de Ouro Preto foi efetivamente criada em 1969
[315] Trata-se do texto "O barroco e uma linha de tradição criativa" apresentado, como referido no colóquio Painel de Arte Contemporânea, promovido pela Universidade Federal de Minas Gerais em Ouro Preto, durante o Mês de julho de 1968; foi a seguir, dois meses depois, apresentado como comunicação ao Seminário sobre o Barroco Literário Luso-Brasileiro, do I Festival do Barroco, promovido em Salvador pela Universidade Federal da Bahia; e por fim foi incluído no volume *O poeta e a consciência crítica*.
[316] Frei Ludovico Gomes de Castro, frade franciscano, à época diretor da editora Vozes.
[317] Trata-se do livro de Jean-François Bory *Height texts + one*. Londres: Contexte; Paris: Editions Gallery, 1967.

central nada inovam em relação aos brasileiros. São vs. que dão a grande contribuição semântica, pois a poesia concreta brasileira não se desvincula de suas raízes de contexto.

Recomende-nos ao Augusto, ao Décio (que tratanteou com o suplemento de Murilo e Laís, não mandando uma entrevista prometida) e às esposas, Carmen, Lygia, Lila.

Aguardo uma palavra sua, para logo.

Com o abraço do seu amigo

Affonso

PS — E aquela ideia do suplemento especial sobre a poesia concreta? Não valerá a pena? A proposta do Murilo está de pé. Sairá um sobre a vanguarda portuguesa, com apresentação do Melo e Castro.[318]

---

[318] Números de 1 de março de 1969 (dedicado Portugal A literatura nova 1 — prosa) e de 8 de março de 1969 (Portugal A literatura nova 2 — poesia). E[rnesto] M[anuel] de Melo e Castro (1932-2020) foi um poeta experimental português; colaborou no n. 3 da revista *Invenção*.

83. Haroldo de Campos
São Paulo, 19 de agosto de 1968

Meu caro Affonso:

muito obrigado pela carta, pelo ensaio sobre barroco e pelas boas notícias. Estive toda a última semana em Belém do Pará, participando de um ciclo de conferências organizado pelo prof. Mário Schenberg (o José Celso Martínez de *O rei da vela*, o Oiticica[319] dos parangolés e vários pintores paulistas também participaram do evento, que teve como núcleo uma mostra de artistas plásticos de vanguarda). Infelizmente não estava por lá o nosso Benedito Nunes, que anda em Belém de Paris... Os dados sobre os meus artigos que você deseja são os seguintes: "Poética sincrônica" — 19. 2.67; "O samurai e o kakemono" — 9.4.67; Romantismo e poética sincrônica" — 23.4.67,[320] tudo publicado no *Correio da Manhã*, no Quarto Caderno. Posso lhe adiantar também que a *Obra aberta* de Umberto Eco está para sair em português, por uma nova editora paulista, Perspectiva, como vol. 4 da Coleção Debates (a sair em outubro; lançamentos anteriores: *A personagem de ficção*, Antonio Cândido, Rosenfeld e outros; *Informação, linguagem, comunicação*, Décio Pignatari; *Balanço da bossa*, Augusto de Campos e outros). Eco fez um prefácio especial para a edição brasileira, no qual assinala com muita lealdade a precursão de suas ideias no meu artigo "A obra de arte aberta", de 55,[321] republicado na *Teoria*).

A estada nos States foi muito fecunda mas exaustivíssima (cerca de 20 conferências, mais da metade das quais em inglês e outras em espanhol, além das em português). Mas agora estou retomando as atividades e publicarei logo mais uma série de 3 artigos no suplemento do *Estadão* sobre "Comunicação

---

[319] José Celso Martinez Correia (1937-2023), diretor de teatro; Hélio Oiticica (1937-1980), artista plástico.
[320] Os dois primeiros foram incluídos em *A arte no horizonte do provável*; do terceiro, a parte inicial, sob o título "Apostila: diacronia e sincronia", também foi incluída no mesmo livro.
[321] Artigo publicado originalmente no *Diário de São Paulo*, 3-7-1955; republicado no *Correio da Manhã*, 28-4-1956, e incluído em *Teoria da poesia concreta*.

na poesia de vanguarda"[322] (conferência que fiz o ano passado em vários lugares) e um no *Correio* — "Jakobson, o poeta da linguística"[323] para saudar a chegada em setembro próximo do genial crítico e linguista russo-americano. Jakobson (de quem fui hóspede em Cambridge) fará uma conferência sobre Fernando Pessoa (cujo texto já me mandou e é a mais aguda análise jamais feita de um poema e da poética do grande autor de *Mensagem*)[324] e uma outra (cujo texto também recebi e estou lendo) sobre as relações entre linguística e ciência[325] (extraordinária também!). Estarei assim com todo o meu tempo tomado no próximo mês de setembro e já em outubro devo começar a preparar o *Serafim* para a Difusão Europeia (a entregar até dezembro) e um livro meu para a Perspectiva, *A arte no horizonte do provável* (ensaios); preparo também a edição (particular, *hélas*!) do *first draft* das *Galáxias*, que a esta altura já progrediram em número.

→ Não quero me comprometer com o suplemento de vanguarda, por enquanto. Como eu talvez acompanhe o Jakobson no roteiro mineiro, talvez possamos conversar pessoalmente, logo mais.

Aceite o meu abraço de sempre, extensivo à Laís.
E o Silviano Santiago, como vai? Não virá a São Paulo? Abrace-o por mim.

Haroldo

---

[322] Publicado inicialmente em *O Estado de S. Paulo*, 24-8, 7 e 14-9-1968, depois incluído em *A arte no horizonte do provável*.
[323] *Correio da Manhã*, 1 de setembro de 1968. "Ligeiramente adaptado", como se informa em nota, foi incluído em *Linguística. Poética. Cinema*, de Roman Jakobson.
[324] "Os oximoros dialéticos de Fernando Pessoa", em colaboração com Luciana Stegagno Picchio. Incluído em *Linguística. Poética. Cinema*. Sobre esse texto, Haroldo de Campos escreveu "Notas à margem de uma análise de Pessoa", incluído no mesmo volume.
[325] "A linguística em suas relações com outras ciências". Incluído em *Linguística. Poética. Cinema*.

84. Haroldo de Campos
São Paulo, 22 de novembro de 1968

Meus caros Affonso e Laís:

Muito obrigado pelo recorte com a entrevista do Jakobson[326], feita pela Laís com a habitual agilidade e proficiência. O Jakobson tem a generosidade dos grandes espíritos e sabe como poucos ser sensível ao inventivo e ao novo. Vocês precisavam ver a reação pronta e aguda dele diante dos poemas concretos que lhe apresentamos (eu já tinha feito esse teste com ele nos E.U.A). Admirável! Ao Décio, que o viu no Rio pouco antes do embarque para Paris, Jakobson fez carinhosas referências a vocês dois, à acolhida amiga que lhe dispensaram[327]. E em carta recente que dele recebi, faz declarações de amor ao Brasil, à terra e à gente. Prepara um novo trabalho sobre autor de língua portuguesa, o poeta medieval Martim Codax, que vai me enviar para o volume *Roman Jakobson no Brasil* (em preparo, Editora Perspectiva) sob a forma de uma "Carta a Haroldo de Campos".[328] Estou até comovido!

Indiquei o nome do Affonso para um ciclo de conferências sobre poesia de vanguarda em Salvador, a ser realizado proximamente. Vamos ver se a coisa sai.

Não tenho escrito com a frequência antiga dado o acúmulo de trabalhos. Não saí do buraco desde meu retorno dos E.U.A. E como vou para a Europa logo no começo do ano próximo, tenho que deixar todos os trabalhos prontos (o *Serafim* — reedição; o *Roman Jakobson no Brasil*; meu novo volume de ensaios — *A arte no horizonte do provável*). Quem vai agora, dia 12 de dezembro, para a Europa é o Décio, que trabalhou como um desesperado este ano para levantar os fundos necessários (não vai com bolsa), e agora

---

[326] Já referida em nota anterior.
[327] Laís e Affonso acompanharam Jakobson em Ouro Preto.
[328] "Carta a Haroldo de Campos sobre a textura poética de Martim Codax", incluído em *Linguística. Poética. Cinema*. Roman Jakobson no Brasil. Org. Haroldo de Campos e Boris Schnaiderman. Trad. Francisco Achcar e outros. São Paulo: Perspectiva, 1970.

se arranca em merecido descanso (o livro dele já se esgotou e entra agora em 2a. edição!).

Aceitem o velho abraço amigo do

Haroldo.

PS 1: Como dizia Renan, só ha uma coisa que dá a medida do infinito: a imbecilidade humana. Será que o Heitor Martins,[329] por obtusidade ou má fé (ou por ambas as coisas), não se deu conta de que o artigo republicado no Suplemento de Minas,[330] era um velho trabalho meu[331], de 1º. de setembro de 1957 — *Jornal do Brasil* (aliás indicado na bibliografia do volume "Nossos Clássicos"), escrito numa época (há 11 anos!) em que havia uma efetiva sabotagem ao Oswald (sabotagem que, se está rompida hoje, isto se deve justamente ao trabalho meu e de alguns outros no curso desta última década? Acho que o Suplemento, que republicou meu artigo sem indicação de data e de fonte, e sem conhecimento prévio meu, pois eu me encontrava nos E.U.A (não que eu tivesse alguma objeção à republicação, mas teria sempre requerido a menção da fonte e da data, por ser um trabalho de circunstância), está no dever de esclarecer, em nota objetiva e impessoal de redação, o equívoco. No mais, a resposta ao pobre e mesquinho trabalho do Heitor vem aí na tese do Benedito Nunes sobre a antropofagia, no estudo de Luiz Costa Lima sobre a poesia de Oswald, no número especial da *Revista de Cultura Brasile*ña[332] sobre Oswald de Andrade, na edição italiana (Feltrinelli) do *Miramar*, cujas provas estou revendo — enfim uma avalanche.

PS 2 — Meus caros Ávila e Lais: conto com as prontas providências de vocês junto ao Murilo Rubião para o esclarecimento que o Suplemento

---

[329] Haroldo se refere ao artigo "Canibais europeus e antropófagos brasileiros (Introdução ao estudo das origens da Antropofagia)", saído no Suplemento em 9 e 16 de novembro de 1968.
[330] 13 de Abril de 1968
[331] Trata-se de artigo intitulado "Oswald de Andrade".
[332] Número 26, com o artigo de Haroldo "Estilística miramarina", publicado em *O Estado de S. Paulo,* 24-10-1964, e incluído em *Metalinguagem.*

deve a respeito do meu artigo, que não pode ser utilizado para criar nos meus leitores a imagem de que eu mesmo não acredito na revisão e reedição oswaldiana que empreendi (como o faz tortuosamente o artigo do Heitor).

1969

85. Haroldo de Campos
Paris, 8 de abril de 1969

Queridos amigos — vendo a Sainte Chapelle (revendo-a) vejo que o gótico mais refinado contém uma aspiração à voluptuosidade barroco-maneirista, assim como o barroco mais sofisticado (o de Minas) encerra uma tensão para a disciplina geométrica do gótico. Enfim, como diria Jakobson, realidades complementares e não mutuamente excludentes.

Com o abraço e as saudades do seu

Haroldo

86. Haroldo de Campos
São Paulo, 3 de agosto 69

Meus caros Affonso e Laís:

muito obrigado por tudo: pela excelente apresentação da minha entrevista e agora pelo número de *Barroco* (belo aspecto gráfico!) e pelo peixinho de prata de que foi portador o nosso Salviano[333]. — De volta da Europa, estou entregue inteiramente a uma série de atividades no campo crítico e no criativo. Fui muito bem acolhido pela vanguarda francesa e estabeleci relações duradouras. Fragmentos das *Galáxias* vão sair, logo mais, em francês.[334] Espero vê-los em São Paulo por ocasião da Bienal, quando estarão aqui, inclusive, o Bense e o Todorov.[335]

Aceitem um abraço amigo e saudoso do

Haroldo

Aos bons amigos Laís e Affonso, envio as minhas lembranças e o meu agradecimento.

Saudades,

Carmen[336]

---

[333] Talvez Silviano Santiago.
[334] No volume "La poétique, la mémoire", de 1970, da revista *Change*, de cujo corpo fazia parte Jacques Roubaud, saíram "Deux doigts de prose sur une nouvelle prose", de Haroldo de Campos, e seis fragmentos de "Galaxies", em traduções de Jean-François Bory e Haroldo de Campos, Inés Oseki, e M. A. Amaral Rezende e Violante do Canto.
[335] Tzvetan Todorov (1939-2017), linguista búlgaro radicado na França, esteve também em Belo Horizonte, tendo se encontrado com Affonso.
[336] Trecho, após o nome de Haroldo, manuscrito por Carmen.

87. Haroldo de Campos
São Paulo, 19 de dezembro de 1969

Meus caros Laís e Affonso:

Muito obrigado pelos cartões. Pena que não tenham podido vir a São Paulo para a Bienal. Aproveito para lhes mandar o meu abraço amigo de Boas Festas e Feliz Ano Novo, junto com a minha satisfação pela publicação do *Código de Minas* (que aguardo).

Haroldo

A Laís e Affonso, os meus agradecimentos e votos e felicidades para o Novo Ano, extensivos aos meninos.[337]

Carmen

---

[337] Trecho, após o nome de Haroldo, manuscrito por Carmen.

1970

88. Haroldo de Campos
Londres, 4 de fevereiro de 1970

Aos amigos Laís e Affonso, o meu velho abraço de sempre, desta vez de Londres. Espero, ao voltar ao Brasil, encontrar lá o livro do Affonso.
Com as saudades do

Haroldo

1971

89. Affonso Ávila
Belo Horizonte, 3 de fevereiro de 1971

Caro Haroldo

Tão logo recebi sua carta, registrei o livro, via aérea, como pediu. Tive que lançar mão de um dos meus exemplares, pois a edição da universidade já se encontra esgotada. Pena que o livro refundido e ampliado, a sair pela Perspectiva, não esteja ainda pronto. Ele lhe seria bem mais útil, pelo material novo que acrescentei. De qualquer forma, espero que os *Resíduos* ajudem o seu curso, com o que estarei sinceramente recompensado.

Em São Paulo, como v. deve lembrar, conversamos ainda que ligeiramente sobre a possibilidade de um livro seu sobre Oswald, para a coleção Poetas Modernos do Brasil[338] que estou organizando para a Vozes. Na ocasião, v. se mostrou interessado, embora sem poder precisar para quando seria possível um projeto desses. Sei que v. dispõe de excelente material a respeito de Oswald e que inclusive tem acesso fácil às fontes de consulta, aos familiares dele. Em razão disso, eu gostaria de voltar a discutir com v. o assunto, sugerindo-lhe examinar a possibilidade de efetivar a organização do volume para 1972. No ano que vem comemoraremos os 50 anos da Semana de Arte Moderna e isto constituirá, sem dúvida, excelente motivação para o lançamento. Ademais, conhecendo o nosso contexto literário como conhecemos, podemos desde já deduzir que a ênfase maior da festa cinquentenária será dada à atuação de Mário, enquanto Oswald continuará como o grande incompreendido, meio ovelha nega, meio marginal no movimento. Um livro sobre Oswald, em 72, acentuando bem a atuação pessoal dele, o que representou como consciência e inconformismo, os rumos que apontou — seria mais que oportuno. Pense

---

[338] Na coleção saíram *João Cabral de Melo Neto* (1971), de Benedito Nunes; *Murilo Mendes* (1972), de Laís Corrêa de Araújo; *Cecília Meireles* (1973), de Eliane Zagury; *Carlos Drummond de Andrade* (1976), de Silviano Santiago.

nisso, na possibilidade de v. trabalhar no projeto quando de seu regresso ao Brasil. As linhas gerais da coleção v. terá no volume inicial, do Benedito sobre João Cabral, já em fase de impressão e de que lhe mandarei, quando pronto, um exemplar. Certo?

Fazendo votos pelo êxito de seu trabalho nos States, vai, com minhas recomendações a Carmen e ao garoto, o abraço amigo do

Affonso

90. Haroldo de Campos
Austin, Texas, 13 de fevereiro de 1971

Meu caro Affonso:

Muito obrigado pela remessa dos 2 vols. do *Resíduos* e pela separata de seu trabalho. Tudo me será muito útil no meu curso de Análise Poética (um dos 2 que leciono), no qual abordo a poesia brasileira — do ponto de vista sincrônico — do barroco à Tropicália (música popular). Tenho um aluno (já professor instrutor do Departamento), que faz pós-graduação comigo, e que prepara uma tese de doutorado sobre o barroco. Chama-se Christopher Lund.

Mostrou-me ele um bom trabalho preparatório, tratando da poesia filosófico-moral de Gregório e Sóror Juana Inés de la Cruz. Trata-se de um texto inédito, de bom nível, oportuno, que recomendo a v. para a publicação na revista *Barroco*. Christopher vai-lhe enviar uma cópia por sugestão minha.[339]

Quanto ao assunto Oswald: continuo interessado em princípio, mas não lhe posso, por ora, dar uma resposta exata quanto a prazo (ano, etc.). O ano de 72 será para mim de muito trabalho, pois é quando defenderei junto à Cadeira de Teoria da Literatura (Antônio Cândido) minha tese sobre a *Teoria da prosa modernista brasileira*.[340]

Acho, ademais, que o livro sobre Oswald caberá melhor quando toda a obra estiver reeditada pela Civilização, como vai ocorrer até fins de 72, creio.

Aceite o meu abraço sempre amigo, extensivo à Laís.

Haroldo

---

[339] Christopher Lund publicou no n. 4 de *Barroco* "Os sonetos filosóficos-morais de Gregório de Matos e Sor Juan Inés de la Cruz" e no n. 8 "Poesias inéditas de Fr. Antônio das Chagas (1631-1682).
[340] Em 1972, Haroldo defendeu a tese *Para uma teoria da prosa modernista brasileira: morfologia do Macunaíma*, orientada por Antonio Candido, de que resultou o livro *Morfologia do Macunaíma* (São Paulo: Perspectiva, 1973).

P.S: Aguardo o livro do Benedito sobre o Cabral!

Você permite que eu doe os *Resíduos* à Biblioteca de Austin? Seria ótimo para a consulta dos estudantes e interessados.

Já recebi tudo![341]

---

[341] Anotação à margem da primeira frase da carta.

91. Haroldo de Campos
Austin, 19 de abril de 1971

Meu caro Affonso:

Aqui lhe mando, anexo, o trabalho de meu aluno pós-graduado e já Teaching Assistant da Universidade do Texas, Christopher Lund. Trata-se de um excelente estudo comparativo entre Gregório de Matos e Sor Juana Inés de la Cruz, campo que necessitava ser explorado (ou seja, o das interrelações latino-americanas do barroco).

Parece-me que o trabalho caberá bem na revista *Barroco*, que v. vem organizando e dirigindo com tanta dedicação. O Christopher, que se interessa muito pelos estudos que v. tem publicado sobre a literatura barroca, está em vias de viajar a Portugal, onde vai pesquisar o barroco em geral e, em especial, a obra de Gregório de Matos, tendo como orientadora a Profa. Maria de Lourdes Belchior de Pontes. Ele gostaria de manter-se em contato com v. no futuro, devendo-lhe escrever nesse sentido.

Aceite, com Laís, o abraço sempre amigo do

Haroldo

P.S: 1) Até 9 de maio próximo ainda estarei em Austin. 2) Você poderia remeter o último número da revista *Barroco* para o Christopher?

92. Affonso Ávila
Belo Horizonte, 6 de outubro de 1971

Caro Haroldo

Espero que v. já tenha retomado as atividades normais e que as coisas estejam correndo bem, no seu habitual ritmo de trabalho.

V. a esta altura já deve ter recebido o livro de Benedito Nunes sobre Cabral, o primeiro da coleção que, como sabe, estou organizando para a Vozes. A propósito dela, volto aqui àquela nossa conversa de São Paulo, quando ficou mais ou menos assentado que v. prepararia para a gente, tão logo estivesse liberado de outros compromissos (a viagem aos Estados Unidos e a tese), o volume relativo a Oswald. Quero encarecer não só a importância de sua colaboração, óbvia demais para ser formalmente enfatizada, mas a oportunidade de lançarmos o livro em 72, aproveitando o ensejo dos 50 anos da Semana de Arte Moderna. Gostaria se v. pudesse dar uma palavra a respeito, depois de examinar, é claro, a sua pauta de trabalho para o próximo ano.

Ainda a respeito da coleção, recebi ontem, através de carta do Décio, sugestão que v. faz no sentido de ser confiado a seus amigos Francisco Achcar e Antônio Amaral o volume relativo ao nosso muito caro Pignatari, antes pensado em termos de Zé Lino. Segundo o próprio Décio, poderia ser um livro meio pop, um livro mais criativo, ao estilo do próprio focalizado. Acho excelente a ideia e v. tem toda a liberdade de conversar com o Achcar e o Amaral a respeito. A organização poderia ser acompanhada pelo Décio, inclusive quanto à seleção de material.

Não lhe mandei um exemplar meu de *O lúdico...*[342] porque v., como integrante da comissão editorial da Debates, deve tê-lo recebido antes mesmo que eu. Parece que o livro vem tendo boa receptividade, inclusive comercial. Augusto me escreveu de Austin que *O lúdico...* despertou muito interesse

---
[342] *O lúdico e as projeções do mundo barroco.* São Paulo: Perspectiva, 1971.

entre os alunos dele, no curso sobre o barroco, sugerindo que eu enviasse um exemplar para doação à biblioteca da universidade, o que fiz com prazer.

Li seu trabalho em *Colóquio-Letras*,[343] exemplar como sempre. E as *Galáxias,* quando virá a edição?

Aguardo uma palavra sua e também as suas notícias.

Com nossas recomendações a Carmen, vai o abraço amigo do

Affonso

---

[343] "Edgar Allan Poe: uma engenharia de avessos". *Colóquio-Letras*, n. 3, Lisboa, setembro 1971. Incluído, com o título "O texto-espelho (Poe, engenheiro de avessos), em *A operação do texto,* de Haroldo de Campos (São Paulo: Perspectiva, 1976), onde em nota se informa ter sido o texto escrito em Austin, Texas, em fevereiro-março de 1971.

93. Affonso Ávila
Belo Horizonte, 15 de novembro de 1971

Caro Haroldo

Excelentes as suas sugestões sobre os volumes da Vozes relativos a Oswald e ao Décio. Quanto ao primeiro, eu confio sinceramente na sua escolha e o problema da tradução será apenas um detalhe a ser acertado pessoalmente com Frei Ludovico, que virá a Belo Horizonte em princípios de dezembro. Estive agora no Rio tratando de vários problemas ligados à coleção e ele me cobrou o volume do Oswald: "Aquele homem de São Paulo (você) é que é difícil, hem". Mandarei um exemplar do volume do Cabral, para v. fazer chegar ao David Jackson[344] e este ter uma ideia mais objetiva da organização, a fim de adaptar o estudo no possível às feições gerais da coleção. Como v. se encarregará de um capítulo referente à linguística oswaldiana, bem como orientará de maneira genérica o trabalho do moço, penso que poderemos incluir seu nome (de v.) no selo de autoria do livro: OSWALD DE ANDRADE / Haroldo de Campos e David Jackson. V. compreenderá certamente as minhas razões, porquanto só esse toque valorizará ainda mais o volume para efeito de aceitação universitária, crítica e comercial. Explicaríamos, é lógico, em nota a que ponto se cinge a participação de v., enfatizando inclusive o fato de o Oswald ser pela primeira vez focalizado por um jovem crítico americano de vanguarda, em estudo de consequências internacionais.

O volume do Décio será o carro-chefe da coleção, aquele que eu espero venha a dar a medida renovadora pretendida em nosso trabalho. Assegure ao Achcar que ele poderá dispor de maior tempo para a elaboração da parte dele, de modo a não prejudicar qualquer tratamento a que tenha de submeter-se. V. já me falou várias vezes sobre ele, que eu acredito um elemento de primeira água, sem qualquer restrição aqui aos dois outros nomes. Como o Décio virá a Belo Horizonte para um seminário no dia 22, discutirei mais alguns

---

[344] Kenneth David Jackson, crítico e professor norte-americano, autor de várias obras sobre literatura, entre as quais *A prosa vanguardista na literatura brasileira: Oswald de Andrade* (São Paulo: Perspectiva,1978).

detalhes com ele. Mesmo assim não dispenso o contato direto com os moços da equipe, que v. poderá promover tão logo ache oportuno.

Aqui as perspectivas para 72 são também de muito trabalho. A universidade parece interessada numa grande promoção comemorativa dos 50 anos da Semana e me pediu um plano, cuja execução talvez me seja confiada.[345] Por outro lado, estou já às voltas com mais um número de *Barroco*, que este ano esteve morre não morre por falta de verba (v. receberá o 3). Agora parece que a universidade decidirá encampar definitivamente a revista, o que para mim será a solução ideal. No número 4 publicarei finalmente o trabalho do Christopher.

Com nossas lembranças a Carmen, receba o abraço amigo do seu

Affonso

Parabéns pela bolsa da Guggenheim, sonho de todos nós.[346]

Affonso

---

[345] Affonso Ávila coordenou e dirigiu, no 6º. Festival de Inverno de Ouro Preto, o curso comemorativo do cinquentenário da Semana de Arte Moderna, promovido pela UFMG. Do curso, resultou o livro, organizado por Affonso, *O modernismo* (São Paulo: Perspectiva, 1975), com trabalhos de Francisco Iglésias, Benedito Nunes, Affonso Romano de Sant'Anna, Luiz Costa Lima, Silviano Santiago, Laís Corrêa de Araújo, Gilberto Mendes, Décio de Almeida Prado, Rui Mourão, entre outros.

[346] Na biografia estampada em *A educação dos cinco sentidos*, lê-se: "Em 72, com uma bolsa Guggenheim, defendi tese de doutorado na FFLCH da USP, Letras, Teoria Literária e Literatura Comparada: *Morfologia do Macunaíma*".

94. Haroldo de Campos
São Paulo, 29 novembro de 1971

Meu caro Affonso:

Recebi e agradeço sua carta de 15 novembro.

Quanto ao assunto livro Décio, mando-lhe desde logo o endereço do Luiz Antônio de Figueiredo (Rua 9 de Julho, 71 — Presidente Alves, Estado de São Paulo), que deve ser o coordenador geral do volume (logo sairá um trabalho dele no *Estadão*, e v. poderá apreciar a garra do rapaz: um estudo sôbre Camões, poeta de vanguarda[347]).

Quanto ao livro sobre Oswald: não será possível a co-autoria, porque o volume não será meu. Farei apenas um capítulo e posso escrever um prefácio para. É um pouco como o livro da Mary Lou Daniel sobre Rosa[348], com o prefácio do Wilson Martins (mal comparando, que o Wilson é a besta de sempre). Só nessa base posso concordar. Caso contrário, v. fica livre para cometer a outro a tarefa. Sugeri ao David Jackson (que além de estudioso da literatura é músico/violoncelo, habituado a executar Webern e autores de vanguarda), que dê um pulo a Belo Horizonte antes do fim do ano, para entrar em contato pessoal com v., conhecer o barroco mineiro (arquitetônico, literário, musical) e refazer as etapas da peregrinação oswaldiana à bíblia de pedra-sabão. Ele é muito simpático e sei que v. gostará de conhecê-lo. Tomei a liberdade de dar-lhe o seu telefone e o seu endereço, para que ele o procure e à Lais. O endereço dele em São Paulo é o seguinte: rua Tamandaré 525 apt. 31. Fone: 278 6124. Sugeri-lhe que levasse, para v. ver, as partes já prontas da tese de doutoramento que ele prepara (junto ao Jorge de Sena[349]) sobre os romances oswaldianos. É justamente a parte biográfica e de levantamento

---

[347] "Da plasticidade ao conteúdo da poesia". *O Estado de S. Paulo*, 24-12-72. Luiz Antônio de Figueiredo, professor da faculdade de letras da Unesp em Assis, doutorou-se com tese sobre poesia concreta.
[348] *João Guimarães Rosa: travessia literária* (Rio de Janeiro: José Olympio, 1968).
[349] Jorge de Sena ensinou, a partir de 1970, na Universidade da Califórnia, tendo anteriormente ensinado na Universidade de Wisconsin.

crítico, que serviria a calhar (resumida e refeita em termos do plano do volume, para o livro sobre Oswald).

Aqui vai o velho abraço amigo do

Haroldo

P.S.: Pode aparecer na capa: com um prefácio e um capítulo especial de Haroldo de Campos.

1972

95. Affonso Ávila
Belo Horizonte, 6 de fevereiro de 1972

Caro Haroldo

Já estabeleci contato com o David Jackson e parece que tudo corre bem quanto ao livro sobre Oswald.

Hoje tenho uma incumbência da UFMG, que é convidá-lo a participar da equipe de professores do curso sobre o modernismo a ser realizado durante o Festival de Inverno, em Ouro Preto, no mês de julho. V. daria duas aulas, com debates, sobre a poesia do modernismo, com as respectivas repercussões, inclusive a poesia concreta. Espero que v. possa conciliar essa participação com o seu programa de trabalho para este ano, que sei bastante intenso. Será uma alegria se pudermos revê-lo aqui, ouvindo de novo as suas lições.

Aguardo uma resposta sua, que poderá ser dada diretamente à Coordenação do Festival ou por meu intermédio.

Com nossas recomendações à Carmen, vai o abraço amigo do

Affonso Ávila

96. Haroldo de Campos
São Paulo, 14 de fevereiro de 1972

Meu caro Affonso:

Acabo de receber o convite para o Festival de Inverno e a sua carta, sempre amiga.

Estou respondendo ao prof. Romanelli[350], diretamente para a reitoria da UFMG, agradecendo o convite e explicando que, por força de minha próxima viagem à Europa e aos EUA, como Fellow da Guggenheim., sem data marcada de retorno, não posso assumir compromissos definidos para os meses vindouros.

Recebi e agradeço os ultimos números, sempre bem cuidados, da revista *Barroco*.

Passei a sua carta anterior ao David, para que ele tomasse providências pessoais e diretas, e vejo, pelo que v. me diz (assim como pelo telefonema que o David me deu anunciando uma breve viagem a Belo Horizonte para entrevistar-se com v. — o que deverá estar ocorrendo quando receber este cartão...), que tudo está bem encaminhado. Ótimo!

Um grande abraço do seu

Haroldo

---

[350] Rubens Costa Romanelli (1913-1978), professor da faculdade de Letras da UFMG, foi responsável pelos VI e VII festivas de Inverno de Ouro Preto (1972 e 1973), importante acontecimento cultural promovido pela UFMG a partir de 1967.

97. Affonso Ávila
Belo Horizonte, 16 de agosto de 1972

Caro Haroldo

Depois de nossas últimas cartas, que devem datar de fins de 71, retomo aqui o fio da meada, esperando que após as viagens mais recentes v. já esteja reengrenado nas atividades brasileiras.

V. deve ter recebido por aí o volume 2 da coleção da Vozes — *Murilo Mendes* (o poeta virá ao Brasil ainda este mês) e pode ver que nosso esquema vai ali aos poucos tendo sequência. Perdi, no entanto, o contato com o David Jackson, que na última carta me disse que seguiria em junho para os USA. Nossos entendimentos para o volume Oswald foram devidamente concluídos e eu esperava que ele entregasse os originais mais ou menos a esta altura para v. dar a prometida leitura e preparar a introdução. Como o David não mais me escreveu, fiquei sem saber em que pé andam as coisas. Acresce que Cristina Colonelli, que se encarregaria da tradução, escreveu para a editora desistindo da tarefa em razão também de viagem para os USA. Em face disso tudo, não sei como fazer senão apelar para v., não só para obter alguma informação sobre o David, como também para, se possível, indicar alguém aí, em contato mais direto com v., que possa substituir a Cristina. A editora se comprometeu a pagar a tradução ao preço de 7,00 (sete cruzeiros) a lauda de papel gabaritado.

Sei que v. está às voltas com a sua tese e certamente com mil outros trabalhos, mas espero que me compreenda e me dê uma ajuda a mais nesta emergência. Certo?

Dentro de alguns dias seguirá *Barroco* 4, que inclui o trabalho do seu aluno Christopher sobre Gregório de Matos. A tiragem definitiva da revista atrasou um pouco, isso devido em parte à loucura de trabalho em que me meti, especialmente o curso sobre o modernismo em Ouro Preto.

Com o abraço amigo do

Affonso

98. Haroldo de Campos
São Paulo, 31 de agosto de 1972

Caro Affonso:

Realmente, estou às voltas com a tese, que devo defender no dia 3 de outubro próximo. Ela representa na realidade, a primeira parte (volume) de [...], o segundo totalmente dedicado à prosa oswaldiana, estão em preparação). Preparo ainda a edição do nosso Mallarmé[351] (incluindo minha tradução por fim ultimada do Coup de dés que será o volume deste ano da coleção Signos. E também o meu *Xadrez de estrelas*[352] (antologia pessoal desde o Auto do possesso de 50 até fragmentos das *Galáxias in progress*). Devo viajar no fim de outubro para a Europa, para completar meu compromisso com a Guggenheim, e só estarei de volta no fim (Natal do [...] Village/Stanford/Califórnia 94305, USA. Ele está ultimando a própria tese e também a antologia oswaldiana prometida. Ficou de enviar-me cópia e também a você. O David parece que está projetando encontrar-se comigo na Europa em fins de outubro, para ultimar o projeto. Quanto ao problema da tradução, acho que a Vozes, que está empenhada num programa de traduções no campo da crítica, deve contar no seu quadro com tradutores do inglês, de modo que o problema deve ficar [...]. as pessoas que conheço no campo estão já comprometidas.

Gostei do livro da Laís sobre o Murilo (que ainda não pude ler detidamente, apenas percorri numa visão geral e topológica). Pareceu-me muito mais dinâmico que o volume anterior do Benedito. Talvez porque o Murilo exiba muita mais hoje uma face de vanguarda do que o Cabral, apostado em trocar a educação pela pedra por uma insuspeitada (nele) edulcoração pelo chá da Academia... De qualquer [...] do Cabral no "sistema" (veja-se

---

[351] *Mallarmé*. Haroldo de Campos, Augusto de Campos, Décio Pignatari. São Paulo: Perspectiva, 1974. A coleção Signos era dirigida por Haroldo de Campos.
[352] *Xadrez de estrelas*. São Paulo: Perspectiva, 1976. Também na coleção Signos.

a p. 22, por exemplo, onde o elenco dos "crachás" não combina com a "contenção" invocada via Marianne Moore...[353])

Aceitem, você e Laís, meu abraço amigo ([...] livro sobre Murilo). [...]

Haroldo

---

[353] Referência à página 22 do livro de Benedito Nunes, onde se elencam prêmios recebidos por João Cabral, bem como sua eleição para a Academia Brasileira de Letras e a citação, em seu discurso de posse, de um verso de Marianne Moore.

1973

99. Affonso Ávila
Belo Horizonte, 15 de julho de 1973

Caro Haroldo

Sua *Morfologia do Macunaíma,* recebida com a alegria que sempre nos traz o que vem de v., de vs., aqui está, sendo lentamente palmilhada e assimilada em sua lição de metodologia crítica e organização ensaística. Mas, acima da lembrança de um exemplar do livro, comoveu-nos a associação de nosso nome à ideia da tese[354]. Muito obrigado.

Barroco já está com mais um número lançado — o 5º. — e espero poder enviá-lo a vs. tão logo seja liberada a minha quota da edição. Ando, entretanto, sinceramente sufocado pelo continuado trabalho de arqueologia literária dos últimos anos e penso em me safar um pouco dessa atmosfera, escrevendo alguns artigos sobre o nosso *up-to-date* literário. Deverá aparecer breve no *Estadão* um comentário[355] sobre o livro do Costa Lima (outro recente doutor) e pretendo, concluída a leitura da *Morfologia,* também focalizá-la.

Seu aluno Christopher Lund, que v. trouxe até a *Barroco,* parece que perdeu o endereço daí, pois manda uma carta para v., por meu intermédio.

Com o abraço afetuoso do

Affonso

---

[354] No capítulo 2 de *Morfologia do Macunaíma,* "Configuração", Haroldo ressalta a oportunidade crítica da nota de Laís Corrêa de Araújo à sua tradução de texto de Barthes, bem como do artigo de Affonso Ávila "Macunaíma: tradição e atualidade".
[355] O artigo de Affonso intitula-se "Estruturalismo e teoria da literatura", tendo sido publicado em 22 de julho de 1973 no *Estado de S. Paulo* — trata-se de resenha do livro de mesmo título de Luís Costa Lima (Petrópolis: Vozes, 1973), originalmente sua tese de doutorado.

100. Haroldo de Campos
São Paulo, 29 de julho de 1973

Meu caro Affonso:

Chegado de Lima, Cuzco e La Paz, onde fui para conhecer de perto o barroco hispano-americano e as culturas pré-colombianas, encontrei a sua amável carta de 15/julho. Aqui[356] lhe mando, com esta vista do soberbo convento limeño de San Francisco, um abraço meu e de Carmen, extensivo à Laís.

Haroldo

---

[356] Trata-se de um cartão-postal.

1976

101. Affonso Ávila
Belo Horizonte, 1º. de novembro de 1976

Caro Haroldo

Está aqui o seu *Xadrez de estrelas,* um percurso bem barroco em seu todo, que justifica a imagem vieiriana do título.

Quem diria — 1/4 de século! Isso poderia assustar, dar um sentido melancólico de balanço, mas as coisas evoluem tão pouco na engrenagem cultural deste país, que v. se pode considerar ainda hoje o mesmo poeta novo e insólito de 1949. Do *Auto do possesso* às *Galáxias* o percurso criativo foi imenso, foi violentador, mas quem percebeu isso, quem assimilou a lição, senão uns raros? Colocados agora em faixa comercial, não tenha dúvida de que sua poesia, seus textos-viagem, terão sabor de descoberta, a longo prazo, para uns menos raros que se multiplicam e se multiplicarão. Ah vós Sousândrades!

Com o abraço afetuoso e grato do

Affonso

102. Haroldo de Campos
São Paulo, 7 de dezembro de 1976

Meu caro Affonso:

Recebi, comovidamente, a sua carta de 1º. de novembro, tão afetuosa e tão amiga. É um prazer grande retomar esse nosso diálogo, que vem de tantos anos!

Em começos do ano, provavelmente, estarei passando uns dias em Belo Horizonte com Carmen, para mostrar o barroco mineiro a nosso filho Ivan, agora com 14 anos, e que apesar de já ter viajado muito conosco ainda não conhece o *mim mineral de Minas*,[357] essencial...

Teremos então — espero — o prazer de revê-los e abraçá-los pessoalmente, a você e à cara Laís, assim como ao Carlos, de que me falam sempre com apreço os meus jovens amigos de *Poesia em Greve* e *Corpo Estranho*.[358]

Caso se confirme o meu projeto, avisarei em tempo.

Aceite um forte abraço afetuoso e grato, extensivo à Laís, do

Haroldo

P.S. Junto, uma separata e um prospecto (o *Dante* sairá também numa edição normal, da qual logo que tenha lhe enviarei um exemplar[359]).

---

[357] Referência ao poema de Affonso Ávila "Trilemas da mineiridade", de *Código de Minas,* cujos primeiros versos dizem: "eu em mim / eu em minas / eu em minas de mim".
[358] A revista *Poesia em Greve,* de São Paulo, teve um único número, em 1975, sendo dirigida por Lenora de Barros, Pedro Tavares de Lima e Régis Bonvicino. A revista *Corpo Estranho,* publicada em São Paulo e dirigida por Régis Bonvicino e Julio Plaza (contando também com Pedro Tavares de Lima no n. 1), teve três números: maio-jun.-jul.-ago 1976; set.-out.-nov.-dez. 1976; e jan.-jun. 1982. O título apareceu como *Qorpo Estranho* nos ns. 1 e 2, e como *Corpo Extranho* no n. 3.
[359] Em 1976 foi publicado o volume *Dante: seis cantos do Paraíso,* tradução de Haroldo de Campos, pela editora Fontana do Rio de Janeiro, numa edição limitada a 100 exemplares de luxo, ilustrada com litografias originais de João Câmara. Em 1978, saiu pela mesma editora uma edição corrente.

1984

103. Haroldo de Campos
São Paulo, 3 de agosto de 1984

Meu caro Affonso:

Acabo de chegar da França, onde participei como convidado especial do 1º. Festival Internacional de Poesia em Cogolin (Provença), e encontro em minha correspondência seu belo poema *Delírio dos cinquent'anos*[360]. Que prazer ouvir a voz da invenção ressoar de novo em nosso idioma, em meio ao falario deblaterante dos novos retóricos de peito estufado e estro mofino! Logo mais, poderei retribuir-lhe, enviando-lhe as *Galáxias* que estão prestes a sair em livro. Domingo, dia 5, estarei viajando de novo, desta vez para a Espanha como professor convidado no Curso Internacional da Universidade de Santander, coordenado por E. Rodríguez Monegal[361] (tema: o Barroco e a Antropofagia; falarei sobre a "Razão Antropofágica"[362]); em seguida, dia 20, estarei no México, convidado a participar (com uma conferência sobre "Poesia y modernidad"[363]) do Simpósio Comemorativo dos 70 anos de Octavio Paz[364]. Volto ao Brasil na 1ª. semana de setembro. Lamento muito

---

[360] *Delírio dos cinquent'anos*. Brasília: Edições Barbárie, 1984.
[361] Emir Rodríguez Monegal (1921-1985), crítico literário uruguaio, escreveu o prólogo, "Blanco/Branco: Transblanco", para o livro *Transblanco* (Rio de Janeiro: Guanabara, 1986), em que Haroldo traduz o poema *Blanco* de Octavio Paz.
[362] "Da razão antropofágica: diálogo e diferença na cultura brasileira" foi incluído em *Metalinguagem e outras metas* (São Paulo: Perspectiva, 1992), tendo saído anteriormente na revista *Colóquio/Letras*, de Lisboa, em julho de 1981, bem como no *Boletim Bibliográfico*, da Biblioteca Mário de Andrade, em jan.-dez. 1983. Uma nota no livro cita várias outras publicações do texto em várias línguas.
[363] O simpósito em homenagem aos setenta anos de Octavio Paz, *Más Allá de la Fechas, Más Acá de los Nombres*, realizou-se em agosto de 1984 no Instituto Nacional de Bellas Artes, México. Haroldo apresentou o trabalho "Poesia e modernidade: da morte da arte à constelação. O poema pós-utópico", publicado no suplemento *Folhetim* da *Folha de S. Paulo*, em 7 e 14 de outubro de 1984. Foi incluído no livro *O arco-íris branco* (Rio de Janeiro: Imago, 1997). Foi também publicado, em espanhol, na revista *Vuelta* (México, n. 99, fevereiro de 1985); em italiano, no suplemento da revista *Alfabeta* (Milão, n. VII:80, janeiro de 1986; em Portugal, na revista *Crítica*, n. 5, "Estéticas da Pós-Modernidade" (Centro de História da Cultura da Universidade Nova de Lisboa: Editorial Teorema, maio/89).
[364] Octavio Paz (1914-1998), poeta e crítico mexicano, de quem Haroldo de Campos traduziu *Blanco*, no já referido *Transblanco*, bem como uma seleção de poemas em *Constelação* (Rio de Janeiro: Fontana, 1972); em *Signos em rotação* (trad. Sebastião Uchoa Leite. São Paulo: Perspectiva, 1971), foi publicada a "Constelação para Octavio Paz", de Haroldo de Campos — texto crítico seguido da tradução de poemas.

não poder estar com você para o simpósio mineiro [365]deste mês de agosto, mas aguardo com ansiedade uma nova oportunidade de rever MINAS. Um grande abraço sempre amigo e sempre afetuoso a você, Laís e ao Carlos.

Do Haroldo

Lembranças de Carmen e Ivan!

---

[365] Haroldo refere-se aqui ao Seminário Sociedade, Cultura e Tecnologia, realizado em agosto de 1984, na Fundação João Pinheiro, em Belo Horizonte. À época Affonso era Diretor de Assessoramento e Programas Especiais da fundação.

1988

104. Haroldo de Campos
São Paulo, janeiro de 1988

À Casa dos Ávila — ao Affonso, velho amigo, sempre capaz do belo, à Laís, ao Carlos, à Eleonora, os votos de um Feliz 88 — meus, de Carmen e do Ivan — e o semprebraço em poesia do

Haroldo

105. Haroldo de Campos
São Paulo, 2 [?] de abril de 1988

Meus queridos Amigos Laís e Affonso:

Como lhe disse, Laís, por telefone, a carta de 5 abril, que recebi de sua parte (e do Affonso), muito me comoveu e confortou, na fase pré-operatória que tive de atravessar com dificuldade, já que sou obsessivamente avesso a médicos & nosocômios... Tudo correu bem como lhe disse, e aqui estou de novo, para agradecer-lhes mais uma vez o carinho e enviar-lhes, de minha parte e de Carmen, um abraço afetuoso de muita e sempre renovada amizade, a você e ao nosso Affonso — a casa poética dos Ávila.

Haroldo

P.S. Estarei em 21 de junho em Ouro Preto e espero passar alguns dias em Minas. Ficarei feliz em revê-los!

P.S.2 Minhas leitura de poemas em Ouro Preto é organizada pela professora Leda Maria Martins (Universidade Federal de Ouro Preto).

1990

106. Haroldo de Campos
São Paulo, [? de dezembro] de 1990

Para Laís, Affonso e Família,
envio, com Carmen e Ivan, os votos de Boas Festas e de um 91 muito feliz!

Haroldo

1993

107. Haroldo de Campos
São Paulo, [? de 1993]

1) Meu caro Affonso: Aqui vai a cópia a carta com a qual o Fernando Peres enviou-me exemplares preliminares xerocopiados (um para você) da *Antologia gregoriana*. O projeto, como vê, vai bem. Se for o caso, acho que nos cabe fazer alguma sugestão sobre a escolha (embora a seleção de texto tenha ficado a cargo do Fernando, o que me parece bem).

2) Vou, no começo do ano próximo preparar o meu texto. Augusto e João Alexandre[366] também prometeram colaborar.

3) Vi que o seu texto sobre a festa barroca saiu na antologia da Ana Pizarro (Antônio Cândido).[367] Gostaria de ter uma cópia (não creio que me enviarão exemplar, embora conheça a Ana Pizarro, com quem tive, há tempos, cordial encontro num simpósio em Porto Alegre).

Abraços!

Haroldo

---

[366] João Alexandre Barbosa (1937-2006) foi professor da USP e crítico literário, autor de livros como *A metáfora crítica* (São Paulo: Perspectiva, 1974).

[367] Trata-se do texto "Festa barroca: ideologia e estrutura", incluído em *América Latina: palavra, literatura e cultura*, organizado por Ana Pizarro (São Paulo: Memorial da América Latina, 1993). Ana Pizarro é uma professora e crítica chilena.

108. Haroldo de Campos
São Paulo, 18 de novembro de 1993

Para Laís e Affonso,

Com o meu abraço de sempreamizade, este belo livro traduzido pela Josely,[368] no qual (no prefácio) começo a indigitar o reacionarismo antibarroco que começa a engrossar a voz nos meios acadêmicos deste país oximoresco.

Haroldo

---

[368] Esta peça da correspondência é constituída pela dedicatória em exemplar do livro de Lezama Lima *Fugados*, com tradução de Josely Vianna Baptista e apresentação de Haroldo de Campos (São Paulo: Iluminuras, 1993).

1994

109. Haroldo de Campos
São Paulo, 15 de março de 1994

Meu caro Affonso:

Eis a resposta do Fernando Peres.[369] Parece-me esclarecedora, não é? Talvez possamos pedir a ele que acrescente à coletânea poemas importantes, constantes de sua relação, que também figuram no Apógrafo. Será que o Fernando incluiu todos os textos relevantes que integram seu códice? Que lhe parece?

O João Alexandre aceitou em definitivo colaborar no projeto.[370] Abordará a questão da "brasilidade" de nossa literatura antes do arcadismo (marco inicial da *Formação*[371]).

Um abraço forte a v. e à Laís.
Lembranças ao Carlinhos e a Eleonora[372].

Haroldo

---

[369] Fernando da Rocha Peres (1936), professor da UFBA, crítico, publicou vários trabalhos sobre Gregório de Matos.
[370] Anexo à carta há um "Projeto summa gregoriana: obra do doutor Gregório de Matos e Guerra".
[371] *Formação da literatura brasileira*, obra de Antonio Candido.
[372] Carlos Ávila e Eleonora Santa Rosa.

1996

110. Haroldo de Campos
São Paulo, 5 de julho de 1996

Aos queridos Amigos Affonso e Laís, esta lembrança[373] do último (IX) *Bloomsday*, com o meu abraço sempre afetuoso e os meus agradecimentos pelo envio do (belo!) *Minor — livro de louvores,* onde leio, com alegria, o generoso texto que o Affonso escreveu a propósito do meu *Sequestro gregoriano*.[374] Agradeço, também, por intermédio do Castelão e da Castelã da Casa dos Ávila, o excelente *Rima & solução*[375], fino lavor exegético da Myriam Ávila, outra fidalga espiritual da Dinastia Barroco-mineira.

Abraço forte de

Haroldo

---

[373] Esta peça da correspondência é constituída pela dedicatória em exemplar do programa do *Bloomsday 96*, coordenado por Haroldo de Campos e Munira Mutran.

[374] Trata-se do texto de Affonso Ávila "Viva Haroldo viva Gregório" incluído em *Minor* — livro de louvores (Belo Horizonte: Rona, 1996), e que havia saído no suplemento *Fetiche* (Salvador), de 3 de dezembro de 1989, ano de publicação do livro de *O sequestro do barroco* de Haroldo e de seus sessenta anos.

[375] Trata-se do livro de Myriam Ávila *Rima e solução:* a poesia nonense de Lewis Carrol e Edward Lear (São Paulo: Annablume, 1996).

ANEXOS

CARTA DO SOLO — POESIA REFERENCIAL[1]

Affonso Ávila

Pede-nos *Invenção* um depoimento sobre a nossa experiência de *Carta do solo*. Embora sem a pretensão de teorizar uma súmula poética, tarefa que pressupõe a atitude didática lastreada em conceitos estratificados inconciliáveis com a poesia que se pesquisa, experimenta, inventa, procuraremos conjugar dados e observações capazes de auxiliar a inteligência do projeto e da sua execução. Estas notas informais, refugindo às generalizações da terminologia ortodoxa, objetivam apenas documentar um processo de ordem intransitiva do poeta, sem intenções preceptivas ou doutrinárias. Ao contrário, muitos dos pontos focados como basilares de nosso trabalho refletem lições de aprendizado constante, na apreensão de técnicas e na sua mais abrangente testagem crítica. Não acreditamos na poesia como dom numinoso, tampouco nos satisfaz o seu mero exercício lúdico. Reconhecemos nela produto de consciencialização estética, ao mesmo tempo que expressão referencial do homem e da realidade. Daí considerarmos o ato criativo decorrência de momento lúcido em que o artista articula a linguagem-síntese de seu mundo existencial. *Carta do solo* pretende, portanto, ser poesia que se inventa e condiciona.

SITUAÇÃO — Depois da experiência lírico-subjetiva de três grupos de poemas (*O açude, Sonetos da descoberta* e *Glosa da primavera*), evoluímos conscientemente para a problemática da integração da poesia no processo (com suas conotações brasileiras) histórico de nossos dias, em cuja dinâmica as novas formas se criam sob o primado da técnica e do fenômeno dialético-social. A poesia, para sobreviver à ameaça de alienação ou postergação, vê-se também no imperativo de descobrir (fundar) as

---

[1] Texto publicado na revista *Invenção*, n. 2, ano 1, 2º. trimestre de 1962.

suas novas formas, mas formas que lhe atribuam validade e função entre as evidências de uma civilização que repugna a gratuidade e o jogo idealista. Partindo dessa constatação, assumimos a atitude que nos levaria a unir a Fábio Lucas, Rui Mourão e outros escritores mineiros na formulação da tese de *Tendência*. As nossas primeiras realizações no campo experimental de uma poesia de sentido participante surgiram da aferição de dados sociológicos imediatos e esses pretextos geradores, tributários do episódico ou transitório, nos conduziram ao confinamento na linha telúrica de teor temático pródiga nos remanescentes verde-amarelos ou antropofágicos de 22 ("O boi e o presidente", "Concílio dos plantadores de café", "As viúvas de Caragoatá" e "Os negros de Itaverava", incluídos em *Outra poesia*). Entretanto, a reflexão crítica e o aprofundamento no estudo do problema criativo, a par da evolução dialética do pensamento estético-ideológico de *Tendência*, indicaram-nos a necessidade de se arguir a *coisa nacional* em si, determinar o comportamento e a essência do ser numa dada realidade que é a brasileira. O elemento conjuntural passou, então, a interessar-nos apenas na medida em que pudesse auxiliar essa prospecção. Iniciamos trabalho de pesquisa e construção que correspondesse, no plano da linguagem poética, ao corolário do nacionalismo crítico de *Tendência*, isto é, à demanda da expressão culturalmente válida para uma literatura de específica autenticidade brasileira, dentro de categorias valorativas universais. *Carta do solo* (com os painéis "Carta do solo", "Morte em efigie", "Bezerro de ferro e sinal", "Os anciãos" e "Os híbridos") representa etapa do andamento programático do projeto de *Tendência*.

ATITUDE CRÍTICA — *Carta do solo* não se isolou como experiência fechada em si mesma, insensível aos problemas suscitados pelo debate que, em torno de uma nova poesia, se travou no Brasil nos últimos anos. Tampouco traduz alheamento face ao sentido renovador que nossos principais poetas imprimiram às suas composições mais recentes ou diante da assimilação de técnicas buscadas a autores estrangeiros de vanguarda. Dentro das perspectivas do processo criativo brasileiro e como pesquisa desenvolvida no campo da moderna linguagem poética, o livro se explica criticamente na correlação com determinadas implicações. No decurso de sua elaboração ou no período que a precedeu imediatamente, reputamos decisiva para a tomada de consciência crítica do poeta a ocorrência, dentre outros, dos seguintes fatores:

a) o nacionalismo crítico de *Tendência*, através de suas fases de evolução;
b) a tese *Da função moderna da poesia*, apresentada por João Cabral de Melo Neto ao Congresso de Escritores do IV Centenário de São Paulo;
c) o aparecimento de *Duas águas*, de João Cabral de Melo Neto;
d) *A vida passada a limpo* e poemas subsequentes de Carlos Drummond de Andrade;
e) a poesia de Cassiano Ricardo, a partir de *O arranha-céu de vidro*;
f) a divulgação entre nós da poesia de Ezra Pound, Cummings e outros poetas estrangeiros de vanguarda;
g) *Noigandres* e a postulação teórica do concretismo.

Embora sem interferência prevalente ou influência descaracterizadora de nosso projeto — *o trabalho prospectivo na área da poesia para a fundação de uma expressão literária nacional*, ideia inerente à condicionante *a* —, os fatores *b* a *g* constituem incidências de citação compulsória no levantamento do quadro conjuntural em que se situa a experiência de *Carta do solo*. Testadas com objetividade e atentamente meditadas, essas determinantes crítico-históricas atuaram às vezes como elementos de informação ou mesmo de apoio a que o poeta recorreu no encaminhamento de certas soluções. Em contrapartida, algumas conclusões que os referidos subsídios ofereciam simultânea ou isoladamente para um dado problema deixaram de ser consideradas, ora por se conflitarem ou anularem em suas premissas, ora por resultarem insubsistentes diante da concepção para nós válida do fenômeno poético.

PROJETO-ABORDAGEM — Incompatível com o exercício aleatório, com o verso inspirado e fortuito de fruição lírico-subjetiva, a poesia referencial exige que o poeta se aplique lucidamente: 1) na opção de temas ou seleção dos estímulos captados de seu mundo existencial; 2) na planificação do poema que ele se impôs com o seu tema; 3) na consulta ao material de informação; 4) na aferição de seu instrumental de palavras e técnicas; 5) na articulação da linguagem-síntese; 6) no cálculo dos efeitos imediatos ou remotos de recursos utilizados para a comunicação; 7) no arredondamento final do poema como objeto artístico uno e acabado. Assim, cada composição de *Carta do solo* procurou obedecer ao risco rigoroso e à execução racional, propósito cujo resultado é o poema em si, posto em circulação, que ao crítico e não mais ao poeta cabe avaliar.

Para melhor inteligência do processo em cada poema, não serão supérfluas estas notas:

"Carta do solo" — O encadeamento de unidades referenciais autônomas forma o painel ou poema. A unidade, neste caso de estrutura estrófica, é sempre uma frase poética de sentido significante completo e independente. A linha de conexão das unidades se desenvolve num espaço conjetural e a cada segmento corresponde uma tomada da realidade levantada. Daí a *Carta do solo* com as suas áreas de determinantes ecológicas.

"Morte em efigie" — A estrutura é imposição do tema: o julgamento do *bifronte*, com o sumário de culpa (I), as perorações de acusação (II) e defesa (III) e a sentença (IV) da *morte em efigie* (figura das *Ordenações*). A linguagem adotada objetiva criar o significado e a tensão próprios das sequências: I) a ação solerte e subvencionada do *bifronte*, decorrida em clima de noturna subversão; II) a iteração das apóstrofes com o seu teor intencional de ironia e persuasão; III) a ênfase atributiva como recurso contraposto à precipitação da sequência anterior; IV) impossível a identificação do *bifronte*, a sentença gravada na própria moeda ou palavra subversiva, deve alcançá-lo universalmente, no espaço onde se situe e opere sob os seus disfarces.

"Bezerro de ferro e sinal" — Repete-se o processo de encadeamento de unidades autônomas, distribuídas rítmica e isomorficamente nas cinco sequências ou fases descritas do ciclo de vida do animal: *parição, apartação, ferra, castração* e *abate*. O contraponto transfere o objeto a um segundo plano de percepção em que é visto na perspectiva de matéria útil para desfrute do homem. O vocabulário de referência foi previamente pesquisado e testado em sua potencialidade semântica. Utilizou-se extenso material subsidiário e o trabalho de elaboração requereu cerca de dez meses, prazo superior ao tempo médio de execução dos demais poemas, estimado em seis meses.

"Os anciãos" — O poema se desenvolve em ritmo fílmico. As palavras-imagens, articuladas em frases, unidades e sequências, querem sugerir simultaneamente movimento, visualização e aprofundamento verbal. A figura estática do *ancião* acompanha, da sua órbita de passividade, a dinâmica de transformação de um mundo criador de novas evidências. A técnica de substantivação da linguagem procura construir uma simbólica referencial para essas realidades. Fora do contexto poemático, atua a plateia de reação — o *coro dos senadores da república*.

"Os híbridos" — Retorna o pretexto do *bifronte* e se equacionam problemas dimensionados nas etapas anteriores de pesquisa e construção. O encadeamento das unidades autônomas aqui se integra num processo visualizador que aproveita também, em seus efeitos gráficos, o espaço concreto em que o painel se constrói. O contraponto alterna, em cada unidade, três planos distintos de percepção e estrutura, que podemos assim nomear em razão de seu sentido predominante: a) referencial ("Onde simula os bronzes do timbre / confunde a ciência dos peixes"); b) significante ("A PALAVRA / COM SUAS AUSÊNCIAS"); c) conceitual (" — palavra /sinete de insidia"). Esses planos se completam rítmica e organicamente na unidade:

Onde simula os bronzes do timbre
    A PALAVRA
confunde a ciência dos peixes
    COM SUAS AUSÊNCIAS
- palavra,
sinete de insidia

LINGUAGEM-CONSTRUÇÃO — *Carta do solo* representa a articulação de uma linguagem síntese. A palavra — instrumento de referência e comunicação — é provada em sua capacidade detonadora de sentidos objetivantes.

Concluída essa operação de testagem semântica, é ela colocada em movimento no mecanismo da linguagem, onde desenvolve a tensão potencial que lhe é inerente. Dimensionadas e articuladas, as palavras passam a compor ordens significantes superiores, que surgem em escala hierárquica, p. ex., em "Os anciãos": a) *frase poética*; b) *unidade autônoma*; c) *sequência*; d) *painel* ou poema.

Na construção de *Carta do solo* e sua linguagem-síntese, procuramos sistematizar alguns recursos:

Antidiscurso — Visando consolidar na linguagem o seu poder de síntese e objetivação, tentamos estatuir uma sintaxe antidiscursiva, através da eliminação de elementos copulativos básicos na estrutura tradicional do discurso: relativos ou conjuntivos (*que...*), comparativos (*como, quanto...*), condicionantes (*se...*), adversativos (*mas, porém...*), modais ou conclusivos (*assim, por isso...*), causais (*porque, porquanto...*), dentre outros.

Substantivação — O processo da prevalência substantiva atua também como fator de objetivação da linguagem e simultânea neutralização do discursivo. O adjetivo só ocorre quando atribuído de função orgânica na frase poética.

Vocabulário de referência — Com a utilização de um vocabulário de referência, pesquisado nas fontes prosaico-informativas, tornou-se possível drenar a metáfora em sua pletora lírica, obter uma imagem reforçada de significado real, objetivante ("Carta do solo" e "Bezerro de ferro e sinal"). Construímos paralelamente, por imposição de determinados temas, uma simbólica referencial ("Os anciãos" e "Morte em efígie").

Técnica de iteração — A iteração reforça a fixação do que se quis transmitir, dispensa o elemento lógico-persuasivo do discurso. Outros meios auxiliares da comunicação: o refrão interior ("Morte em efígie" e "Bezerro de ferro e sinal") ou exterior ao contexto poético ("Os anciãos"), a rima toante e em alguns casos consonante, a medida harmônica dos versos dentro de cada sequência do poema, o equilíbrio rítmico das frases, etc.

Complementação restritiva — Complementando restritivamente na frase poética o sujeito ou o objeto ("*Com seus cinco anéis* /no assomo dos chifres

/ estanca a ventura / *com seus rios livres*), logramos processo mais funcional na construção imagística, eliminado o comparativo *como*.

Dimensão espacial — Pretendemos não apenas o aproveitamento de um espaço concreto, em que a palavra se dimensiona visualmente no branco da página ("Os híbridos"), mas ainda a colocação da imagem objetivante dentro de um espaço conjetural, em que gera e desenvolve a sua tensão ("Carta do solo", "Bezerro de ferro e sinal" e "Os anciãos"). Daí o uso sistemático do circunstancial *onde*. Também auxilia o processo o recurso ao verbo no presente do indicativo, forma que compreende simultaneamente ação (*tempo*) e situação (*espaço*).

Contraponto — A tensão poética se origina ao mesmo tempo em polos diversos e se desenvolve em paralelas que se completam no mesmo corolário ou significado ("Bezerro de ferro e sinal"). A autonomia dos planos é quase absoluta, podendo um deles conter todo o núcleo significante do poema, como indica este plano em relevo de "Os híbridos":

A PEDRA
COM SUAS AUSÊNCIAS

A FLOR
COM SUAS AUSÊNCIAS

O FRUTO
COM SUAS AUSÊNCIAS

O PÃO
COM SUAS AUSÊNCIAS

A MULA
COM SUAS AUSÊNCIAS

O PÁSSARO
COM SUAS AUSÊNCIAS

O HOMEM
COM SUAS AUSÊNCIAS

A PALAVRA
COM SUAS AUSÊNCIAS

OS HÍBRIDOS
COM SUAS AUSÊNCIAS

Poesia referencial — O termo *referencial*, aqui tomado para explicar a poesia de *Carta do solo* não traduz propósito de subordiná-la à tutela de qualquer imposição extraestética, seja à política, à sociologia, ao folclore. É ela *referencial* por ser uma *criação*, uma *fundação*, uma *invenção*. E o homem só cria, funda, inventa suas evidências numa projeção da realidade, em formas de percepção que se condicionam ao seu mundo existencial. Fora desta concepção caminharíamos para a arte absurda, a poesia absurda.

Como experiência, *Carta do solo* é uma etapa da evolução do poeta. Etapa primacialmente *crítica*, marcada pela pesquisa, pela aferição de técnicas, pela organização de recursos. Experiência concluída e agora convertida em suporte para novo projeto.

Belo Horizonte, set./out.1961

A POESIA CONCRETA E A REALIDADE NACIONAL[2]

Haroldo de Campos

Pode um país subdesenvolvido produzir uma literatura de exportação? Em que medida uma vanguarda universal pode ser também regional ou nacional? Pode-se imaginar uma vanguarda engajada?

Eis aí três perguntas fundamentais para a configuração de um contexto crítico onde se deve situar quem quer que se proponha a fazer arte hoje em nosso país e que assuma, ao mesmo tempo, a plena consciência de seu *métier* e de sua peripécia histórica. Para os que entendem que a poesia (arte a que me limitarei neste breve estudo) é um amável exercício do coração, um protocolo psicanalítico ou um repertório de esconjuros mágicos e/ ou místicos, nada disso importa: que fiquem ao largo, ensimesmados em seu varejo de alienações...

1. Creio que a antropofagia de Oswald de Andrade é alguma coisa mais séria do que comumente se suspeita. A antropofagia é uma forma de redução. É uma devoração crítica. Não se trata de eliminar a história, e partir genialmente empós de um "absoluto" vago-suspeito, de um "acontecimento" siderado pelo milagre ou pela autossuficiência individualista. Se trata de devorar para compreender e superar. De pôr entre parênteses o acessório, para que o essencial apareça na tábua fenomenológica. A fórmula poundiano-pragmática do "Make it New", das "separações drásticas", na qual Luciano Anceschi vê a manifestação de um "proto-humanismo americano" a afirmar-se, por lances agudos de improvisação instrumental, perante a velha cultura europeia (*Poética americana*).

---

2 *Texto publicado na revista *Tendência*, n. 4, 1962.

Oswald pensou uma poesia de exportação no Brasil provinciano de há quarenta anos atrás, imerso no xaroposo limbo parnasianista, o Brasil coelhonetal e bilaquiano: "os valores estáveis da mais atrasada literatura do mundo impediam qualquer renovação" (*Um homem sem profissão*). E partiu para a deglutição. Do futurismo que importou da Europa, às dicções ingênuas dos nossos primeiros cronistas, passando pela "linguagem surrealista" dos nossos aborígenes (buscada nos fragmentos que Couto de Magalhães recolherá em *O selvagem*) até a fala cotidiana e coloquial, Oswald puxou sua trilha redutora, movida a apetite antropofágico, e daí extraiu a *poesia pau-brasil*, que Paulo Prado chamaria de "o primeiro esforço organizado para a libertação do verso brasileiro". Deixou de ser brasileiro com isto? Não. Foi brasileiro e crítico: "O desejo de atualizar as letras nacionais — apesar de para tanto ser preciso importar ideias nascidas em centros culturais mais avançados — não implicava numa renegação do sentimento brasileiro. Afinal o que se aspirava era tão somente a aplicação de novos processos artísticos às inspirações autóctones, e, concomitantemente, a colocação do país, então sob notável influxo de progresso, nas coordenadas estéticas já abertas pela nova era" (Mário da Silva Brito, *História do modernismo brasileiro*). 22 foi a primeira tentativa de desalienar a literatura brasileira de seu paraíso perdido formal e colocá-la nos trilhos do tempo. No que já ia, por si só, uma forma de participação, pois participar significa, ao nível do óbvio, ser entranhadamente de sua época, *viver efetivamente*. E isto — Norbert Wiener nos adverte — quer dizer "viver com a informação adequada" (*The human use of human beings — Cybernetis and Society*).

De lá para cá muita coisa se passou, do borralho de uma Grande Guerra para o fogo de outra, até um segundo pós-guerra assaltado pelo pesadelo atômico, onde nos encontramos, dimensionados ainda pela dura condição sul-americana de país subdesenvolvido e semicolonial, mas que começa rapidamente, num panorama entrópico trabalhado pelas contradições internacionais e pelas pressões da guerra fria, a enveredar, mais ou menos tumultuariamente, por seu processo de industrialização. No campo da poesia, neste segundo pós-guerra, ensaiou-se entre nós a restauração: voltar para trás era a palavra de ordem. Procurava-se desassimilar aquilo que Oswald tinha devorado. No mundo atômico, as carapaças cogumélicas da "tradição belartística" serviriam, senão de solução, pelo menos de polipeiro dominical para toda uma geração de *teixugos estéticos* (para me valer do fabulário fonético de Christian Morgenstern, *Galgenlieder*). E, em outras latitudes, a perspectiva não era melhor: poesia contemplativa, poesia vegetativa, poesia onírica, poesia genitivo-metafórica, poesia mística, poesia mítica, poesia ingênuo-social... Todos os derivativos meta-ou-para-poéticos, todas as formas de diluição e de retrocesso...

Foi então que se pôs em nosso país — e, com toda a naturalidade, se pôs pensando em termos internacionais — o problema de uma nova poesia. Retomava-se a intimação sem precedentes de Oswald: por uma poesia de exportação. E em que condições? Nas condições criadas por uma nova visada redutora, por um novo rasgo antropofágico. *Redução estética*, direi, e já agora abono-me do jargão mais conspícuo da sociologia. Um sociólogo alistado, da acuidade de Guerreiro Ramos, descreve o processo, que é reversível à problemática artística; forma-se, em dadas circunstâncias, uma "consciência crítica", que já não mais se satisfaz com a "importação de objetos culturais acabados", mas cuida de "produzir outros objetos nas formas e com as funções adequadas às novas exigências históricas"; essa produção não é apenas de "coisas", mas ainda de "ideias" (*A redução sociológica*). Da importação se passa à produção e desta se transita naturalmente para a exportação. É o que sucedeu com a arquitetura brasileira em nossa época, com condições de possibilidade para construir não apenas os edifícios que quiser, mas toda uma nova capital, e capaz, por isso mesmo, de tratar sobranceiramente a um Max Bill como arquiteto-amador, quando este (sem a mesma bagagem de projetos executados) lhe faz reparos à funcionalidade (estou apenas observando um sintoma de maturidade e independência criativa, sem entrar no mérito da querela Niemeyer/Bill).

Pois poetas brasileiros, em 1955/56, em São Paulo, lançaram um movimento de poesia de vanguarda para o Brasil e para o mundo. A operação redutora se fez de coordenadas diversas, desde Mallarmé (*Un coup de dés*,

1897, obra que mesmo na França ainda continuava sendo tratada pela maioria nos termos de Thibaudet, como um "fracasso final"), passando por Pound e pelo ideograma chinês, até 22 (a poesia-minuto de Oswald) e o salto neoplasticista do "engenheiro" João Cabral (que só por coincidência tabelioa tem algo a ver com a tímida grei restauradora de 45). Mas se fez sobretudo em condições brasileiras, no convívio com uma realidade urbana (tão nacional como a rural), onde se podia meditar a máquina, a civilização técnica, a relação homem (operário) — máquina, a relação homem (operário) — nova arquitetura, e respectivas contradições, em condições que não poderiam jamais ocorrer, por exemplo, a um barbudo artista da "rive Gauche", no horizonte finissecular da Paris de "fachadas bilaquianas", da Paris que até hoje não se curou do automatismo psíquico surrealista e deriva compreensível e naturalmente para o delírio artesanal do informalismo à Mathieu. Condições brasileiras diversas até mesmo daquelas em que laborava o colançador europeu do movimento, Eugen Gomringer, cuja ortogonalidade minimizada, para qualquer observador com um pouco de atenção, era perfeitamente "suíça" perante o barroquismo visual das produções do grupo brasileiro. Barroquismo que é uma das constantes (ninguém se alarme se acrescento — *formais*) da sensibilidade nacional, e que valeu mesmo críticas ao grupo concreto de parte de certos talmudistas de uma pureza ideal que têm do barroco uma ideia pejorativa; mas que, vislumbrado por Sartre na arquitetura de Brasília, surgiria para o autor de *Situations* como o ponto de contato entre a moderna arquitetura brasileira e a obra do Aleijadinho.

E a poesia concreta, poesia com projeto, totalização até a radicalidade de uma linha mestra da poética de nosso tempo — a verdadeiramente crítica e comprometida com a fisiognomia de sua época (esta forma de participação lhe foi reconhecida recentemente por Cassiano Ricardo) — exportou-se. Hoje se produz poesia concreta no Japão e na Islândia (não se trata de uma enumeração bizantina ou *pour épater*, mas de um fato: os poetas existem, chamam-se Kitasono Katue ou Diter Rot) e se discute poesia concreta em Munique, Stuttgart ou Berlim. Em Roma, um poeta concreto, Carlo Belloli, lança o seu livro de estreia apresentando uma mostra de publicações do movimento brasileiro. Um jovem pintor espanhol, Manuel Calvo, dedica sua exposição em Madrid aos concretistas brasileiros (especialmente aos poetas). Nem por isso deixou de atuar no ambiente nacional: configurou um contexto, situou poetas mais jovens ou de gerações posteriores, criou os prolegômenos para uma linguagem comum, quando todo mundo entendia — por solipsismo, carência de programa ou de informação, ou ainda por tudo junto — que isto era impossível. Em 1922, quando os jovens artistas soviéticos exportavam para a Europa central o seu "construtivismo", Maiakóvski escrevia de Paris: "Pela primeira vez vem da Rússia, e não da França, a nova palavra da arte, ou construtivismo. Aqui se maravilha até de que esta palavra exista no léxico francês". Da poesia concreta brasileira se poderá dizer o mesmo: um movimento que já era discutido em 1955 na imprensa de São Paulo passa a ter hoje veiculação mundial e a influir sobre poetas em âmbito Internacional. Acabou-se a defasagem cultural de uma ou mais décadas, observável mesmo em 22, que vinha com mais de dez anos de recuo em relação ao futurismo italiano de 1909, do qual sob tantos aspectos procedeu.

    Como se explica isto, se o mundo da cultura não passa de uma superestrutura do econômico? Trata-se de uma falácia idealista, esta proposição, em condições brasileiras e de uma visada brasileira, de uma estética e de uma produção artística inovadoras no plano inclusive internacional ou universal? Já Engels — e o retorno às fontes, escamoteadas tantas vezes pelos "fetichistas" do marxismo dogmático, é recomendado por alguém da autoridade de um Lefebvre (*Problèmes actuels* du marxisme) — advertia quanto à filosofia: "Mas, enquanto domínio determinado da divisão do trabalho, a filosofia de cada época supõe uma documentação intelectual determinada que lhe foi transmitida por seus predecessores e da qual ela se serve como ponto de partida. Eis porque ocorre que países economicamente retardatários possam, no entanto, assumir o primeiro violino em filosofia..." (em *Sur la littérature et l'art*, antologia de textos escolhidos de Marx e Engels). Se isto é válido para a filosofia, o será também para a estética, por compreensão, e para uma criação artística que decorra de uma fundação estética definida e racionalmente formulada.

2. O que se entende por nacional em arte? O nacionalismo há de ser forçosamente um regionalismo temático e este, necessariamente, uma tematização do rural? Em que medida é nacional a arquitetura brasileira, sem dúvida alguma a arte que hoje melhor representa e projeta o Brasil no mundo?

Marx e Engels, escrevendo em 1847/48, observavam: "Em lugar do antigo isolamento das províncias e das nações bastando-se a si próprias desenvolvem-se relações universais, uma interdependência universal das nações. E o que é verdadeiro quanto à produção material o é também no tocante às produções do espírito. As obras intelectuais de uma nação tornam-se a propriedade comum de todas. A estreiteza e o exclusivismo nacionais tornam-se dia a dia mais impossíveis; e da multiplicidade das literaturas nacionais e locais nasce uma literatura universal" (obr.cit.). Se esta era a cosmovisão que já podia ser estabelecida à época, que se dirá do mundo de hoje, entrando pela segunda Revolução Industrial (a Era da Automação), onde as distâncias se reduzem de maneira impressionante, as técnicas da intercomunicação se aceleram, o património mental é cada vez mais posto em termos universais, como se verifica cotidianamente nos domínios da ciência. Onde surgem as condições para uma linguagem comum em arte, para uma nova sensibilidade, da qual seremos talvez — os que hoje militamos nestes problemas — os primitivos, como já se disse algures.

Entendo que, ao contrário de um nacionalismo ingênuo, fechado numa ideia temática, que corre o risco de se transformar, inclusive, em literatura exótica, naquilo que Oswald chamava de "macumba para turistas", e que repele o confronto com técnicas estrangeiras por temor de servilismos e desconfiança de sua capacidade de operação e superação das mesmas, se pode falar num *nacionalismo crítico*, que começa por uma empresa redutora. Este nacionalismo sabe que nacional e universal são uma correlação dialética, da mesma maneira que forma-conteúdo (tendendo para o isomorfismo fundo-forma) o são. Guerreiro Ramos dá um exemplo do que chama de "redução tecnológica" (a indústria automobilística brasileira, de caminhões) "em que se registra a compreensão e o domínio do processo de elaboração de um objeto que permitem uma utilização ativa e criadora da experiência técnica estrangeira". Assim, no campo da arte (desculpem-me os licornes da sacralidade artística, se se confronta aqui, mais uma vez, o produto poético com a máquina), é possível reelaborar criticamente, numa situação nacional, o dado técnico e a informação universal para, através de um salto qualitativo, afirmar-se uma poesia como produto acabado de vigência inclusive para esse universal, cuja universalidade não mais poderá ser definida com a necessária abrangência sem tomar conhecimento dessa contribuição nacional inovadora. A poesia concreta totaliza uma linha que remonta a Mallarmé e a supera (não como hierarquia de valor, é óbvio) como radicalização metódica. Quem quiser "pensar" poesia conscientemente depois dela terá que a tomar em conta, para uma nova (possível, talvez, em outras circunstâncias) operação redutora. Este *nacionalismo crítico* poderá laborar tanto sobre dados da experiência folclórica e rural: Mário de Andrade, construindo o metafolclore pan-brasílico do Macunaíma solidamente versado em futuristas italianos e vanguardeiros alemães; Guimarães Rosa, assimilando técnicas joycianas e superando-as no seu mundo criativo pessoal, conforme o demonstrou Augusto de Campos em seu estudo *Um lance de dês do Grande sertão*; como sobre dados da experiência urbana: o João Cabral de *O engenheiro*, meditado sob o impacto da arquitetura brasileira; a poesia concreta, tomando consciência, em termos nacionais, e não por acaso no quadro industrial de São Paulo, das contradições homem/ máquina e replicando a elas na mecânica da criação do poema; antes ainda, o Oswald de *Serafim Ponte Grande*, reelaborando o estilo telegráfico dos futuristas e inventando sua prosa-montagem para fazer, quase que à maneira de *flash back*, como diria no prefácio de 1933 (o livro é datado de 1929 para trás...), o epitáfio da boêmia burguesa dos anos 20 — alienada e anárquica — para a qual o contrário do burguês era o boêmio (o *maudit* em arte) não o proletário (hipóstase que explica a aristocracia equivocada de um poeta tão importante como Ezra Pound, — e de resto tão obsessivamente preocupado com a teratologia do econômico —, e, prolongando-se em nossos dias, elucida o fenômeno seródio *beat generation*). Deste *nacionalismo crítico*, o exemplo-paradigma é a moderna arquitetura brasileira.

Nesse sentido, também, entendo que se pode travar fecundamente o diálogo concretismo/Tendência. Vejo hoje, e principalmente consultando certos textos teóricos mais recentes de Rui Mourão e Fábio Lucas, mas sobretudo à vista da experiência poética de Affonso Ávila em *Carta do solo* (1ª. parte, 1961) — poesia que se situa, com sentido pessoal, numa confluência João Cabral/concretismo, e que, quanto mais se for despojando do ornamento metafórico, mais substantiva irá se tornando — vejo hoje, ia dizendo, que a reivindicação ideológica de *Tendência*, levantada desde o seu primeiro número de agosto de 1957, continha, em projeto ou por natural evolução de todo pensamento dialético, a ideia da conquista de uma nova forma para os conteúdos que punha em debate. Na medida em que *Tendência* trouxer implícita uma estética em processo e explicitá-la, estará marcando um encontro com o movimento de poesia concreta, que sempre teve implícita (e em certos poemas explícita até ideologicamente) a noção de um nacionalismo crítico.

3. Maiakóvski escrevia em 1922 (correspondência trazida à luz com a publicação de um volume de inéditos do poeta pela Academia de Ciências de Moscou, em 1958): "sem forma revolucionária não há arte revolucionária". Evidentemente que o consumo de uma tal arte não se faz por milagre, mas será o produto da luta do poeta-criador, há de ser *organizado* (problema de sociologia da arte antes do que de estética propriamente). Ainda Maiakóvski, num artigo de 1928 ("Os operários e os camponeses não vos compreendem"): "A boa acolhida da massa é o resultado de nossa luta e não o efeito de uma camisa mágica na qual nasceriam os livros felizes de certos gênios literários". "É preciso saber organizar a compreensão de um livro", pois "quanto melhor é o livro, mais ele ultrapassa os acontecimentos". Assim, é preciso saber distinguir as faixas de consumo: há livros que, num primeiro momento, se destinam a produtores e que — a comparação é de Maiakóvski — são como uma estação central distribuidora de energia para outras estações, livros que acabam inseminando toda a linguagem poética. Donde, o justificar-se as pequenas tiragens iniciais desses livros, o que não teria cabimento se se

tratasse de obras meramente voluptuárias e inúteis, como as edições de luxo, para gosto de bibliômanos, de dessorados vates acadêmicos.

O engajamento de uma vanguarda construtiva e projetada (diversa da vanguarda alienada e solipsista contra a qual Lukacs, tão arguto em algumas formulações, mas tão inclinado a esquematizações, endereça sua crítica mais contundente, aliás omitindo, como muito bem observou Adolfo Casais Monteiro, a questão "poesia") começa a se fazer com a linguagem. "Observa-se diariamente com que satisfação cada cidadão liga a imutabilidade de sua linguagem à firmeza de seu mundo. A desconfiança contra os experimentos na esfera inteligível tem, portanto, origens sociais. É a desconfiança da classe, que não gosta nem um pouco de ver em perigo sua hierarquia, seus distintivos, seus emblemas. Nem sequer no domínio da linguagem que se fala" (Max Bense, *Rationalismus und Sensibilität*, 1956). Trata se de romper o marasmo, de impedir o congelamento e a esclerose da língua. De impedir que ela, como repara Lefebvre, "decline, seja por degenerescência natural, seja por academismo e abstração", perigo ao qual "se misturam estreitamente as ilusões ideológicas", entre as quais desde logo, se conta a "dos poetas que creem que a inspiração e as musas suscitam o seu verbo" (*Le marxisme*).

A partir daí, e desde este *parti pris* revolucionários na linguagem, a participação se faz em vários níveis em poesia (em vários níveis de *concreticidade* diria melhor): desde as *participações de existência* (implícita uma "ontologia direta"), passando pela *reautenticação do lírico* (desalienado do esconde-esconde metafórico e restituído a um padrão básico do humano) até o nível ideológico propriamente dito, *participação de realidades ou de teses*. Qualquer delas só se reconhecerá como poesia criativa na medida em que o parâmetro informação semântica for, tanto quanto possível, coincidente com o parâmetro informação estética. As descontinuidades entre ambos, as suas descoincidências, as oscilações sutis, sismográficas quase, dê um para outro na sua dialética, explicam o binômio *poesia-poesia X poesia-prosa*, levantado por Décio Pignatari em seu relatório-tese *Situação da poesia no Brasil*, apresentado ao recente Congresso de Crítica e História Literária de Assis, a partir da equação sartriana *palavra-objeto* (poesia) X *palavra-signo*(prosa).

A maior dessintonia tolerável, dentro do limiar estético, corresponderá à maior carga de informação semântica ou documentária sobre a estética no poema dado (quanto mais informa menos forma o poema, eis um modo de dizer, embora só permaneça produto estético enquanto mantiver a margem de desacordo admitida para que a informação estética ou estrutural não perca sua configuração como tal). Alimentar essa dialética sutil é um desafio e uma instigação. Mais do que isto, é o único *situar-se* válido na poesia de hoje. Dialética entre (sem a esotérica acepção brémondiana) *poesia pura* e *poesia para*, pois — como diz um título de João Cabral — *duas* são as *águas,* e em ambas a *poesia-onça* (bicho intrigante que Pignatari soltou em sua tese para arrepio de muita gente) pode beber, pelo menos enquanto durar a circunstância sartriana "poesia contemporânea", umbilicalmente ligada à precária sociedade de transição em que vivemos. Poesia que se critica e radicaliza (como linguagem) e poesia que passa dessa autocrítica, munida da extrema consciência de seu instrumento, para a crítica da sociedade que fez dessa linguagem seu emblema e sua heráldica. "Começa-se desde há algum tempo a perceber que Mallarmé não esteve sempre fechado no salão da Rue de Rome. Ele se interrogou sobre a história. Ele se interrogou sobre as relações entre a ação geral — fundada sobre a economia política — e a que se determina a partir da obra ('a ação restrita')..." (Maurice Blanchot, *Le livre à venir*). Para esse Mallarmé, que se vem hoje descobrindo, "a obra deve ser a consciência do desacordo entre a 'hora' e o jogo literário, e esta discordância faz parte do jogo, é o próprio jogo" (idem). *Função crítica* portanto (*poesia-poesia*), que põe em evidência as contradições do processo dialético, poesia/tempo (história), e enseja o trânsito para a ação (*poesia-prosa*). E assim num circuito reversível. Parecerá então exato, por mais de uma perspectiva, filiar a técnica elocutória espacial de Maiakóvski (como o fez Lila Guerrero, no prefácio às *Obras escogidas* do poeta) à linhagem do *Lance de dados*.

Pode-se apresentar o conflito com palavras. Pode-se presentificá-lo, fazendo-o conflito de palavras:

o azul é puro?
o azul é pus

de barriga vazia

o verde é vivo?
o verde é vírus

de barriga vazia

o amarelo é belo?
o amarelo é bile

de barriga vazia

o vermelho é fúcsia?
o vermelho é fúria

de barriga vazia

a poesia é pura?
a poesia é para

de barriga vazia

(do *proêmio* ao meu *poemalivro* "servidão de passagem", junho/julho 61).

**CADASTRO
ILUMI**N**URAS**

Para receber informações
sobre nossos lançamentos e
promoções envie e-mail para:

cadastro@iluminuras.com.br

A *Iluminuras* dedica suas publicações à memória de sua sócia Beatriz Costa [1957-2020] e a de seu pai Alcides Jorge Costa [1925-2016].